花泉涌菁
——从花钱看中国传统民俗
（修订版）

童 骋 编著

上海科学技术出版社

图书在版编目（CIP）数据

花泉涌菁 : 从花钱看中国传统民俗 / 童骋编著. 修订本. -- 上海 : 上海科学技术出版社, 2025.3.
ISBN 978-7-5478-7064-8

Ⅰ. K892；K875.64

中国国家版本馆CIP数据核字第2025TX7989号

责任编辑　励　真
责任校对　李心源
封面设计　房惠平
电脑制作　谢腊妹

花泉涌菁——从花钱看中国传统民俗（修订版）
童　骋　编著

上海世纪出版（集团）有限公司
上海科学技术出版社　出版、发行
（上海市闵行区号景路159弄A座9F-10F）
邮政编码201101　www.sstp.cn
徐州绪权印刷有限公司印刷
开本 890×1240　1/32　印张 11
字数 300千字
2025年3月第1版　2025年3月第1次印刷
ISBN 978-7-5478-7064-8/K·63
定价：108.00元

本书如有缺页、错装或坏损等严重质量问题，请向工厂联系调换

作者简介

童　骋

（网名、笔名：童心驰骋）

1957年生，江苏盐城人。
中国民主促进会会员；
中华职教社社员；
中国物理学会会员；
中国钱币学会会员；
中国收藏家协会会员；
中国民俗钱币学会副会长；
北京市钱币学会会员；
盐城市作家协会会员；
长期从事中小学教育教学教研、教育督导工作。
喜爱民俗钱币收藏与文化研究，
建有公众号"童心驰骋品泉"。

序

花钱,最初名为"厌胜钱"、"压胜钱",因上面大多刻有各种寓意不同的图案,又称为"花钱"。因其与民风民俗关系紧密,近年来,又有学者提出"民俗钱"的称谓。

花钱起源很早,但是直至20世纪末,人们对它的研究还是只停留在图谱收集、真伪鉴定、图案考证等方面,鲜少有人对其进行系统论述、全面考述。花钱在21世纪研究概念愈浓,它的不断发展有赖于有识之士的努力和坚持。近年来,拍卖会上的花钱越来越多,甚至可以形成花钱专场拍卖,足以说明钱币学界和收藏家对它的认识也在加深。

但无论是收藏还是研究花钱,都明显偏重真假断代、图案文字解读、炉座判断,极少重视其背后隐匿的精神属性的文化。

故我一直认为,花钱是我国传统钱币文化、民俗文化的一个重要组成部分,研究花钱要从钱币学、民俗学研究的内容、范围等基础入手,要深刻考虑到铸造的人文背景。也就是说要跳出旧古钱学的"眼学",不断拓展对其内涵和外延的研究,这样它的生命力才能持久、可延续。

《花泉涌菁——从花钱看中国传统民俗》是一本有关花钱的大众人

文读物，文笔优美，雅俗共赏。作者童骋从民俗学角度出发，从花钱的铭文、纹饰和形制入手，结合精美的钱币图片，用通俗易懂、流畅自然的语言，将我国历代花钱的种类、主体纹饰、表现内容娓娓道来，洋洋洒洒25万余字，搭配精美的200余枚钱币正背图片，为我们展开了一幅有关历代花钱的直观而全面的画卷，让我们可以尽情地品读和鉴赏。

本书虽然是一本钱币学专业著作，但是读起来却像散文一样优美，你可以一边听作者讲状元及第的故事、精卫填海的传说、聊朱元璋的牧牛经历、李清照的打马格诗，一边享受其间文字带来的美感，有很多段落甚至适合朗读出来，比如对采樵遇仙花钱的小结：

"无论是采樵遇仙，还是采樵遇仙花钱都在告诉人们：人世沧桑，感觉恍如隔世；孜孜以求，方可修成正果；人生如梦，珍惜当下美好；潇洒自如，心入世外桃源。"

能将专业的文章，写得如此优美；能将千年、百年斑驳陆离的钱币，描述得如此神韵玲珑，可见，作者是花了很大的工夫和精力，而且钱币收藏颇丰，种类丰富，品种多样。此外，书中诗词歌赋、历史典故信手拈来，运用得恰到好处，这些都无不彰显出作者深厚的文学底蕴和文字功底。

我与该书作者童骋先生相识已久，我有一好友，亦是盐城人，童老师是她高中时期的物理老师，对钱币收藏情有独钟，通过她的介绍我们开始认识。因为共同的爱好，我们渐渐熟知。自2010年到2021年，原北京市古代钱币博物馆和北京市钱币学会联合在德胜门箭楼每月固定举办一次钱币讲座、鉴赏交流活动,童老师只要在京期间,我们肯定能在活动现场碰面。他给我的感觉气质温和,谦恭平易,满腹经纶,谦谦君子。

后来,童老师又在微信平台开设了"童心驰骋品泉"公众号,专门说花钱、议花钱、品花钱,至今为止,已撰写发表了800多篇原创文章,我也一直订阅关注,阅读文章。作为同好,我很是钦佩。我自己也开设有"钱法堂"公众号,自诩也还算用心,但有时候生活或工作事与愿违,或心情闲逸之时,就懒得动笔,这一点,我应该向童老师学习。

《花泉涌菁——从花钱看中国传统民俗》共分十章。

第一章"五福寿为首",主要介绍和中国福禄寿喜等传统文化有关的花钱和历史典故、文献出处。

第二章"百善孝为先",主要介绍和中国传统的孝道有关的花钱、历史传说,尤其是以二十四孝故事为蓝本,铸造出的花钱。

第三章"漫漫科举路",我国封建社会长期以来一直是以科举制度选拔官员,所以"万般皆下品、唯有读书高"是当时民风民俗的真实写照。这一章节,作者主要是结合历史典故、钱币铭文和主体图案,来说明古人对科举考试的重视。其中有一枚钱,黄铜材质,方孔圆钱,正面文字"礼乐射御书数"六字,背面文字"诗书易礼春秋"六字,这枚钱非常少见。

第四章"龙鱼舞翩跹",龙纹饰和鱼纹饰都是我国传统的吉祥纹饰,这一章介绍的都是镂空钱,主题纹饰是苍龙教子、鱼化为龙等。

第五章"将马任驰骋",主要介绍的是历史上传说的各种名马,包括追风、拳毛等。在本章末尾,作者还详细地整理出"常见将马钱一览"表,将自春秋战国至明代的名人、名马等信息都收录其中。

第六章"娱乐多益智",我国古代文人生活丰富多彩,智力游戏很多,这章主要介绍了古人娱乐游戏的工具——棋钱、选仙钱、打马格钱等。

第七章"人神情未了",民间传说故事是中华民族的宝贵精神财富,受众面广,百姓喜闻乐见。本章主要介绍太上老君、刘海戏金蟾、玄武大帝等民间传说和为此主题图案的各式花钱。

第八章"纹饰寓吉祥",吉祥,作为我国传统文化中最纯真而美好的一项内容,包蕴着世世代代人的智慧与情感,不仅历史悠久,而且也是永恒的主题。这章主要介绍镌刻着各种吉祥图案的多种花钱,要想了解我国吉祥纹饰和花钱纹饰寓意,这一章内容能满足你的知识需求。

第九章"钱文续祈福",钱文钱是花钱中的一个很重要的品种,因为花钱本身就是正用品钱币的衍生品。钱文钱一般正面是我国历史上发行流通的四字钱文，背面是各种纹饰，以安康、祝福纹饰或四字语句为主。如书中介绍了"五行大布"背龟蛇星剑纹饰，"永通万国"背龟蛇星剑纹饰等。

第十章"泉知天下时"，主要介绍和四季变化、季节时令、生肖生辰等有关话题的花钱。书中介绍的四时吉庆背八节平安花钱，阳春烟景背大块文章花钱都是难得一见的好品种。

在5000年的中华文明、3000年的钱币文明发展进程中，花钱作为钱币文化的衍生物，作为中国传统文化的重要载体，它的图案装饰、吉语文字、造型式样，与当时的民风民俗紧密相联，是当时社会文化的具象体现，无声诠释着当时世俗的生活。明清时期，花钱无论是在工艺技术还是艺术表现上都达到了灿烂辉煌的高峰，品种多样，种类繁多，名品不迭。

可以说，《花泉涌菁——从花钱看中国传统民俗》系统、全面地阐释出历代花钱的上述铸造理念。在本书中，童老师谈状元及第，谈五子登科，谈南极星辉……枚枚花钱离不开社会民俗，可以看出社会民俗对花钱铸造的渗透力之强，这也正是本书最大的亮点，同时也是童老师对于花钱文化研究的重要贡献。

目前，描写花钱的书籍很多，可是这本书不仅描述了花钱的风格特征，最主要的还将纹饰题材与民俗民风紧密地结合，正如该书的副标题所言"从花钱看中国传统民俗"。所以，对于我们读者来说，它不是简单的花钱的内容填充，而是一本用花钱解读民俗、融学术研究与知识科普为一体的书籍。

唐人韩愈曾劝学："读书患不多，思义患不明。足已患不学，既学患不行。"《花泉涌菁——从花钱看中国传统民俗》一书，里面有着华丽的辞藻、深情的讲述、严谨的逻辑、分明的层次、细巧的结构，这些都能吸引着我们一读再读，而且它也经得起我们一读再读！

王纪洁

王纪洁　女，研究馆员，考古学硕士，北京文物鉴定委员会委员，中国钱币博物馆陈列宣教部主任，中国钱币学会学术委员，中国钱币学会副秘书长。

前　言

中国花钱，是民间对所有源于中国不作为货币流通的钱币（流通的钱币称之为行用钱）及类钱物的统称，亦称为中国民俗钱（压胜钱、吉语钱等）。在中外众多货币之中，中国花钱是独特的一族，是中华民族钱币文化的奇葩、民俗文化的瑰宝，深受人们喜爱。

爱美之心人皆有之，这正是中国花钱缘起的首要因素。花钱源于民间，首先是因为古时平民百姓、中下层士大夫无金玉首饰，唯有将钱币稍作装饰，便成了首饰佩戴起来；譬如贝，既是流通货币，又是美品饰物。其次是古时人们认为钱能通神，为祈福避邪压胜而制造了一种类钱状饰物，供人佩戴赏玩护身；或将铸有吉语和纹饰的铜扣每日佩戴在身上，用以避邪。吉而庆之，厌而胜之。爱美之心（包括祈福避邪的美好愿望）的驱使，就有了为专门用途而铸造的供人们佩戴的类钱物——吉语钱、压胜钱，即中国花钱（这当然是现代人赋予的名称）。

中国花钱，与中国古钱币（行用钱）同根同源，结合中国相关民族艺术、民风民俗、宗教文化，不断发展壮大，成为中国钱币文化一道亮丽的风景线，得到越来越多的爱好者关注和研究。美心成就美物。

整体之美——花钱里面学问多

通过对花钱图集的阅读辨析、花钱实物的上手把玩,发现其文字、其图饰、其造型、其年代、其炉别无一不充满着诱人深入思考的空间;其典故、其渊源、其寓意、其民俗、其功能也无一不充满着诱人深入研究的空间。

花钱可以看成是一切非行用钱之集大成者,既有行用钱所具有的学问,又有行用钱所没有的学问;其背后所涉及的政治、经济、军事等方面与行用钱是基本一样的,其所表现的文化、民俗、民风、宗教等学问则是行用钱无法体现的。

中国花钱,官民同铸,多姿多彩;品种丰富,包罗万象。无论从哪个角度欣赏花钱,其都美丽大方,使人爱不释手。

内涵之美——花钱里面故事多

一枚花钱就是一篇文章,一枚花钱就是一则故事。三教九流,无所不包;天文地理,无所不彰;生灵花草,无所不显。

观音、太上老君、姜太公、钟馗、刘海、哪吒、张天师、八仙等人物一一向你走来。

文星高照、降妖捉怪、封神演义、西游记、状元祭塔、刘海戏金蟾等神话故事一一娓娓道来。

一诗一仙的选仙钱、一诗一谜的灯谜钱、亦马亦将的将马钱、图文兼备的棋钱等博戏钱币纷至沓来。

普陀山、九华山、灵岩山、茅山、方岩山、东岳等佛道名山跃然眼前。

儒家知书达理、佛家修行明心、道家压胜化煞、民间吉语祝颂，花钱的内涵博大精深，引人入胜，美丽动人，使人情不自禁地深爱之。

形制之美——造型写意显精彩

源于行用钱，天圆地方，刀布循章，钱文添纹，吉语颂祥；胜于行用钱，镂空透灵，造型写意，异形比美，各显精彩。

外形优美、寓意于形：桃形寓长寿，瓶形寓平安，锁形寓保佑，葫芦寓福禄，鱼形寓富裕，斧形寓福寓辟邪，等等，无不体现形美意美。

挂首独特、显意于冠：卍福喜桂，日月云头，寒山蟾宫，花鸟书剑，金钱如意，卧龙卧牛，林林总总，加冠添彩、吉意更增。

玲珑立体、创意于透：舞蟠升降，苍龙教子，鱼跃龙门，游龙戏凤，龙腾虎跃，群龙嬉戏；丹凤朝阳，喜上眉梢，龟鹤齐寿，麒麟送子，一路荣华，犀牛望月，年年有余；花开四季，繁花似锦，亭台楼阁，仙人祝寿，二十四孝；方方面面，精彩纷呈。

纹饰之美——纹寓吉祥蕴精美

纹必有意，意必吉祥；纹必添美，美必自然。

谐音寓意：戟磬吉庆，荷盒和合，蝠鹿福禄，笔锭必定。

直接表意：寿桃祝寿，喜鹊报喜，琴棋书画，龙凤呈祥。

俗成会意：石榴多子，梅开五福，牡丹富贵，龟蛇玄武。

随景定意：古币（泉）喻金钱喻全喻眼前，翠竹喻祝喻平安喻节节高，荷花喻和，莲花喻连喻佛，喜蛛喻喜。

宗教命意：八卦辟邪，八宝吉祥，佛家八宝与法器八仙（暗八仙），更是各显神通。

语句之美——吉语哲理励精到

花钱所用语句，无不精挑细选，无不精心打磨，无不充满睿智，无不祈福吉祥。字字珠玑，词词思辨，句句哲理，朗朗上口。

花钱里的语句，可谓是祝福语大全。如祝福孩子，期待生子：天仙送子，早生贵子；孩子出生：天降麟儿，长命百岁；孩子学习：早登科第，连中三元；孩子生活：关煞开通，长命富贵；孩子经商：财源茂盛，一本万利；孩子从政：指日高升，一品当朝；孩子结婚：龙凤呈祥，五子登科；等等，举不胜举。如祝寿：福如东海／寿比南山，天开寿寓／春霭华堂，松柏同春／寿同日月，多福多寿／多子多孙，福寿康宁，福禄寿喜，延年益寿，南极星辉，等等，不胜枚举。

花钱里的语句，激励之语、提醒之句，比比皆是。如读古人书／友天下士，进德修业／正心诚意，忠厚传家／敦诗说礼；如百忍无忧／为善最乐，当思敬畏／谨言慎行，处顺知惧／处逆知忧；如松筠节操／龙马精神，举案齐眉／相敬如宾，温恭俭让／利见大人；等等。

花钱里的语句，优美动听，委婉悦耳；花钱把玩在手，口口相传，心心铭记，约束促行。

字体之美——龙飞凤舞呈精湛

楷体、隶体、宋体、篆体、行体、草体,悬针体、玉箸体、瘦金体,体体潇洒;合体字、变体字、借穿字、民俗字、花体字、女书字、符箓字,字字传神;汉文、满文、西夏文、契丹文、八思巴文、符文,文文媲美。

京炉大气,苏炉秀气,浙炉清俊,湘炉奇异,川炉仙风,赣炉道骨,福炉内敛,云贵豪放,不一而足,炉炉独特。

犹如百花齐放、百花争艳,让人陶醉不已,使人流连忘返。

功能之美——祈福教化驱精魅

追本溯源,祈福避邪当为花钱自古以来的首要功能:民间祈福寿康宁,佛家祈涅槃寂静,道家祈斩妖辟邪,儒家祈太平盛世,官方祈天子万年,皇家祈天下太平。美好愿望,一一呈现。

花钱还赋予教化传道的功能:以佛治心——诸恶莫作、众善奉行,以道治身、效法自然、长生成仙,以儒治世——修齐治平(修身、齐家、治国、平天下)、内圣外王,民间倡导百善孝为先、唯有读书高。

花钱还具有审美崇美的引导功能,无论是文字还是纹饰,表现的是真善美、歌颂的是真善美,劝人一心好善、教人读书入仕、使人忠孝传家。

花钱还承载实用功能:宗教活动(仙佛保佑钱、仙佛供养钱、生肖钱、护身祛毒驱邪钱、祭祀冥钱),学习益智(诗文诵读、人物故事、科举题材、天文星宿),博乐游戏(打马格钱、选仙钱、棋钱、谜语钱、酒令钱、滚子钱），祝颂喜庆（喜事包袱钱、祝寿钱、撒帐钱、抓周钱、上梁钱、节庆钱），皇家实用（宫廷花钱、宫中挂灯钱、万寿钱、皇帝赏赐钱），钱局铸造（镇库钱、钱局开炉钱、钱局诗钱、记号钱），特殊用途（会道联络、凭信牌、祭祀牌、轿饭牌、秘戏钱、代用币、筹码、饼钱），等等。

这些功能既使民俗民风得以传承，又使祈福避邪得以体现，还使花钱之美得以流传。

中国花钱之美，远远不止这些，尚需花钱藏家、研究者共同努力，不断发掘，使中国花钱之美熠熠生辉。

中国花钱，从用途上看，其承载着人们某种精神寄托（祈福避邪等）并有饰品的作用；从生产上看，其和行用钱的铸造有着基本一样的流程；从外观上看，其基本都被铸成钱币的形状（或者类似钱币的形状）。历代花钱可以说是所在时代民俗文化、社会生活的形象反映，有着重要的历史价值、欣赏价值和收藏价值。从某种意义上讲，研究花钱比研究行用钱更有价值（由于其在史料中基本没有记载，因此研究的难度超过行用钱）。花钱的收藏研究是钱币文化重要的组成部分。

古人雅称钱为"泉"，借泉之形，喻钱币源源不断；取泉之意，表钱币流通不已，故花钱亦称之为花泉。枚枚花钱，精彩纷呈，犹如源源不断的花泉，时时涌现出精美的花朵（菁），使人目不暇接、爱不释手，促你欣赏其美、解析其精。本书取名《花泉涌菁》，即为此意。

本书重在赏析中国花钱的文化内涵，把玩时的感悟启迪。受笔者水平制约，涉猎面不广，对于花钱具体的版别、炉别、市价等方面，未及论述。为了叙述方便，本书对花钱的种类作一粗浅划分。划分侧重于形制，大体分为三类：钱形、镂空、挂牌（异形）；各类中依据其内容、用途、形状等因素，还可以细分。如钱形可分为吉语钱、压胜钱、钱文钱、生肖钱、宗教钱、娱戏钱等；挂牌可分为圆形挂牌、方形挂牌、锁形挂牌、桃形挂牌、鱼形挂牌等。对于一枚花钱两面的文字、纹饰，需要同时描述时，本书用斜杠符号"/"将两面予以分开。

人生有涯识无涯，源源花泉涌菁泉。

泉海无涯，泉泉有容，阅历不足，难识其全；

涌菁不断，菁菁显美，学力有限，难尽其美。

先易后难，取其易识者而赏析之，初（粗）成此集，抛砖引玉，期方家赐教指点，为展中国花钱之美共襄盛举。

童　骋

凡　例

穿：钱币的方孔或圆孔称之为穿，亦称孔、好、函。意即中空的、可以贯串之处。古时确实作串钱之用。有方穿、圆穿、花穿之分。穿不成正方形即为花穿，如六角穿亦称龟甲穿、八角穿亦称菱花穿等；重郭内方外圆似古钱状称为金钱穿。

郭：穿四周的封闭边框称之为郭，亦称内郭、好郭、函郭。意即穿周围围着的墙。有单郭、重郭、花郭之分。

肉：穿外的钱体称之为肉，亦称为地章。意即中间有孔的环状物的体部。《汉书·食货志》："肉好皆有周郭。"这里体为肉，孔为好。

缘：肉的外缘即钱体的外部边框称之为缘，亦称边、轮、外郭。意即器物的边缘。有单缘、重缘、花缘之分。

面：钱币的正面称为面。一般铸有的文字、纹饰，称为面文或钱文、面纹或钱纹。

背：钱币的背面称为背。背有文字、纹饰的，称之为背文、背纹；背面如无文字、纹饰的，称之为光背；两面文字、纹饰相同的，称之为合背。

在行用钱中，一般将具有国号、年号及铢宝文的一面称为正面。

在花钱中，面背的确定没有一定之规，因文字、纹饰而定。通常情况下，文字、纹饰有因果关系的，因为面、果为背；文字、纹饰有时间、空间先后顺序的，先为面、后为背；两面均为文字、文字有多少之分的，多为面、少为背。有的也可以互为面背，取决于文章行文的需要。

目　录

第一章　五福寿为首 …………………………………………… 1
　　一、福寿康宁 …………………………………………… 3
　　二、寿比南山 …………………………………………… 7
　　三、南极星辉 …………………………………………… 12
　　四、长生富贵 …………………………………………… 17
　　五、富贵寿考 …………………………………………… 20
　　六、德福寿禄 …………………………………………… 24

第二章　百善孝为先 …………………………………………… 29
　　一、忠孝传家 …………………………………………… 30
　　二、二十四孝 …………………………………………… 35
　　三、道德传家 …………………………………………… 39
　　四、一心好善 …………………………………………… 43
　　五、家和则胜 …………………………………………… 50
　　六、状元祭塔 …………………………………………… 56

第三章　漫漫科举路 …………………………………………… 61
　　一、状元及第 …………………………………………… 62

二、鱼跳龙门 ································· 66
三、金榜题名 ································· 73
四、连中三元 ································· 83
五、五子登科 ································· 88
六、一品当朝 ································· 94

第四章 祥瑞龙世界 ································· **99**
一、龙凤呈祥 ································· 100
二、云龙风虎 ································· 106
三、双龙戏珠 ································· 111
四、祥龙逐瑞 ································· 117
五、苍龙教子 ································· 123
六、飞龙进宝 ································· 128

第五章 将马任驰骋 ································· **133**
一、群雄夺霸 ································· 135
二、骁骑纵横 ································· 143
三、楚汉相争 ································· 148
四、蜀将殊荣 ································· 151
五、凌烟留像 ································· 157
六、英魂长生 ································· 162

第六章 娱乐多益智 ································· **169**
一、楚河汉界 ································· 170

二、采樵遇仙 ·················· 175
三、知音情深 ·················· 180
四、蟠桃传奇 ·················· 183
五、谪仙太白 ·················· 191
六、打马识马 ·················· 196

第七章 人神情未了 ············· 203
一、太上老君 ·················· 205
二、玄武大帝 ·················· 209
三、刘海戏蟾 ·················· 213
四、哪吒闹海 ·················· 216
五、精卫玉兔 ·················· 219
六、镇宅赐福 ·················· 222

第八章 纹饰寓吉祥 ············· 229
一、吉祥八宝 ·················· 231
二、直接表意 ·················· 239
三、谐音寓意 ·················· 242
四、俗成会意 ·················· 245
五、随景定意 ·················· 249
六、宗教命意 ·················· 251

第九章 钱文续祈福 ············· 259
一、龟蛇星剑 ·················· 261

二、景和四铢 ··· 266

　　三、太平通宝 ··· 269

　　四、洪武通宝 ··· 272

　　五、正德通宝 ··· 276

　　六、钱局诗文 ··· 280

第十章　泉知天下时 ··· 287

　　一、十二生肖 ··· 288

　　二、四时八节 ··· 294

　　三、新春祝福 ··· 298

　　四、端午驱毒 ··· 301

　　五、中秋灯谜 ··· 306

　　六、天行有常 ··· 311

后记 ··· 317

修订版后记 ··· 326

| 第一章 |

五福寿为首

五福齐全，历来是国人所祈求向往的。

何谓五福？《尚书·洪范》有云："五福，一曰寿，二曰富，三曰康宁，四曰攸好德，五曰考终命。"寿即长寿，是命不夭折而且寿数绵长；富即富贵，是钱财富足而且地位尊贵；康宁，是身体健康而且内心安宁；攸好德即美德，是心性仁善而且顺应自然；考终命即善终，是安详离世而且饰终以礼。五福是古代民间关于幸福观的五条标准。五福齐全，谓之全福。在五福里，寿是排在第一位的，故曰：五福寿为首，亦可曰：百福寿为先。

图1-01　吉语钱　福/寿。内圈8字、外圈16字，计24字，不同的字体书写同一个字，两面文字聚首（文字首部向着穿汇聚）旋读分别为"福""寿"。寓意百福百寿，亦表示寿为首福。

在中国花钱里，祈寿、祝寿、拜寿等寿文化是民俗钱祈福的主要内容之一。福寿双全、福寿康宁、福寿长春、福禄寿喜财、福延寿长、百福百寿、福寿齐天、寿山福海、德福寿禄、福德长寿、寿同日月、人寿年丰、寿慈万春、百千长寿、寿比南山、寿胜南山、龟鹤齐寿、龟龄鹤寿等吉语，海屋添筹、华封三祝、南极星辉、麻姑献寿、八仙庆寿等典故，在中国花钱中均有表现，精彩纷呈，琳琅满目。

一、福寿康宁

福寿康宁为最常见的祝颂吉语，意即幸福、长寿、健康、安宁诸福齐备。

图1-02　吉语钱　福寿（壽）康宁（寧）/连（連）生贵（貴）子。

吉语，一般是指吉祥的言语、吉利的词句、吉庆的颂辞等。我们将钱文为吉语（纹饰寓意吉祥的）的花钱，称为吉语钱。如图1-02所示即为吉语钱。以花钱为载体，通过吉语，为长辈、为他人祈福，表达自己的恭敬之意；为晚辈、为孩子祈福，表达自己的舐犊之情。

福寿康宁，语出自宋代陈亮《喻夏卿墓志》："福寿康宁，子孙彬彬然，皆有可能者，天于夏卿亦何所负哉！"（幸福、长寿、健康、安宁诸福齐备，子孙众多、文雅有礼，都已经实现了，皇上对于夏爱卿，还有什么好愧疚的呢！）明代无名氏《金雀记·第三出》："晨昏供敬，惟愿取福寿康宁。"

幸福，是指一个人得到满足而产生的喜悦，并希望一直保持发展喜悦状况的心理情绪。幸福说到底就是美好的满足。"幸福不是毛毛雨，不会自己从天上掉下来。"幸福，是人类进步永恒的追求，是社会发展不竭的动力。自古以来，人们积福、造福、祈福、祝福、享福，共同期盼福满人间。

长寿，几乎是世界各民族的追求，意即长命、高寿，长久地、愉快地活着。长寿必须要有坚实丰裕的物质基础，且有享有尊敬的精神世界，才会是生活幸福的晚年。长寿还必须有强壮的身体、安宁的心态，才会是身心幸福的晚年。

健康，是指一个人在身体、精神和社会等诸方面都处于良好的发展状态。现代人的健康内容包括：躯体健康、心理健康、心灵健康、社交健康、智力健康、道德健康、环境健康等。健康是人的基本权利。健康是人生的第一财富。健康也是一种心态。只有健康的长寿，才是有质量的长寿。

安宁，安静宁和，是指秩序正常、没有骚扰的生活状态和心情安定、祥和平静的心理状态。只有处于安宁的环境中，幸福才能持久、才能被品味，长寿才是高质量的。

因此，福寿康宁的核心就是"寿"，寿是福之首、福是寿之基、康是寿之本、宁是寿之成，如此之"寿"，人人愿享。

连生贵子。连生，意即连续生养（孩子）；贵子，是指日后当显贵的子嗣。连生贵子，为祈福祝颂辞，祝福您孩子不仅生得多，而且生的都是优秀的孩子，孩子长大后都大富大贵。

连生贵子的意思,不但要多生,而且还要优生。只有优生,才能为幸福人生(福寿康宁)奠基;才能多子多福,多子多富贵。在过去,此处之子多指男子,现在也包括女子;连生多生,则以五男二女为佳。

图1-03 吉语钱 连(连)生贵(貴)子/莲桂纹饰。纹饰为莲蓬初生、桂花初放,是连生贵子的吉祥图案。

在民俗吉祥图案中,连生贵子吉祥纹饰常见的是莲花(莲蓬)与桂花。采用谐音寓意的方法来表示,莲谐音寓意连、桂谐音寓意贵,莲蓬初生为连生、桂花结子为贵子,两者合在一起,寓意为"连生贵子"。

人们用"莲、桂"谐音寓意"连、贵",更为重要的是取莲花、桂花的高贵品质,寓意子子孙孙品质高尚,荣华富贵。也有以脚踏莲花、吹笙的胖小子组成的吉祥喜庆图案(如杨柳青版画),寓意"连生贵子",莲谐音寓意"连"、笙谐音寓意"生"、胖小子寓意"贵子"。

连生贵子,表面上看祈子、祈愿多生优生,实际上也是寿文化的有机组成部分。在过去,人丁兴旺、儿孙绕膝,是作为长者最为欢欣的天伦之乐,也是长寿幸福生活的重要组成部分。试想,在过去,一个无子嗣的老人,他(她)的老年生活会全方位幸福吗?所谓孤苦伶仃,所谓后事无人料理,五福之"考终命"难以实现。

图 1-04 吉语钱 福(福)寿(壽)康宁(寧)/百子千孙(孫)。

百子千孙,意即百个儿子、千个孙子;百、千,泛指多;是家庭、家族后代人丁兴旺、子孙满堂的意思。形容家庭中成员多,上至老下至孙,尤其是男性成员多的情况。亦为祝福语,祝福人家人丁兴旺、子孙满堂。

小到一个家庭、一个家族,大到一个民族、一个国家,若要振兴、富强,首先必须要人丁兴旺。世间万物,人是最宝贵的因素。有了人,什么人间奇迹都有创造的可能。我国古代先民对此有清醒的认识,将祈子作为祈福的重要内容,将祝子作为祝福的主要内容。过去对长者老人是祝三多:多寿多富多子,将长寿、富贵、多子多孙作为共同的祝福整体。图 1-02、图 1-04 吉语钱,将"福寿康宁"与"连生贵子""百子千孙"等合铸一体,充分表达了这个意愿。

二、寿比南山

寿比南山，是祝人长寿时的常用吉语，意为（祝福您的）寿命像终南山一样长久。用于对老年人的祝颂，出自《诗经·小雅·天保》："如月之恒，如日之升，如南山之寿，不骞不崩。如松柏之茂，无不尔或承。"其大意是：犹如上弦的月，好比初升的日，恰似南山之寿，不会崩坍陷落。犹如松柏枝叶，长青不衰。

图 1-05　吉语钱　寿（壽）比南山／纹饰。纹饰描述的是寓言海屋添筹的意境。波浪翻滚的大海，海上有一仙山楼阁，楼中陈设宝瓶，内插筹码；空中翩翩起舞的仙鹤衔筹，正欲置于楼内的宝瓶中。

南山是指丰镐之南山，即西安城南之终南山，素有"天下第一福地"之称。《诗经·小雅·天保》中的相关诗句，后来演化成了"寿比南山"的成语；诗中的松柏，也演化成了"南山不老松"，由此有成语为"寿比南山不老松"。

寿比南山，常与福如东海一起用来祝寿。福如东海，寿比南山：比喻人（祝寿的对象）福气像东海一样浩大，寿命像终南山一样长久。福如东海长流水，寿比南山不老松："福气"像东海里的水滔滔长流不绝,"长寿"又好比南山上的一棵永远不会老去的常青松!出自明·洪楩《清平山堂话本·花灯轿莲女成佛记》:"寿比南山,福如东海,佳期。从今后,儿孙昌盛,个个赴丹墀(dān chí,意思是宫殿前的红色台阶及台阶上的空地)。"

图 1-06 吉语钱　银质,夹齿缘。福如东(東)海/寿比南山。

寿比南山,既喻寿比南山长,又喻寿比南山高。这与人对自身的时长和身高认识有关。人的一生,未见南山有生老病死之变化,故认为其寿长;人的身高,在南山面前不值一提,故认为其寿高;因此,祈福人之寿与南山相比肩谓之寿比南山,或超越之谓之寿胜南山。

不少有关祈寿的寓言,大大地拓宽人们的视野。图 1-05 背面的纹饰,就表现了一则寓言:海屋添筹。海屋,寓言中堆存记录沧桑变化筹码的房间;筹,筹码,是以竹、木、象牙等制成的小片或小棍,用来作计算的筹码,亦称算筹。海屋添筹用于祝人长寿。出自宋·苏轼《东坡志林》卷二:"海水变桑田时,吾辄下一筹,迩来吾筹已满十间屋。"

寓言是这样描述海屋添筹的。

传说在蓬莱仙岛上有三位仙人互相比长寿。他们相遇，相互询问年龄。一个说自己的年龄不记得了，只记得少年时与盘古有交情。"吾年不可记，但忆少年时与盘古有旧。"一个说他看见海水变桑田就添一个筹码，如今他的筹码已装满了十间屋子。另一个则说他吃过的蟠桃核丢到昆仑山下，如今长得与昆仑山一样高了。"吾所食蟠桃，弃其核于昆仑山下，今已与昆仑山齐矣。"

我们来看看这三位仙人的高寿。

第一位仙人与盘古是同时代的人，且是儿时好友。盘古是开天辟地、死后身化万物的最古老的神，与其有交情，可见其寿与天地齐。祈寿语"寿与天齐"则源于此。

第二位仙人是为沧海桑田计筹的。所谓沧海桑田，就是大海变成农田，农田变成大海。常用来比喻世事的变化很大，也写为桑田沧海。传说沧海变桑田一次为一千年，沧海变桑田一次，这位仙人往海屋里添一根筹码，如今十间屋子已堆满了筹码宝瓶。该仙之寿以千年为单位计算，还不知其数，可见其寿无法计算。人的寿命以年为单位计算，目前皆知其数。

第三位仙人是西王母蟠桃的食客。王母娘娘的蟠桃园有三千六百株蟠桃树，前面一千二百株，花果微小，三千年一熟，人吃了成仙得道。中间一千二百株，六千年一熟，人吃了霞举飞升，长生不老。后面一千二百株，紫纹细核，九千年一熟，人吃了与天地齐寿、日月同庚。该仙人吃过蟠桃后，便将其核抛在昆仑山后，现在已经堆成与昆仑山一样高的山了。不论该仙吃那一种蟠桃,都是不计其数,寿亦无法计算。

总而言之,这三位仙人都是与天地齐寿。

第二位仙人所说之海屋添筹,形成了多种图案,图 1-05 背面的纹饰就是常见的一种;还有描绘三位鹤发童颜的老者相遇谈笑风生的图案等,这些都成为祝寿的常用图案。海屋添筹亦成为祝寿的常用颂辞。

海屋添筹还另有一传说:波涛汹涌的海上有一楼阁,内置宝瓶贮存世间每人的寿元,用筹插在瓶中计数。若有人令仙鹤衔筹添入瓶中,则此人可增寿百年。祝福长者海屋添筹,就是祝福其添寿百年。

图 1-07　吉语钱　福寿(壽)长(長)春 / 老安少怀;纹饰为长寿花。

福寿长春,意即幸福长寿,如春天一样,草木翠绿,生机勃勃,永葆青春。是对长者最诚挚的祝颂。老安少怀,意即使老人获得安逸,少年得到关怀。旧指在位者所施的德政。出自《论语·公冶长》:"老者安之,朋友信之,少者怀之。"长寿花,又叫寿星花,有大吉大利、长命百岁、福寿吉庆的美好寓意。

在民俗年画中，有不少就表现了上述福寿长春的场面或意境。祈寿往往与祈福、祈子等联系在一起。如有年画画面为三对童子分别捧着寿桃、石榴、佛手，在长者的带领下，敬献给尧；或是画面为三根翠竹，枝叶繁茂，青翠欲滴；其中，寿桃寓多寿、石榴寓多子、佛手寓多福（多富），竹谐音祝，这些都是表现"华封三祝"这一典故的，也是祈寿题材。

图1-08 吉语钱 华（華）封三祝/纹饰。穿下为鱼自波浪中跃出，表意鱼跃龙门，寓意举业成功或地位高升；穿中、穿上纹饰为龙鱼（龙鱼有长命百岁、寿比南山之寓意）。整体为三鱼，三鱼既寓多余（富有），又寓多子多孙，还寓鱼水情深；三鱼是吉兆，寓"位至三公"之意。

华封三祝是一个成语，意思是华州人对上古贤者唐尧的三个美好祝愿，典出自《庄子·天地》。华：古地名。封：疆界、范围。华封：华州这个地方。三个美好祝愿为祝寿、祝富、祝多男子，合称三祝。亦曰"华祝三多"。华封三祝，原是华州人对唐尧的三祝，后变成人们的三个美好愿望，为祝颂多寿多富多子孙之辞。在传统的吉祥图案中，还有以竹或天竹，配上其他两种吉祥花卉，凑成"三"数来表达"三祝"寓意；直接用佛手、桃和石榴组合的"福寿三多"吉祥纹图，也含"三祝"之颂；正如清代著名书画家郑板桥所言"写来三祝乃三竹，画出华封是两峰"。

三、南极星辉

重视家庭亲情，敬老爱老是中国传统美德的重要组成部分，祝寿典礼则是这种传统美德的外化形式礼仪之一。

为老人祝寿，始于东汉。东汉明帝刘庄（28—75年）在位期间，曾主持过一次祭祀寿星仪式。他亲自奉献供品，宣读表达敬意的祭文。同时还安排了一次特殊的宴会，与会者是清一色的古稀老人。同时敬奉天上的寿星和人间的长寿老人，是汉明帝的一大创举。自此开始，为老人祝寿渐渐盛行，（唐代起）成为中华民族的传统习俗。这样做不仅是儿女表达孝心，还可借此合家团聚，带给老人更多的幸福感，得享天伦之乐。

中华文化对祝寿还是有讲究的，每个年龄段或特定的岁数都有特定的年龄称谓、寿之雅称。

五十岁这个年龄段称为天命之年，亦称半百之年、知非之年；也只有进入这个年龄，才可以称之为寿，才可以祝寿（低于这个年龄的谓之过生日，庆生）。六十岁这个年龄段称为花甲之年，亦称耳顺之年。七十岁这个年龄段称为古稀之年，亦称悬车之年、杖围之年。八十岁高龄的老人称为耄耋之年，亦称朝枚之年、朝枝之年。九十岁称为鲐背之年。人满百岁称为期颐之年。

第一章 五福寿为首

图1-09 长命锁片 长（長）命富贵（貴）/佛门（門）弟子。正面纹饰表现为阳光明媚、猫戏蝴蝶，寓意喜庆耄（猫之谐音）耋（蝶之谐音）之寿。背面纹饰为太极八卦。

寿有初中高之分：60岁为初寿（下寿），80岁为中寿，百岁为高寿（上寿）。不同的年龄，寿之雅称不同。七十七岁称为喜寿（喜字的草书似七十七），八十岁称为伞寿（伞字的草书似八十，伞的古体字为仐），八十一岁称为半寿（半字可拆分为八十一），八十八岁称为米寿（米字可分解成八十八），九十岁称为卒寿（卒字的异体字为卆，可分解成九十），九十九岁称为白寿（百减一为九十九），一百零八岁称为茶寿（茶字可分解成十十、八十八，合计一百零八），一百二十岁称为花甲重开，一百四十岁称为古稀双庆。

给长者祝寿时，晚辈或好友同事会敬赠寿匾；如为高寿者祝寿，地方政府亦会敬赠寿匾。寿匾祝寿用语也是比较规范的。祝寿用词还要注意寿星的性别，男性称寿，而女性是不称寿的、一般称福。在写寿匾时，人们极尽文雅之词，比如为男性祝寿写上"南极星辉""名寿齐辉""松柏同春""大椿长荫"等吉语。祝词中的"椿"字，是古代寓言中的一种树木名，指大椿，以一万六千岁为一年，因其长寿，故用来形容高龄，多用于为父亲（或男性寿星）祝寿。《庄子·逍遥游》："上古有大椿者，以八千岁为春，以八千岁为秋。"为女性祝寿则写着"萱荫桂兰""萱荣桂茂""甲挺坤贞""瑞霭金萱""宝婺星辉"等吉语，赞颂母性伟大、祈祝母性长福。萱和婺都是专指女性的词，萱草也叫忘忧草，意即无忧无虑、安享幸福。婺，星名。即婺女，亦称女宿，二十八宿之一，玄武七宿之第三宿，有星四颗；女宿多吉。

图1-10　锁形挂牌　锁花原无挂孔（郭两顶角处的圆孔为后人所打制）。南极（極）星辉（輝）/日月可保长（長）生。主要纹饰为如意盘长、吉祥结、太极两仪、蝙蝠等，寓意吉祥如意、福寿绵长。

南极星辉，寓意被祝寿者如南极仙翁一样健康长寿，或寓意被祝寿者有南极仙翁寿星的光辉照耀，或寓意受赠此锁花者被南极仙翁寿星的光辉照耀。可保长生，寓意被祝寿者（或此锁花佩戴者）由南极仙翁（长生大帝）保佑而长生不老，与日月同庚。

过去过生日、祝寿还可以敬赠锁形花钱（简称锁花）。特别是给孩子过生日（庆生），如出生、满月、百露、周岁等，都可以用锁花（锁片，还有银项圈、银手镯、银脚环等）来祝贺，其既有祝福的意思，也有辟邪的内涵，还有保护的功能。图1-10所示锁花则是为男性长者祝寿定制的。也可以将锁花作为祝寿纪念品赠送给亲朋好友和来宾。

南极星辉之南极,是指南极仙翁。南极仙翁又称南极真君、长生大帝、玉清真王,是我国古代神话传说中的老寿星,是道教信奉的保佑人间性命年寿的神仙。南极仙翁的洞府为昆仑山,徒弟为鹤童、鹿童,据《封神演义》,其为昆仑山玉虚宫元始天尊座下大弟子,全称"高上神霄玉清真王长生大帝统天元圣天尊",居高上神霄玉清府,简称神雷玉府。因为他主寿,所以又叫"寿星"或"老人星",为福禄寿三仙之一。民间认为供奉这位神仙,可以使人健康长寿,这位神仙其实是道教追求长生的一种信仰。寿星形象为一白发老翁,鹤发童颜,面目慈祥,头额长而向前隆起,一手所挂弯曲拐杖必高过头顶,一手

图1-11 圆形挂牌 挂首为花叶纹单孔冠式挂钮;挂牌主体为古钱状,镂空金钱穿。正面文字纹饰寓意为"福(文字)禄(昂首进鹿纹饰,鹿谐音寓意'禄')寿(老寿星纹饰,俗成会意'寿')喜(蟢子纹饰,谐音寓意'喜')"。背面文字旋读为"五子登科福寿(壽)双(雙)全"。

托着寿桃（是王母娘娘蟠桃会上特供的长寿仙果）。常被民间用作年画图案，是吉祥长寿的象征。当年，汉明帝给老人赐鸠杖（鸠杖，亦称王杖，由朝廷发放，象征长者地位。相传上端的鸠鸟为不噎鸟，用以祝福老人健康长寿），给老人以特权，成了寿星手中祛病强身的长寿吉祥物。如上端为龙头，则称为龙头拐杖。

长命锁，为幼儿胸前所挂的用以避邪、祈求长命、祝福吉祥的锁形饰物。呈长形古锁状，表面镌有"长命富贵""长命百岁"等吉语，故称为长命锁。长命锁最早可追溯到汉代的五色缕，到了明代基本定型；在清末民初，由于其厚重、制作工艺复杂、原材料价高等因素，故将其与花钱之吉语钱相结合，生成长命"锁花"——锁形花钱，简称锁花、锁牌（铸造的锁形花钱称为锁形挂牌，简称锁牌）、锁片（阴刻的锁形花钱称之为长命锁片，简称锁片）、锁挂（锁形挂牌）等。其形状主要有两种，一是元宝形，如图 1-09 所示，寓意为招财进宝；一是如意形，如图 1-10 所示，寓意为吉祥如意。

长命锁，内容以民俗、道家的吉语为主体，亦有集民俗、道家、佛家的吉语为一体的。长命锁体现了长辈对孩子的呵护，对晚辈的祝福。认为只要佩挂上这种饰物，就能辟灾去邪、避祸驱魔、"锁"住生命、祛病延年，所以许多儿童从出生不久起（新生儿满百日或周岁举行的仪式中，最为流行的就是挂长命锁），就挂上了这种饰物，一直挂到成年。后来拓展到为老人祝寿时，亦制作锁花，用于敬祝或用于馈赠。

四、长生富贵

长生,意即永久存在或生存,表示寿命很长;或生命永恒不朽;在任何情况下都可以长长久久的生是为长生。亦指道家求长生的法术,长生不老。与长命、长寿,就寿命方面而言,意义是相同的。

长生富贵的基本词意为既长寿又富裕显贵。长生、长命、长寿,人们将生存长久作为人生的首要福求,长寿是最重要的幸福;没有生命,一切幸福都无福享受。有了长命,人们还要追求高质量的长命,身心健康应该是长命的应有之意,不健康的长命是没有积极意义的。衣食无忧、心满意足、享有尊严,才使长命真正富有价值,因此既富裕又显贵就成为人们在长命基础上的新追求。富贵,富是财富,既有物质财富、又有精神财富,才是真正的财富;贵是显贵、尊贵,既有显贵的社会地位、又有高贵的道德水准,才是真正的显贵。由此可见,长生富贵将人们对社会生活最美好的追求囊括其中。从某种意义上说,长生富贵,人人向往之,个个追求之,代代期望之,人类社会的发展

图1-12 吉语钱 长(長)生富贵(貴)/金玉满堂。纹饰为三点围一点,寓意三星拱月、三星高照等。"富"字无一点,寓意富无尽头。

目标亦为之。这就是长生富贵的魅力所在!

长生,是祝福语。对婴幼儿、青少年,祝福长生,就是祝福其生命长久,长命百岁;对老年人,祝福长生,就是祝福其健康长寿,福寿延长。

金玉满堂,是指金银、财宝、珠玉等放满高大的厅堂。形容财富极多,也可以形容学识丰富。语见《老子》第九章:"金玉满堂,莫之能守。"唐代诗人白居易《读道德经》:"金玉满堂非己物,子孙委蜕是他人。"也表明了智者对财富的认识。但民间依然将金玉满堂作为自己希冀的目标,作为祝福对方的吉语。金银珠玉、堆满高堂;学富五车、才高八斗;均可称之为金玉满堂。既有物质财富,又有精神财富;既要物质文明,又要精神文明。这才是真正的富裕。

图 1-13　锁形挂牌　长(長)命富贵(貴)/天长(長)地久。

长命富贵是长命锁(锁花)的核心祈求。之所以称之为长命锁,是因为人们将生存长久作为人生的首要追求,祈求神明的力量将长命(长久的生命)锁住,祈福佩戴者长命、长寿。

天长地久,多用于祝福新婚夫妇的爱情天长地久。本义是像天和地存在的时间那样长、那样悠久；常用来形容爱情永远不变。最早见于《老子》第七章："天长地久，天地所以能长且久者，以其不自生，故能长生。"白居易《长恨歌》："天长地久有时尽，此恨绵绵无绝期。"在锁花里，天长地久既有祝福新婚夫妇的爱情天长地久、忠贞不渝的意思，亦有祝福庆生者、做寿者的寿命天长地久、长生不老的意思，这主要看锁花馈赠祝福的对象而言。

图1-14 吉语钱 长（長）命富（富）贵（貴）／福寿（壽）康宁（寧）。

图1-15 锁形挂牌 长命富贵／金玉满堂；两面的中心为篆体"寿"字，寓意长寿；两面穿右左文字合并为：日月同（仝，即同）庚。此为祝寿用锁花。

日月同庚。年龄相同谓之同庚，日月同庚寓意被祝寿者的寿命同日月一样长久，寿与天齐，长生不老。

在民间年画、剪纸、雕塑等吉祥纹饰中，常以寿桃表示长寿，如寿星手托寿桃。在花钱中，亦是以寿桃寓意长寿，还用桃形挂牌来祝寿庆生，如图1-16所示。

福寿双全，指幸福和年寿两样全备，既有福分，又得高寿。富贵双全，是指富裕和显贵两者同时具备，既物质富裕、精神富裕，又地位显贵、道德尊贵。

图1-16　桃形挂牌　挂首为花叶式单孔挂钮，寓意花好月圆；主体为长桃形，双缘，寓意长寿、好事成双。福寿（壽）双／富贵（貴）全，寓意福寿双全、富贵双全。

五、富贵寿考

富贵寿考，是复合吉语。富贵：富裕而又有显贵的地位；寿考：年高，长寿。可见，富贵寿考，指生活富裕、地位显贵、儿孙孝顺、享有高龄。

考,按甲骨文、金文均像偻背老人扶杖而行之状,与老同义;本义为老,年纪大。考,亦指去世的父亲:"父为考。"(《尔雅》)"生曰父,死曰考。"(《礼记·曲礼》)考者,有子孙为后之称。可见寿考,既言高寿,还言子孙尽孝、使其善终(考终命)。《诗经·大雅·棫朴》:"周王寿考,遐不作人。(译:万寿无疆我周王,培养人才谋虑全。)"朱熹《集传》:"文王九十七乃终,故言寿考。"文王子孙众多,人称"文王百子",即寓意多福多寿,多子多孙,万代延续。

图1-17 长命锁片 富贵寿考/大茅山。穿两侧的纹饰为菊花,寓意健康长寿。大茅山,是道教"第一福地,第八洞天"之茅山。

富贵寿考,语出自《旧唐书·郭子仪传》:"富贵寿考,繁衍安泰,哀荣终始,人道之盛,此无缺焉。"该书将郭子仪(697—781年,华州郑县人,祖籍山西太原,唐代政治家、军事家)作为富贵寿考的典范。富贵寿考,源于郭子仪遇仙的传说。《敢遇集》载其故事情节为:"郭子仪至银州,夜见左右皆赤光,仰视空中,辇车绣幄,中有一美女自天而降。子仪拜祝曰:'今七月七夕,必是织女降临,愿赐富贵长寿。'女笑曰:'大富贵亦寿考。'言讫升天。"郭子仪官至汾阳王,家有八子七婿,诸孙数十人,位极人臣。后人赞其"富贵寿考",并用之喻指位居高官、子女满堂且体健寿秩的长者。

福代表福气、福运,古称富贵寿考等齐备为福;禄代表俸禄(官吏的俸给薪水)、禄位、财禄等,古义为福;寿代表长寿。"福禄寿全"的意思为:福气、财禄、长寿全都齐备;(恭祝您)福气常伴、富有显贵、健康长寿!

史称"子仪有八子七婿,堪称福禄寿全"。说的是唐代郭子仪,称得上是福禄寿全之人。《新唐书》称郭子仪"八子七婿,皆贵显朝廷",可谓子孙满堂,多子多福;官至太尉,封为汾阳王,堪称高官厚禄;享年八十五岁,在唐代绝对是长寿。就图1-18的背面纹饰而言,如将两位人物认定为郭子仪和其侍者(或者是其儿子),则整个场景为郭子仪上寿。郭子仪拄着龙头拐杖,在侍者的扶持下,接受子孙亲友的拜

图1-18 吉语钱 福禄寿全/纹饰。纹饰面穿上为仙鹤祥云,穿左似为两人物、一戴官帽(亦似幞头)、一戴软脚幞头,穿下及右为步道、台阶、亭台楼阁。

寿。仙鹤隐寓长寿，为郭子仪贺寿。仙鹤位于穿上，还隐寓"寿与天齐"。步道、台阶、亭台楼阁既展示了郭子仪的华堂，又隐寓郭子仪的子孙步步登高、荣华富贵。

图1-19 吉语钱 富贵寿考/全福。

富贵寿考一般是用来祝福男性长者的。高龄长寿、衣食无忧、生活安逸、儿女成家立业孝顺、善终也是一种福气，而且还是难得的大福气。富贵寿考正是表达此意，故为第五福（考终命），亦谓全福。花钱里有全福套子钱（在钱币收藏中，将钱文意义相近、风格基本相同、形制一样、能配套成系列的钱称为套子钱），清代浙炉铸。其面楷书四字吉语竖读，背楷书二字吉语横读。全套十枚，分别为：玉树芝兰/佳儿、聪明贤达/淑媛、鸳鸯福禄/和合、鸿案齐眉/佳偶、子孙千亿/熊罴、夫荣子贵/诰命、金榜题名/状元、三多九如/积德、海屋添筹/百龄、富贵寿考/全福。该套吉语钱，祝福了人从少年到成长、有功名与婚姻、有富贵与子孙，直至高龄善终。幸福完美的一生，方谓全福。

六、德福寿禄

长寿，人人向往。如何才能长寿？除了基因起决定性作用之外，就是人后天自身的因素在起作用。先贤们对此也有认真的思考，提出了许多观点。有养生说、健身说、心悦说、节制说、环境说、操守说，等等，不一而足。花钱对此也比较关注，将先贤们的相关经典论述铸于钱面，让世人在把玩、品赏的过程中得以领悟。如"德福寿禄""福德长寿""人恭则寿""德重滋身"等，将人的品德高低与人的寿命长短紧密地联系在一起。

图1-20　吉语钱　德福寿（壽）禄/纹饰。夹花缘，正面宽缘上为凸缠枝纹，背面宽缘上为凹缠枝纹。缠枝纹，又名"万寿藤"，其连绵不断，既寓意长寿安康、又寓意富贵连绵、还寓意生生不息等。背面纹饰为花卉、盆景等。穿上、左为花卉，似佛手、菊花；穿右似为盆景；穿下似聚宝车。

该枚吉语钱，将德置于福寿禄之前，表明德与福寿禄为有机组合、密不可分，有德则有福寿禄。我们首先来看看什么是德？

德，通常是指人类共同遵循的规范。亦有品行、作风，恩泽、恩惠、心意、信念、感激、感恩，好的、善的等含义。古往今来，仁人志士，立德布德，皆恒为之；神话传说，民俗民风，公德私德，皆蕴其中。具有教化功能的中国花钱，倡修身立德、颂施恩布德、传清净道德，唯德是举，唯德是辅。

自古以来，国人对德尤为器重，有三德、六德、九德之说。三德：一曰正直，二曰刚克，三曰柔克（《尚书·洪范》）。六德：知、仁、圣、义、忠、和（《周礼·地官》）。九德：宽而栗、柔而立、愿而恭、乱而敬、扰而毅、直而温、简而廉、刚而实、强而义（《尚书·皋陶谟》）。

试释九德。宽而栗：行事豁达，严肃恭谨。柔而立：性情柔和，持有主见。愿而恭：小心谨慎，庄重严肃。乱而敬：处事公平，认真持重。扰而毅：虚怀若谷，决事果断。直而温：严以律己，待人温和。简而廉：直率开朗，身行方正。刚而实：做事刚正，充实不虚。强而义：勇敢坚毅，符合道义。

秉持九德，受益匪浅。《左传·昭公二十八年》曰："九德不愆（不愆 qiān：无过错，无过失），作事无悔，故袭天禄，子孙赖之！"可见德之重要。

《尚书·洪范》将"攸好德（所好者德也）"列为五福之一，缺其则不能谓之五福齐全。五福之基在于德，德为福之因，福是德之果。重德、进德、立德、有德、积德、道德、厚德、布德、功德，等等，足显古人对德之敬重。"德福寿禄"，其开宗明义，做人德为首，德者福、德者寿、德者禄。

该枚吉语钱背面的纹饰也形象地诠释了"德福寿禄"。穿上纹饰为佛手，谐音寓意福寿，置于穿上体现人人祈求；穿左为菊花，晋·傅玄《菊赋》曰："服之者长寿，食之者通神。"菊花喻高贵的品质（四君子之一，象征着高洁和长寿之意），寓德，置于穿左体现其为先；穿下为聚宝车，象征财源滚滚来，寓意厚禄；穿右为盆景，其植又长又瘦（隐含长寿之意），呈如意状，形象地寓意长寿如意；如由穿左起顺向环读其意，则为"德福寿禄"。由此可见，有德者有福寿、有德者长寿如意、有德者有厚禄。

正所谓厚德载福，德高望重，人恭则寿。人要有厚重的品德，才能承载福气。厚德载福出自《易·坤》："地势坤，君子以厚德载物。（君子要像大地一样，有深厚的品德，才能承载万物）"《国语·晋语六》："吾闻之，唯厚德者能受多福，无德而服者众，必自伤也。"何谓厚德，有大德，深厚的恩德，施以厚泽，深深地感激，心胸宽广不以个人得失为主、重公轻私，如上谓之厚德。

图 1-21　吉语钱　厚德载福 / 金玉满堂。

有德，即有德行，谓道德品行高尚，能身体力行，为善最乐。有德者，指有德行的人。天下之大，有德者居之；物华珍宝，有德者居之；福禄寿全，有德者居之；位禄名寿，有德者居之。总而言之，世间万福，有德者居之，无德者失之。顺德者昌，逆德者亡（《汉书·卷一·高帝纪上》）；德不配位，必有灾殃（孔子：德不配位，必有灾殃；德薄而位尊，智小而谋大，力小而任重，鲜不及矣。《周易·系辞下》注）。先贤哲言，理当深悟，修身立德，刻不容缓。这就是图1-20、图1-21吉语钱赏析后的启示。

五福寿为首，民间称之为五福捧寿。民间常见的传统吉祥图案（尤其在年画中），由五只蝙蝠围着寿字或围着桃子组成，形象地表现为五福捧寿。

中华寿文化，源远流长，博大精深。我们从赏析数枚与"寿"相关的花钱之角度，初步了解了民俗钱币中所蕴含的寿文化，窥一斑而难见全豹，这只是我们学习领会寿文化的切入点、践行寿文化的新起点。中华寿文化的重要内容是尊重长辈、孝敬老人，为老人祝寿是寿

图1-22 锁形挂牌 正面图纹由祥云中五只蝙蝠围着团寿（圆形篆体寿字）构成，蝙蝠之蝠与福字同音，故以五蝠代表五福。寓意阖家团圆、多福多寿。背面为阴刻两竿翠竹、波浪纹饰等图纹，寓意竹报平安、福如大海、福寿连绵。翠竹还寓意节节高；刻有竹节的翠竹寓意步步高升、学业有成。

文化一道亮丽的风景线。有关寿文化的民俗钱币，大多为祈寿、祝寿、庆寿所用，通过寿文化民俗钱币的品赏、传承，使"尊重长辈、孝敬老人"的良好风气深入人心、代代相传。

老人的幸福长寿是国家、社会以及家庭安宁祥和的一个重要标志。五福寿为首，五福德为基，寿文化本身就是在弘扬传统美德。当今社会，科技经济迅猛发展，生活水准日益提高，人均寿命不断攀升，古稀之年已成常态，正在步入老龄社会，尊老敬老更为重要。作为老年人，当以"德福寿禄""寿比南山""福寿双全"为追求，老有所为，老有所乐；作为全社会，应以"福寿康宁""可保长生""长生富贵"为目标，使老有所依、老有所养；人间正道，其乐融融。

| 第二章 |

百善孝为先

百善，是指各种好事。而在所行的各种好事中，孝行是第一位的，即百善孝为先。《吕氏春秋·孝行》："夫执一术而百善至、百邪去、天下从者，其惟孝也。"在中华民族传统文化中，孝道始终是重要的组成部分。

百善孝为先，孝敬长辈是中华民族生生不息的原动力之一。何为孝？顺从长辈，尊重长者，奉养父母为孝。《周书·谥法》曰："慈惠爱亲为孝，协时肇享为孝，五宗安之曰孝，秉德不回曰孝。"孝，德之本也，天之经也，民之行也，文之本也，礼之始也，善之先也。

自古以来，人们通过多种形式宣传孝道，赞颂及时行孝的典型人物。作为中华民族传统文化承载物之一的花钱，更是从不同的方面予以倡导。有"忠孝传家""忠君孝亲/敬兄爱弟""笃睦宗族/敦行孝悌""天心孝感/状元及第""孝悌忠信/礼义廉耻""孝顺父母/五代富贵""存忠孝心/行仁义事"等直接倡导孝道的吉语花钱；有"富贵寿考""福如东海/寿比南山""福寿双全""福禄寿喜""长命百岁""南极星辉"等祝寿类吉语花钱，通过为老人家祝寿来提倡孝道之行，阖家团圆让老人享受天伦之乐。

一、忠孝传家

古往今来，以"忠孝传家"作为家风的家庭、家族数不胜数；践行忠孝传家，为祖国、为民族、为家庭作出杰出贡献的仁人志士、平民百姓也是数不胜数。将忠孝一代代传承下去，也是一个家族兴旺发达的必然要求。

第二章 百善孝为先

图 2-01 吉语钱 忠孝传（傳）家／四美。

真心诚意、至公无私、尽心竭力为忠；尽力做好本分的事、尽心于人曰忠。旧指臣对君主必须尽忠，现指忠于国家、忠于人民、忠于民族。所谓忠孝，就是忠于国家，孝顺父母（长辈）。对国家尽忠，对父母尽孝。所谓忠孝传家，就是将忠于国家、孝顺父母（长辈）的优良品质传于子孙、世代相传。

忠与孝，两者范畴不同，但出发点是一致的。孝是忠的基础，忠是孝的升华；孝是忠的起点，忠是孝的延伸；孝是忠的本质，忠是孝的拓展。

古人云"忠孝不能两全"，是讲忠与孝的取舍和协调。忠是大孝，以家国情怀去尽忠尽孝；尽忠报国，就是尽孝。从这种意义上讲，忠孝两全亦可为。

民族英雄岳飞为尽忠报国之楷模。岳飞（1103—1142 年），字鹏举，宋朝相州汤阴县永和乡孝悌里（今河南安阳市汤阴县程岗村）人，中国历史上著名的军事家、战略家，位列南宋中兴四将（岳飞、韩世忠、张俊、刘光世）之首。他于北宋宣和四年（1122 年）投军，靖康元年（1126年）志愿从军抗金，从1128年遇宗泽起到1141年为止的十余年间，率领岳家军同金军进行了大小数百次战斗，所向披靡，屡获大胜。1133年秋，宋高宗赵构将岳飞召到首都，亲自书写"精忠岳飞"四个大字，制成锦旗赏赐给他。绍兴七年（1137年），升任宣抚使。岳飞治军赏罚分明，纪律严整，又能体恤部属，以身作则。岳家军号称"冻杀不拆屋，饿杀不打虏"。连金军也感叹："撼山易，撼岳家军难！"1140年，完颜兀术毁盟攻宋，岳飞挥师北伐，先后收复郑州、洛阳等地，又于郾城、颖昌大败金军，进军朱仙镇。宋高宗、秦桧却一意求和，以十二道金牌下令退兵，岳飞在孤立无援之下被迫班师。在宋金议和过程中，岳飞遭受秦桧、张俊等人的诬陷，被捕入狱。1142年1月27日，岳飞以"莫须有"的"谋反"罪名与长子岳云和部将张宪同被朝廷杀害。宋孝宗赵昚继位后为岳飞平反昭雪。淳熙五年（1178年），谥武穆。宋宁宗嘉泰四年（1204年）追封鄂王。宋理宗宝庆元年（1225年），改谥忠武。

图2-02 吉语钱 尽忠报国（盡忠報國）/纹饰。背面纹饰描写的是岳母刺字的场景，岳飞跪伏于地，岳母一手拿针，另一手抓住拿针之手的手臂，用力在岳飞的后背刺字。

> 一曲满江红,激励将士行;
> 后人常吟诵,更添报国情。

年轻的岳飞饱读兵书,谙熟武艺,身强力壮,他盼望能投身疆场、为国效力。19 岁时投军抗辽。不久因父丧,退伍还乡守孝。1126 年金兵大举进犯中原,岳飞再次投军,开始了他抗击金军、保家卫国的戎马生涯。就在他走上战场的前夕,深明大义的母亲姚氏,积极勉励岳飞"从戎报国",特意在他背上刺下"尽忠报国"四个大字,嘱咐他一生一世都要为国家和民族的利益而奋勇杀敌,决不吝惜自己的生命。

> 岳母手持针,针针情义深;
> 嘱儿尽忠去,凯旋报国恩。

尽忠报国是竭尽忠诚报效祖国,体现了母亲对儿子的要求、也表达了岳飞本人的志愿。尽忠报国,出自北周末年《北史·颜之仪传》:"公等备受朝恩,当尽忠报国。"精忠报国则是对岳飞的表彰,称赞岳飞是精心忠诚报效祖国;出自宋高宗锦旗御书的"精忠岳飞",精忠报国是后人对岳飞的褒奖。

图 2-01 吉语钱背面所指四美,释义为良辰、美景、赏心、乐事。其出处为谢灵运《拟魏太子邺中集诗八首序》:"天下良辰美景赏心乐事,四者难并。""美景"又作"媚景",《小尔雅·广诂》:"媚,美也。"或者为音乐、饮食、文章、言语之美。其出处为刘琨《答卢谌诗》:音以赏奏,味以殊珍,文以明言,言以畅神。之子之往,四美不臻。可见,过去人们认为"良辰、美景、赏心、乐事"或者"音乐、饮食、

文章、言语"之四美，难以同时齐全。图2-01吉语钱则表明，唯有忠孝传家之人，精心创设四美之场景，方可达到四美之境界，四美并臻，身心愉悦。当今社会四美是指：心灵美、语言美、行为美、环境美。亦是依靠全社会来共同创建。

忠孝传家，常出现在古代名联中，为家训、为家族祠堂楹联等。如"忠孝传家远，诗书继世长"。诗书继世长意即认真读书（诗书，指《诗经》和《尚书》，亦泛指一切经书），学习继承前人的优秀品质，可以使家族长久地发展下去。

忠孝传家远，四美并臻长；
父母垂范在，世代永吉祥。

图2-01吉语钱为"十全"吉语套子钱中的一枚。"十全"吉语套子钱计十枚，其吉语钱文正面为四字、背面为二字并依序排列，分别为：国恩家庆/一品、人寿年丰/二喜、文章华国/三元、忠孝传家/四美、富贵寿考/五福、平安吉庆/六合、子孙千亿/七贤、福（弗）

图2-03 吉语钱 忠孝传家/水。背"水"字，当有饮水思源之意；亦有传承如水流不息之意。

禄绵长／八仙、年年如意／九如、事事称心／十全。十全，比喻完美无缺憾，体现了国人对完美人生的追求；亦谓之"十全十美"，比喻圆满美好毫无缺陷的境界。

二、二十四孝

二十四孝，一般是指元代郭居敬辑录编成的《全相二十四孝诗选》书中所赞颂的二十四位孝子。该书是讲述（图说）历代二十四位孝子在不同环境、不同遭遇的情况下行孝的故事集，简称《二十四孝》《二十四孝图》等。镂空五孝子花钱，则是从中选取了五位孝子予以赞颂。

第一组：一人肩挑重物（所砍薪柴），匆匆前行。其表现的是"曾参樵采"的故事。说的是曾参（字子舆，春秋时期鲁国人，孔子的得意弟子，世称"曾子"，以孝著称）一日上山砍柴，曾母一人在家。家

图2-04 镂空钱，五孝子　立体化、艺术化地表现了（二十四孝中）五位孝子的孝行，分别是：啮齿痛心（曾参樵采）、百里负米（子路负米）、埋儿奉母（郭巨埋儿）、卧冰求鲤（王祥卧冰）、哭竹生笋（孟中哭竹）。

中来了客人，其母无法招待，焦急之中便咬破了自己的手指。曾参在山中突然感到心疼便急忙挑柴回家，跪问缘故。母亲说："有客人忽然到来，我咬手指盼你回来。"曾参于是接见客人，以礼相待。

第二组：一人背负一物（米袋）前行。其表现的是"子路负米"的故事。说的是子路（仲由，字子路、季路，春秋时期鲁国人，孔子的得意弟子，性格直率勇敢，十分孝顺）早年家中贫穷，自己常常采野菜做饭食，却持之以恒从百里之外负米回家侍奉双亲。父母死后，他做了大官，奉命到楚国去，随从的车马有百乘之众，所积的粮食有万钟之多。坐在垒叠的锦褥上，吃着丰盛的筵席，他常常怀念双亲，慨叹说："即使我想吃野菜，为父母亲去负米，哪里能够再得呢？"孔子赞扬说："你侍奉父母，可以说是生时尽力，死后思念哪！"

第三组：一人挥镐刨地，旁边睡一小人，前后各有一枚金锭。其表现的是"郭巨埋儿"的故事。说的是郭巨（晋代隆虑今河南林县人）原本家道殷实。父亲死后，他把家产分作两份，给了两个弟弟，自己独自供养母亲，对母极孝。后家境渐贫，妻生一男孩，郭巨担心，养这个孩子，必然影响供养母亲，遂和妻子商议："儿子可以再有，母亲死了不能复活，不如埋掉儿子，节省些粮食供养母亲。"当他们含泪挖坑时，在地下三尺处忽见一坛黄金，上书"天赐郭巨，官不得取，民不得夺"。夫妻得到黄金，回家孝敬母亲，并得以兼养孩子。

第四组：一人俯卧，旁有一鱼。其表现的是"王祥卧冰"的故事。说的是王祥（魏末晋初，临沂人）对继母十分孝顺，母病欲食鲜鱼，时值天寒地冻，河水结冰，王祥便脱衣捂冰，冰解冻，有鲤鱼跃出，

图 2-05　圆形挂牌　挂首为如意祥云冠式单孔挂钮,表明挂牌的内容祈福求吉,劝孝教化;主体为圆牌。正面文字竖读为"王祥卧冰",氷同冰,为冰的俗字;中心为太极两仪,表明了王祥的孝行感天动地。背面纹饰直观地表现了"少时冰开,双鲤跃出"的情景。

其母食鱼后疾病痊愈。

第五组:一人跪立,双手合十作祈祷状,面前有植物(竹笋)一丛。其表现的是"孟中哭竹"的故事。说的是孟中(亦称孟宗,三国时吴江夏人)少年时父亡,母亲年老病重,医生嘱用鲜竹笋做汤食用。适值严冬,没有鲜笋,孟中无计可施,独自一人跑到竹林里,扶竹哭泣。少顷,他忽然听到地裂声,只见地上长出数茎嫩笋。孟中大喜,采回做汤,母亲喝了后果然病愈。

五组故事,一个核心——孝。有母子连心,为母分忧;有侍奉双亲,子欲养而亲不在;有事母极孝,尽力供母;有母病儿忧,卧冰哭竹;等等。为尽孝不遗余力,千方百计,终得善果。

图 2-06　圆形挂牌　挂首为如意祥云冠式单孔挂钮，主体为圆牌。正面文字竖读为"孟宗哭竹"，哭字少一点，表明孟宗急得直哭，越哭越伤心，最后眼泪也哭干了；中心为太极两仪，表明了孟宗的孝行感天动地。背面纹饰描绘了冬日竹林里的孟宗，为治好母亲病，驮着锄头，冒着寒风上山挖冬笋的场景。

图 2-07　圆形挂牌　挂首为如意祥云冠式单孔挂钮，主体为圆牌。两面分别有文字和纹饰组成，一为"王祥卧冰"及其冰上卧冰求鲤的场景，一为"孟中哭竹"及其林中哭竹生笋的场景。

孝由心生，方能体现到具体的行动中，使长辈安度晚年、得以善终。故事中的一些神话色彩，无非是强调孝感天地、孝有好报，鼓励人们百善孝为先。对于二十四孝故事，我们要取其精华、去其糟粕，如其中"郭巨埋儿"之埋儿笔者认为是不可取的，应当珍惜每一个生命，敬老爱幼，不可偏废。孝行也要遵守社会公德、遵从法律法规，不能以自己的孝行去损害他人的合法权益。

三、道德传家

中华民族历来重视家风建设，崇尚道德传家。忠孝传家，贤孝传家，忠厚传家，清白传家，耕读传家，诗书传家，诗礼传家，等等。重在一个"传"字，传承，传什么？承什么？就是将优良的道德品质代代相传，优良的家风家教代代相承，致使家庭家族兴旺、民族振兴、国家富强。

我们当地春节期间有一个风俗，就是春节后第一次买菜，至少要买两样：一是青菜，二是豆腐。这其中隐含了两个有教化作用的吉意：一是做人要一清二白、清清白白（青菜谐音寓意清；豆腐是白色的，寓意白）；二是新年开门遇富、勤巧致富（豆腐谐音寓意"逗富"），新年的美好祝福。当天佐餐的汤就是青菜豆腐汤，一清二白、清清白白都体现在汤中，这就是家风教育的新春第一课，清白为人，清白传家。

清白传家，意即将品行纯洁端正无污点（洁白无瑕）且廉洁自律的优良风尚传给子孙后代。清白传家源于东汉大臣杨震的故事，其"四知（天知、地知、我知、子知）家风""清白人家（清白吏子孙）"

图 2-08　吉语钱　清白传家（文字为鸟虫篆）/ 光背。

的典故广为传颂。

杨震（？—124 年），字伯起，弘农华阴（今陕西华阴）人。出身书香门第，少年好学，"明经博览，无不穷究"，有"关西孔子杨伯起"之美称。他教书二十余年，家中清贫，称病不愿出仕；年至 50 岁，经大将军邓骘（东汉时期外戚、将领，太傅邓禹之孙、和熹皇后邓绥之兄）推荐才步入仕途，汉昭帝时为丞相，封安平候，官至太尉。他暮夜却金（四知佳话）、公正清廉（清白传家）、为官正直、不屈权贵、屡陈时事，为中常侍樊丰等所忌恨。延光三年（124 年），被罢免。又被遣返回乡，途中饮鸩而卒。汉顺帝继位后，下诏为其平反。

据《后汉书·杨震传》记载：杨震初为东莱太守，当他去郡赴任途中经过昌邑县，从前他推举的荆州茂才王密，正在该县做县令，就来拜访杨震，到了晚上无人时，便从怀中取出十斤黄金送给杨震。杨震说："老朋友我了解你，你为什么不了解我这个老朋友呢？"王密说："夜里没有人会知道（我给你送金子）的。"杨震一手指着天地、一手指自己后指王密，严肃地说道："天知、地知、我知、你知，怎么能说没有人知道呢?"王密惭愧地走了。由此杨震被誉为"四知太守"。

杨震秉性公正廉明,从不接受私人请托;他的子孙长期以疏食为主,外出也是徒步、不乘马车,生活俭朴。后来杨震转任涿郡太守,他的一些老朋友或孩子的长辈,多次要他为子孙置些产业,使子孙的生活条件改善一下。杨震不肯,他说:"让后世的人称他们为清白吏(廉洁守正官吏)的子孙,拿这个赠给他们,不是很好吗?"留得清白在人间。

杨震言传身教,所开创的"清白传家"家风得以很好地传承,其子杨秉、孙杨赐、重孙杨彪,皆官至太尉,号称四世三公。唐代诗人李白深表赞叹:"关西杨伯起,汉日旧称贤。四代三公族,清风播人天。"(《送杨燕之东鲁》)

俗话说:富不过三代。人们认为这是由孟子"君子之泽,五世而斩"(意即君子的品行和家风经过几代人之后,就不复存在了;也指先辈积累的财富家产经过几代人之后就会败光了)一语演变而来的。后人还将孟子此语演变成为"道德传家,十代以上,耕读传家次之,诗书传家又次之,富贵传家不过三代"。其关键在于将什么传给后代,才能使家族兴旺发达。遗子千金,不如遗子一经,亦是这个道理。

唯有道德传家,即忠孝传家、清白传家等,方可使代代兴旺发达。自孔夫子始,历代儒客大力尊崇"孝悌忠信礼义廉耻",宋代视之为人生八德,这是过去德育内容的全部精髓,是修身之要,是教化之道。八德是一个有机的整体,孝为八德之首。秉持孝悌忠信,是真心诚意的内在修为;力行礼义廉耻,是个人修为的外化表现。

图 2-09　吉语钱　孝悌忠信 / 光背。

孝悌忠信。孝是孝顺，孝顺父母；悌是悌敬，尊兄敬弟；忠是尽忠，忠于国家；信是信用，取信于友。出自《孟子·梁惠王上》：壮者以暇日修其孝悌忠信。意即年轻力壮之人在农闲（空闲）时要学习讲求孝顺父母、尊敬兄长、办事尽力和诚实待人的道理。

道德传家，使家庭、家族有良好的道德规范；推而广之，从而使社会、国家有高尚的行为准则。人人存有忠孝之心，个个践行仁义之事，此乃大同社会。

图 2-10　吉语钱　存忠孝心 / 行仁义（義）事。

存忠孝心，行仁义事。为一副对联。原为宋朝著名的理学家朱熹所写，流传很广，在福建武夷书院、江西庐山白鹿洞书院等风景名胜都可见到明清时期的摹本。该联把"忠孝仁义"作为做人的标准，劝人要修行道德操守，言行一致。

仁义，本意为仁爱与正义；还表示性情和顺善良。宽厚正直，性情温顺，通达事理，是儒家重要的伦理范畴。仁义，表现的是仁慈和公正的品质，体现了对他人的关爱、尊重和对正义的追求、维护。仁义，仁以爱人，义以尊贤；是构建良善的人与人之间关系的基点，是社会和谐与稳定的基础。正因为如此，自古以来都积极倡导仁义，秉持公正的原则行事。《礼记·曲礼上》指出："道德仁义，非礼不成。"《道德经》认为："上仁为之，而无以为；上义为之，而有以为。"到了汉代哲学家董仲舒将"仁义"作为传统道德的最高准则，将其与"礼、智、信"合称为"五常（指在人身上必须有的五个常住德行）"，即"仁、义、礼、智、信"，是与天地共长久的经常法则。自宋代开始，"仁义"成为传统道德的别名，将其与"道德"合并称为"仁义道德"。

忠孝仁义，对国家以忠，对父母以孝，待人以仁爱，待事以正义。立身之道，曰忠与孝；立人之道，曰仁与义。长存忠孝心，常行仁义事。

四、一心好善

有一种行为，无论是官方还是民间，无论是儒家文化还是道佛文化，都积极倡导，这就是善行。推崇善行，劝人向善，与人为善，为善最乐，善有善报、恶有恶报，百善孝为先，历来如此。

善，会意字，从羊从言。本义：像羊一样说话。像羊一样说话，才不会吵架、打架，才会有进一步产生合作的可能。羊在古代为祥的象征，故善的引申义：吉祥。其含义常有：心地仁爱、品质淳厚，完好，共同满足，吉，美好，善良，慈善，好的行为、品质，应诺，慎重，高明，熟悉，擅长，修治，羡慕，认为好，赞许，友好，好人，等等。人们推崇的是心地仁爱、品质淳厚，善良，慈善，好的行为、品质等，让世界充满爱。善，具有深刻的伦理学、哲学和佛学内涵。

图2-11 吉语钱 一心好善／五代同堂。

一心好善。一心，即专一其心、全心全意；好，即喜好、喜爱；一心好善，即专一其心、全心全意地喜好善行，也就是全身心地做好人好事。好善无倦，一善甫完，复作一善。一个人做一件善事并不难，难得是一辈子做善事，此即一心好善的召唤。

何为善？不同的角度，解释不一样。就其核心本质而言，各种解释都是相通的。

善，是一种主观判定，随着主体和时间的变化，而被赋予不同的内容。就宏观而言，在最广时间范围内符合最大多数人的目的（最大最终目的）即善。顺应时代发展、顺遂民众需求，对最大最终目的有利的目的被称为是"善心"，对达成最大最终目的有利的行为被称为是"善行"。

共同满足为善，在被动个体自我意识出于自愿或不拒绝的情况下，主动方对被动个体实施精神、语言、行为的任何一项使人愉悦的介入，皆为善。这是伦理学的观点。

善行是对自己有益的，对他人亦是有益的行为；是在今世好的，在来生也是好的行为。佛教认为这四个条件具备，才能算是纯善的行为。善法就是善行，最基本的善法为"十善"：不杀生，不偷盗，不邪淫；不妄言，不绮语，不两舌，不恶口；不贪，不嗔，不痴。

知善致善，是为上善。"上善若水，水善利万物而不争，处众人之所恶，故几于道。居善地；心善渊；与善仁；言善信；政善治；事善能；动善时。夫唯不争，故无尤。"（《道德经》第八章）

五代同堂。所谓五代，亦称五世；简言之：祖父、父亲、自己、儿子、孙子，即为五代。所谓同堂，就是同处一堂，共同生活在一个堂屋里。五代同堂，就是一家人同时有五代在世，一家五代人都健康生活在一起。不仅要有五代健在，而且还要同堂相处。五代人同聚一堂，不仅老人要健康长寿，而且一家都和睦相处；人人孝敬老人，个个爱护婴幼，儿孙绕膝，忠孝传家，相敬如宾，阖家欢乐。现在三代同堂、四代同堂常见（真正意义上的同堂也不多见），五代同堂少见。关于代，有九属之说。九属，即九代直系亲属：玄孙，曾孙，孙，子，

身,父,祖父,曾祖父,高祖父。(出自汉·扬雄《太玄·数》)

五代同堂,亦是劝善、劝孝。作为子女要尽自己的孝心,敬重长辈,使他们健康地生活,这样才能达到五代同堂。一枚花钱,两句忠告。既劝人对外要全心全意地行善,又劝人对内要全心全意地尽孝。五代同堂为一心好善的善果。

人之孝心(善心),并非一朝一夕形成的,而是在孝行(善行)的熏陶下、在自己不断克服错误的积累下,逐渐养成的。人非圣贤,孰能无过。子曰:君子之过也,如日月之食焉。过也,人皆见之;更也,人皆仰之。人总会犯错误的,但错后的态度是各不相同的:贤者,知错就改,痛改前非,行孝义正道;愚者,坚持错误,文过饰非,走作恶歪道。人们通过花钱叙述故事,让人见贤思齐,正确对待错误。人物花钱"田真哭荆/周处斩蛟"就是向人们揭示这样的道理,展示孝义的魅力。

如图2-12正面所示,庭院内,荆树下,弟兄三人有的扶树,有的背靠树,有的手指树,倾诉衷肠。描述的是"田真哭荆"的故事。

图2-12 无文钱 田真哭荆/周处斩蛟。

田真哭荆，是宋代流行的二十四孝典故之一（元代二十四孝未录入），亦称"三田哭荆"等。故事发生在东汉时期，巩县枣园洛河岸边，住着一田姓人家，老两口勤劳俭朴，和睦乡里，孝悌治家，教子有方。生有三子：田真、田庆、田广。全家齐心协力，家业兴旺，攒下一份不错的田产家业。田老汉辞世前嘱咐儿子们要和睦同居、团结齐心，儿子们都满口应允。不久，三妯娌因财产起矛盾闹到要分家，田真无奈答应分家。将田产家业一分为三，最后只剩下庭院中那棵高大的紫荆树不好分，经争吵后，至夜商定把紫荆树截为三段，三家各得一段。

次日清晨，三兄弟拿着大锯、板斧来伐树时，只见昨日枝繁叶茂花盛的紫荆树，一夜之间就枯萎了。田真见状，深深自责，痛哭不已；庆广亦深感羞愧，抛弃工具，弟兄三人抱树痛哭，数说自己的不是，愧对父亲的遗训。先父在天不答应，紫荆在地不同情。妯娌三人及子女深有感触，纷纷自责，泪流满面。全家人边哭边议不分家了，和好如初，泪水浇灌树根，紫荆树复活了，树叶更加碧绿，繁花重新绽放。正是"无孝无义，天地难容，行孝奉义，枯木重生""遵父遗言为孝，弟兄和睦为义"。

汉章帝在洛阳闻听地方官员奏报，大悦，赐田家"孝门"，封田真大中大夫，亲赐"孝义"匾挂，枣园改名为"孝义"。从此，以紫荆作为家族团结、家庭和睦的象征，"紫荆花"称之为"兄弟花""孝义花"。

如图 2-12 背面所示，一位壮士，手持利剑向恶蛟砍去。这位壮士不是别人，就是周处。描述的是"周处斩蛟"的故事。

周处斩蛟,故事出自南北朝时期刘义庆所著的《世说新语》。周处(242—297年),字子隐,晋朝阳羡(今江苏宜兴)人。他的祖父周鲂,做过吴国的鄱阳太守。周处年少时,力气过人,性情凶蛮,习武有成;因父亲早死,无人管教,横行霸道,斗殴闹事,被街坊邻里认为是祸害。其时,长桥下有条独角蛟,南山有只白额虎,常常危害百姓,人们将蛟、虎连同周处在内称为"三害",其中最使百姓感到头痛的还是周处。后来有人劝他去射虎斩蛟,实际上是希望三害中只剩下一害,或是周处被虎、蛟所灭而除一害。

周处先入南山射杀白额老虎,接着下长河搏蛟,历时三天三夜。第四天,乡亲们都以为他已死,四处相告,拍手庆贺,而周处竟安然无恙地斩蛟归来。周处看到乡亲们庆贺的不是他射虎斩蛟,而是以为他死了,这件事使他幡然醒悟,意识到自己平时的行为被人们痛恨到了什么程度,从此他痛下决心悔改前非。他接受当时有名的学者陆机、陆云兄弟的指点和教诲,立志改过,努力求学,最终成为晋朝一代名臣。

一枚花钱,两则故事;一个主题,改非则兴,好善则成。田氏三兄弟被紫荆树感悟而改错误决定,使兄弟和爱,乡里和睦,家贵团结,家和万事兴的孝义文化传统得到发扬光大。周处悔过自新除三害,救人之难,终于成为国家栋梁之材,使我们看到了一个浪子回头金不换的楷模。

为善最乐,意即常做善事(行善)是最快乐的事。常用作劝人多行善事的格言。出自南朝宋·范晔《后汉书·东平宪王刘苍传》:"日

第二章　百善孝为先

图2-13　吉语钱　为（爲）善最（寂）乐（樂）/福禄（禄）寿（壽）全。

者问东平王，处家何等最乐？王言为善最乐。"福禄寿全，是指福气、财禄、长寿全都齐备。作为祝福语使用，其意为：（恭祝您）福气常伴、富有显贵、健康长寿！从民俗意义上来看，有福、得禄、长寿这三个目标，一直是人们追求的共同理想。

朱熹（1130—1200年），祖籍江南东路徽州府婺源县。宋朝著名的理学家、思想家、哲学家、教育家、诗人，闽学派的代表人物，儒学集大成者，后世尊称为朱子。为自己的书房题联为"为善最乐　读书便佳"。所谓"为善最乐　读书便佳"，意即帮助别人，常做善事，最使我愉悦；勤奋读书，修身养德，正安适美好。这成为后世许多读书人的座右铭，用来激励自己、规范人生。

在与"善"有关的花钱中，"为善最乐"是被人们最为推崇的劝善之语，花钱品种较多。如：为善最乐/福禄寿全，为善最乐/百忍无忧，为善最乐/存心忍耐，为善最乐/读书便佳，为善最乐读书更佳/吉祥纹饰，为善最乐/孝子贤孙，为善最乐/吉祥纹饰，为善最乐/双龙纹饰,等等。

敦本传孝义,务实行善事。行善积德福庇子孙,作恶受罚殃及子孙。积善之家,必有余庆;积不善之家,必有余殃。勿以善小而不为,勿以恶小而为之。一心好善/五代同堂,田真哭荆/周处斩蛟,为善最乐/福禄寿全,三枚吉语钱充满了劝善之情、行善之乐、积善之益,发人深思,引人向善,促人行善。

图2-14 吉语钱 积(積)善余庆(餘慶),杂宝纹饰(疑似琴棋书画)/龙凤纹(右龙左凤,祥云环绕,龙凤戏珠),寓意龙凤呈祥。

五、家和则胜

在中国花钱中,弘扬家庭伦理(社会行为规范)、促进家庭和谐的吉语钱不少。比如"父慈子孝/父慈子孝""父慈子孝/君圣臣贤""祖功宗德/子孝孙贤"等家庭纵向伦理,又如"敬兄爱弟/忠君孝亲""宜兄宜弟/星月纹饰"等家庭横向伦理,还如"夫妻和谐/松柏长青""夫妇齐眉/儿孙绕膝""夫妻偕老/福寿康宁"等夫妻(亦是家庭横向)伦理,父慈子孝、敬兄爱弟、夫妇齐眉是五伦(五种人伦关系,即父子、君臣、夫妇、兄弟、朋友五种关系）中的家庭三伦，对此，《礼记》中说得好："父子笃，兄弟睦，夫妻和，家之肥也。"意思就是，父子之间慈孝笃深、同心同德，兄弟之间和睦相处、齐心协力，夫妻之间恩爱和美、相濡以沫，一家人一条心，财富会滚滚而来，家业会兴旺发达。

图2-15 吉语钱 家和则胜（則勝）／身健（徤）心安。

家庭和睦，合家就会升腾发达，就会美满幸福。所谓心安，就是内心安适坦然、心无忧愁，对人无歉疚、心无挂虑，心绪安宁。身体健康者心安，家庭和睦者心安，家和身健必心安。家庭和谐，身心健康，必定安胜，这枚花钱就是告诉人们这个道理。而且还告诉人们：家和万事兴，家庭团结一致，就会达到预期的目的、取得成功。亦见"家和财胜／身健心安"吉语钱，一字不同，境界立见。相对于家和则胜而言，家和财胜显得狭隘一点。家庭和睦、团结合作，兄弟同心、其利断金，家和不仅仅是财富目标的达成。

我国过去是小农经济的农耕社会，随着农业的不断发展，以家庭为单位的农业经济亦日益稳定与发展,家庭对农业经济的发展、社会的祥和与稳定等作用日益突出,家乃国之基,家和万事兴,因此齐家(是使家庭、家族成员能够齐心协力,和睦相处),家庭与家族的凝聚也就日益重要。有了纵向的"父慈子孝",加上横向的"敬兄爱弟""夫妻和谐",建构一个纵横交错的健康的家庭伦理观,就有可能实现"家和万事兴"。

图2-16 吉语钱 夫妻和谐(偕)/松柏(栢)长(長)青(青)。

夫妻和谐,指夫妻二人和睦地生活在一起。偕,xié,共同,在一起;和谐。松树和柏树,是中华民族心目中的吉祥树,是长青不老的象征;常用以比喻长寿或坚贞的节操,象征坚强不屈的品格。长青,即常绿;喻永不衰败,永存;比喻永葆青春与活力。松柏长青,意即像松树柏树一样四季青翠,优良的品德永葆青春。还比喻寿如松柏之长青不衰;常用作祝人长寿之辞。

实际上,父慈子孝,不单单是指父子关系,还包括叔侄、母子、婆媳等纵向的长辈与晚辈的关系。长辈慈爱晚辈,晚辈孝敬长辈;老吾老以及人之老，幼吾幼以及人之幼。同理，敬兄爱弟，也包括了兄弟姐妹等家族中平辈的横向互敬互爱关系；夫妻和谐，还包括了妯娌、姑嫂等平辈的横向和好协调关系；实现大家庭、家族乃至社会方方面面的和睦相处。

图2-17 吉语钱 夫妇（媍）齐（齊）眉／儿孙（児孫）绕（繞）膝。

夫妇，即夫妻，指男女二人结成的合法婚姻关系。齐眉，指达到人眉毛的高度，为成语"举案齐眉"的略语，比喻夫妇相敬如宾；齐眉犹言"同寿"，夫妇偕老曰齐眉。夫妇齐眉，是指夫妇两人恩爱有加，相敬如宾，白首偕老。

举案齐眉，是指送饭时把托盘（案：有脚的托盘）举得跟眉毛一样高。形容夫妇间互相敬重。出自《后汉书·梁鸿传》："为人赁舂，每归，妻为具食，不敢于鸿前仰视，举案齐眉。"说的是汉代的梁鸿、孟光是一对恩爱夫妻。据说梁鸿每天劳动完毕，回到家里，孟光总是把饭和菜都准备好了，摆在托盘里，双手捧着，举得齐自己的眉毛那样高，恭恭敬敬地送到梁鸿面前去，以示对梁鸿的尊敬，梁鸿也就高高兴兴地接过来,于是两人就愉快地吃起来。相敬如宾,是形容夫妇相互尊敬,如同对待贵宾一样。指的是夫妇在地位平等的基础上,互相敬重、爱护、感恩,建立和谐互助、深情互爱的良性关系。语出自《左传·僖公三十三年》:"臼季使过冀,见冀缺耨,其妻馌之,敬,相待如宾。(臼季出使,经过冀国,看到冀缺在田间松土除草,他妻子给他送午饭,很恭敬地端饭举呈给他,他连忙接住,频致谢意,彼此像对待客人一样,相互尊重)"

儿孙绕膝,指的是子孙围绕膝下,多用于形容子女侍奉父母。绕膝,意即儿女围绕在父母的跟前,引申为儿女侍奉在父母身边,孝养父母。夫妇恩爱,举案齐眉,会形成良好的家风;言传身教,使子女沐父母之爱、报父母之恩;忠孝传家,父母自身会有幸福的晚年。

夫妇齐眉、儿孙绕膝,常见于民间婚庆、祝寿等用语。又如:"凤引斑衣人绕膝,鹢飞绿醑案齐眉。"这是用于祝福夫妇双寿的寿联,意即于天下太平、社会繁荣时代,儿孙们身穿彩衣,作婴儿戏耍以娱父母,侍奉孝敬二老;二老像梁鸿、孟光一般将装满绿色美酒的玉杯举

图2-18 吉语钱 夫妇齐(齊)眉/甲乙丙丁戊己庚辛壬癸。

案齐眉,相敬如宾。斑衣戏彩,出自《北堂书钞》129 卷引《孝子传》:老莱子年七十,父母尚在,因常服斑衣,为婴儿戏以娱父母。亦称之为"戏彩娱亲",二十四孝故事之一。

甲乙丙丁戊己庚辛壬癸,为天干。十天干是中国古代用来表示次序的符号。古代的历法中,与十二地支配合以计算时日。天干均寓意吉祥,与万物生长关联。运用于此枚吉语钱,与夫妇齐眉组合,寓意为生机盎然、蓬勃向上、天时地利人和、家族兴旺、子孙满堂、阖家幸福。

图 2-19 吉语钱 全家欢(歡)喜/一团(團)和气(氣)·纹饰。

全家欢喜,指整个家庭所有的人都高高兴兴,欢乐心喜。一团和气,指待人接物态度和蔼可亲,平易近人。纹饰是憨态可掬、衣着华丽的胖娃娃双手展示"一团和气"条幅(取材于苏州桃花坞年画《一团和气》);该纹饰中的胖娃娃,实际上是男女老少的组合体,寓意全家,亦即全家一团和气,父慈子孝、敬兄爱弟、夫妇齐眉、儿孙绕膝,其乐融融。

六、状元祭塔

孝心、孝行，需要大力宣传赞颂，使之家喻户晓、人人皆知，使之发扬光大、蔚然成风。文章、书籍、戏曲、版画等是宣传的方式，铸之于钱币亦是宣传的方式。

在清代，戏曲盛行，将戏曲中的经典情节定格于雕刻作品（戏雕）和花钱之中，或将戏曲中的场景制作成花钱，让后人欣赏、借鉴、观摩、品味；让戏曲的经典场面深入人心，为戏曲剧情的传播增添渠道，起到很好的口口相传的教化作用，使戏曲与花钱为宣传孝道而相得益彰，为弘扬中华民族优秀传统文化而各尽其能。

戏雕，就是将戏曲题材雕饰在建筑（戏台、牌坊、民居、墓坊、园林、寺庙）、家什（日用杂品如桌、椅、几、床、缸、凳、案）等的石雕、木雕、砖雕作品。其与将戏曲题材铸于钱币有异曲同工之妙。孝文化，首当其冲，《白蛇传》中的许仕林状元祭塔、孝心救母的场景被铸造于钱币，供人欣赏学习领悟。

《白蛇传》最早的成型故事记载于冯梦龙的《警世通言》第二十八卷《白娘子永镇雷峰塔》。《白蛇传》在清代成熟盛行，是中国民间集体创作的典范，描述的是一个修炼成人形的蛇精与人的曲折爱情故事，表达了人民对男女自由恋爱的赞美向往和对封建势力无理束缚的憎恨，是"第一批国家级非物质文化遗产"。

《白蛇传》传说源远流长，家喻户晓，是中国四大汉族民间爱情传说之一（其余三个为《梁山伯与祝英台》《孟姜女》《牛郎织女》）。其故事的情节大体为：白素贞（白娘子）是千年修炼的蛇妖，为了报答书生许仙前世的救命之恩，化为人形欲报恩，后遇到青蛇精小青，两人结伴。白素贞施展法力，巧施妙计与许仙相识，并嫁与他。婚后金山寺和尚法海对许仙讲白素贞乃蛇妖，许仙将信将疑。后来许仙按法海的办法在端午节让白素贞喝下带有雄黄的酒，白素贞不得不显出原形，却将许仙吓死。白素贞上天庭盗取仙草灵芝将许仙救活。法海将许仙骗至金山寺并软禁，白素贞同小青一起与法海斗法，水漫金山寺，却因此伤害了其他生灵。白素贞因为触犯天条，在生下孩子后被法海收入钵内，镇压于雷峰塔下。后白素贞的儿子长大得中状元，到塔前拜母，将母亲救出，全家团聚。可爱的小青也找到了相公。故事主要包括了篷船借伞、盗灵芝仙草、水漫金山、断桥、雷峰塔、状元祭塔、法海遁身蟹腹以逃死等情节，这些也成为戏曲的主要情节。

《状元祭塔》是神话故事《白蛇传》中的一折，花钱是这样描述的：

状元祭塔挂牌花钱，从两个场面表现了许仕林与白娘子的母子情深。白娘子对儿子声情并茂的倾诉：二十年的离别之苦、思念之情；许仕林对母亲一拜再拜，孝心感天动地，终于母子相会，母亲重回人间。体现了人们对亲情的重视，对许仕林孝敬母亲的赞美以及对合家团圆的良好祝愿。

图2-20正面挂首里的书剑图纹，亦是对人们尤其是青少年一种激励：书剑，是指书籍和宝剑，意即读书明理，仗剑从军，求取功名，反映了那个时代的一种追求。在这里同时也表明许仙、许仕林是读书进取的书生，白娘子、小青是仗剑报恩的蛇精，他们共同上演了人间一段书剑恩仇录。

图2-20 圆形挂牌 挂首为冠式三孔挂钮，主体为圜钱。正面挂首里为书剑图案；圜钱穿右为新科状元许仕林到雷峰塔前祭塔拜母，穿下案板上燃三炷高香，穿左为雷峰塔，穿上为母亲白素贞以蛇身从塔中探出，倾诉往事。背面挂首为空；圜钱表现的是新科状元许仕林（穿左）回乡探母，塔神（穿右）拒不让见，许仕林跪拜母亲（蛇身，穿下）。亦说是许仕林与其父许仙（穿右）一起祭塔，与白素贞相会，许仕林跪拜母亲（蛇身）。

图2-21锁形挂牌正面亦表现了状元祭塔的场景。描述的是许仕林长大后高中状元，衣锦还乡，首先是前往雷峰塔拜母。在风景如画的西子湖畔雷峰塔旁，塔神成全其母子相见，白素贞被引出，向其子哭诉往事，母亲仍不能显人形，终于母子忍痛分别。许仕林痛不欲生，孝心感动玉帝，玉帝赐许仕林母子团聚，白素贞终显人形（不同的版本，故事情节略有不同）。背面阴刻纹饰寓意日月星辰永恒。

图1-22、图2-21两枚锁形挂牌，其制作工艺为烧蓝，亦称为点蓝、珐琅彩等。珐琅器主要有两种，一是源自波斯的铜胎掐丝珐琅，

约在宋元时期传至中国,明代开始大量烧制,并于景泰年间达到了高峰,后世称其为"景泰蓝"。此后,景泰蓝就成了铜胎掐丝珐琅器的代称。另一种是来自欧洲的画珐琅工艺,它在清康熙年间始传入中国,后来画珐琅和掐丝等工艺常混合使用。点蓝是掐丝珐琅中的一道工艺,掐丝就是用金属丝做出花型后再焊接在金属底胎上,经过清洗后,再将珐琅釉料填入掐丝花型中,所以填珐琅釉料这道工序叫"点蓝";点蓝做好后,将其放入窑或烤箱,也可用火直接烧,使珐琅釉料融化粘接在金属上,这道工序叫烧蓝;通常一件作品要多次点蓝—烧蓝才能完成。由此可见,烧蓝锁形挂牌应当是清康熙以后雕铸的;其图纹不是由铜胎掐丝而成,而是手工雕刻(或者铸造)而成。

图 2-21 锁形挂牌 正面穿右侧为烛台,表示许仕林在拜祭;穿左侧为蛇身白素贞探出塔外,母子相见,白素贞倾诉往事;其余则为西湖美景,湖面、游船、小桥、亭台、绿荫、围栏、小岛等。背面为阴刻网格,格中日月、三星纹饰等相间排列。

| 第三章 |

漫漫科举路

科举是中国古代封建社会选拔官员的一种方法。所谓科举，就是通过考试选拔官吏；由于采用分科取士（设立各种科目公开考试选拔官吏）的办法，所以叫作科举。科举具有分科考试、取士权归于中央、允许自由报考和主要以成绩定取舍等显著特点。科举制从隋朝大业元年（605年）开始实行，创始于隋，形成于唐，完备于宋，强化于明，废于晚清，到清朝光绪三十一年（1905年）举行最后一科进士考试为止，经历了1300年。

科举对中国封建社会中后期的政治、经济、教育、文化观念和社会风尚有重大影响。"学而优则仕""十年寒窗无人问，一举成名天下知""春风得意马蹄疾，一日看尽长安花""一色杏花红十里，状元归去马如飞"等，让读书人憧憬，也是对读书人的激励、祝福，勉励读书人通过科举考试取得功名。为此，对读书人、应试考生、新婚夫妇、小男孩等赠送科举题材的花钱便成为一种民俗民风。

一、状元及第

"状元"一词始于唐代。《明史·选举志》云："一甲止三人，曰状元、榜眼、探花，赐进士及第。"旧时科举考试以名列第一为元：乡试第一为解元，会试第一为会元，殿试第一称状元。及第，科举考试列榜有甲乙次第，凡榜上有名者谓之及第；对考中状元者，称之为状元及第。隋唐时期只用于考中进士，明清殿试之一甲三名称赐进士及第，亦省称及第，另外也分别有状元及第、榜眼及第、探花及第的称谓。明清时期，"状元及第"象征功名和高官厚禄，为读书人所祈求。状元

图 3-01 吉语钱 状元及第／福，纹饰为蝙蝠（寓意富）、左向行鹿（寓意禄）、桂花（寓意贵）、灵芝（仙草，寓意健康长寿），整体寓意福禄寿富贵。

图 3-02 锁形挂牌 状元及第／长命富贵（貴）。穿两侧的纹饰有如意盘长、吉祥结，文字下方的纹饰为蝙蝠，文字两侧的纹饰分别为桂花、太极。祈福锁花佩戴者（孩童）学业有成、榜上头名（状元），健康长命、富裕显贵。

成为当时社会最为荣耀和显赫的代名词之一。

在科举时代，桂花象征读书人所追求的荣誉。蟾宫折桂（意即攀折月宫桂花，比喻应考得中）就是乡试得中举人，亦可表示科举成功；荣膺桂冠，表示光荣地获得了最高的荣誉，或是夺得冠军（第一名）。因"桂"谐音"贵"，所以桂花又有"荣华富贵"的寓意；如用于婚姻祝福，则寓意为"早生贵子"。桂花盛开于农历八月中秋时节，所以还寓意"丰收"。

蝙蝠，蝠谐音"福"，因此在花钱里，通常用蝙蝠纹饰寓意"福"。在该锁形挂牌中，蝙蝠纹饰位于文字下方，倒立成向下飞的姿态，纹饰本身就寓意"福到了""福自天降"。再加上穿两侧的如意盘长、吉祥结，共同寓意吉祥如意、福到绵长。

"太极"一词最早见于《易传·系辞上》："易有太极，是生两仪，两仪生四象，四象生八卦。"孔颖达（孔子的第三十一世孙，唐朝经学家，574—648年）疏："太极谓天地未分之前，元气混而为一，即是太初、太一也。""太极图"据传是宋朝道士陈抟所传出，道教认为其为老子的法器，拥有平定地水火风之威、转化阴阳五行之力、分理天道玄机之功、包罗大千万象之能。太极图玄妙无限、造化无穷，乃是盘古的开天神斧之斧背所化，是理想的化煞之法器。在锁花里铸有太极图，寓意祈福辟邪。

由此可见，这枚锁形挂牌的纹饰寓意丰富，吉祥洋溢，充满了对"状元及第"的祝福和祈愿。

图3-03 吉语钱 状元及第五子登科/金玉满堂长命富贵。正面近缘纹饰为八朵盛开的莲花；背面近缘纹饰为八只飞向中心的蝙蝠。

状元及第者，则可金玉满堂、长命富贵。吉语钱如是说。

金玉是金银珍宝的通称，比喻珍贵和美好；满堂的堂，是指高大的厅堂。金玉满堂既谓金银珠玉财宝堆满高大的厅堂，形容财富极多；亦谓书籍知识充满脑海（印堂），形容学识丰富。

长命富贵，表示既健康长寿又富裕显贵。源于《旧唐书·姚崇传》："经云：'求长命得长命，求富贵得富贵。'"有了长命，人们还要追求高质量的长命，健康应该是长命的应有之意，不健康的长命是没有积极意义的；衣食无忧、心满意足、享有尊严，才使长命真正富有价值，因此，既富裕又显贵就成为人们在长命基础上的新追求。

再来看纹饰的祥意。纹饰八朵莲花，寓意比较丰富，既寓意八方佛佑，又寓意连连荣华，还寓意多子多孙。纹饰八只蝙蝠寓意八方福（富）来。在民俗里，蝙蝠谐音福（富）。纹饰里的蝙蝠由八个方向向中心飞来，形象地表现了八方福（富）来的景象。

莲花是佛教四大吉花之一，又是八宝之一，也是佛教九大象征之一。佛教用莲花代表"净土"，象征"纯洁"，寓意"吉祥"。佛教在很多地方都是以莲为代表，可以说莲即是佛，佛即是莲。因此，八朵莲花表示四面八方皆有佛佑（莲心向内寓意护佑）。

莲花（荷花）是我国传统名花，花叶清秀，花香四溢，沁人肺腑，有迎骄阳而不惧、出淤泥而不染之气质，在人们心目中是真善美的化身、吉祥丰兴的预兆。用"莲""荷""蓉（莲花亦称为水芙蓉）"的谐音作彩头，如"莲"谐音"连""廉"，寓意持续、久远、纯洁、清白；"荷"与"和""合"同音，则寓意和睦、合作、团结；"蓉"和"荣"

同音，则寓意荣华，等等。纹饰中有莲荷的，常寓意为：一路连科、一路荣华、连年如意、百子连科、连生九子、连生贵子、一品清廉、百年好合、和合如意、荣华富贵，等等，还有"多子多孙，人人成才"的美好寓意。因此，八朵莲花的寓意既表示状元及第、五子登科、喜事连连，又表示连连荣华，还表示连生贵子、多子多孙。

换个角度来说，这枚吉语钱的核心祈福为金玉满堂：金玉满堂喻学识丰富，为状元及第、五子登科的基础和保证；金玉满堂喻财富极多，又为长命富贵的基础和保障。用莲花、蝙蝠吉祥纹饰，则更加烘托了吉祥寓意，使人赏心悦目，心情舒畅。

二、鱼跳龙门

在科举时代，状元及第是无限风光的人生乐事，也是来之不易的人生奋斗硕果。人们形象地用鲤鱼跳龙门来比喻科举成功。因此，我国家庭历来十分重视对子女的培养，对子女的成人、成才、成功、成就（成名成家）寄予殷切的期望。

为了激励孩子，在花钱上铸就这些期望。期望成人：忠孝传家，进德修业，读书最佳，礼义廉耻。期望成才：业精于勤，早登科第，早跳龙门，五子登科。期望成功：连中三元，加官进禄，财源茂盛，指日高升。期望成就：一品当朝，封侯拜相，五代荣封，富贵长春。通过这些花钱的把玩、欣赏、释读，潜移默化，引导孩子走向理想的人生之路。

为了激励孩子，将许多励志的神话传说、人物典故等铸成花钱，让孩子时常勉励自己，不断进取。鲤鱼跳龙门、鱼化龙等就是激励孩子迎难而上、奋勇争先的神话传说。

鱼跳龙门，即鲤鱼跳龙门，亦曰鱼跃龙门、鲤鱼跃龙门等。源自古代中国传说中黄河鲤鱼跳过龙门（位于陕西省韩城市东北处的黄河峡谷中的龙门，今称禹门口），就会变化成龙。《埤雅·释鱼》："俗说鱼跃龙门，过而为龙，唯鲤或然。"清·李元《蠕范·物体》："鲤……黄者每岁季春逆流登龙门山，天火自后烧其尾，则化为龙。"后来以"鱼跳龙门"比喻中举、升官等飞黄腾达之事，也比喻逆流前进，奋发向上。

图3-04 吉语钱 鱼（魚）跳（跳）龙（龍）门（門）/纹饰。背面纹饰描述了鱼跳龙门的壮观场面。穿上方为龙门，门楼耸立，巍峨挺拔；穿下方为峡谷，波涛汹涌，骇浪翻滚；穿左右为向上跳跃的鲤鱼，朝着龙门，飞跃而上。一幅多么壮观的画面，展示了鱼跳龙门的精彩、激烈、豪迈。

关于鱼跳龙门的传说，唐朝诗人李白（701—762年，字太白，号青莲居士，又号"谪仙人"，是著名的浪漫主义诗人，被后人誉为"诗仙"）专为此事写诗一首："黄河三尺鲤，本在孟津居，点额不成龙，归来伴凡鱼。"说的是禹辟伊阙以后,水流湍急,游息于孟津黄河中的鲤鱼,顺着洛、伊之水逆行而上,当游到伊阙龙门时,波浪滔天,纷纷跳跃,意欲翻过。跳过者为龙,真正跳过龙门为龙者寥寥无几;跳不过者额头上便留下一道黑疤,仍然为鲤鱼与其他鱼一起生活在孟津黄河中。

图3-05 无文钱、吉语钱 一面纹饰表现的是鱼跃龙门,另一面的纹饰表现的是双龙戏珠。

俗说"鲤鱼跳龙门",是指鲤鱼等鱼类有喜欢跳水的习性,其原因是多方面的,有生理因素、也有环境因素。实际上,鲟鱼(这里说的"鲤鱼"实际是"鲔鱼",或称"鳣鱼",又叫"鳇鱼"或"黄鱼",也就是鲟鱼,鲟鱼是江海洄游性的鱼类)到龙门不是为"腾跃成龙",而是为了繁衍后代。"龙门赤河"现象则因为鲟鱼产卵前雌雄追逐,时常跃出水面。跃出水面时,鲟鱼充血发红的鱼鳍也露出水面,一时间成千上万条大鱼在河面翻动,远望一片红光,于是出现了"赤河"景象。《竹书纪年》是战国末期魏国史官的作品,书中"龙门赤河"的记载,说明当时"鲤鱼跳龙门"的神话故事还未形成。而"鱼化龙"的记载多出自汉代典籍,故神话故事的形成当在西汉初年,且可能与汉初神龙崇拜观念强化有关。

图3-06 镂空钱 鱼化龙。龙身借缘。镂空鱼化龙,设计巧妙,构思奇特,剪纸的省减夸张效果明显,表现了鲤鱼跃龙门的民间传说。上鱼跃起,表现鱼千折不回、坚持不懈,终于跃上龙门;下龙借缘,表现了鱼为奔波始化龙,脱颖而出上青云。图形简约而生动,龙细长,龙的一部分身躯巧妙地借缘,神龙见首见尾不见身;鱼短肥而有力,眼睛大而坚毅;用连排的圆坑代表龙鳞,用一排月牙凹坑来代表鱼鳞;形象生动地再现了鱼化龙的过程,使画面看上去既丰满又不繁缛而显灵气,镂空刀法刀刀到位,纯熟而精到。使把玩者爱不释手,励志功能油然而生;让读书人信心倍增,坚持不懈定会成功。

吉祥如意,就是指吉利祥和,万事如意;多用祝颂他人美满称心。凡事尽如人意,处处开心满意,事事称心如意,时时快乐惬意,当是人人喜欢之境界。此境界可谓之为吉祥如意。

吉祥,意即吉利、祥瑞、幸运等,为预示好运之征兆。《庄子·人间世》:"虚室生白,吉祥止止。"成玄英疏:"吉者,福善之事;祥者,嘉庆之徵。"

如意,即顺遂心意。亦是一种象征吉祥的器具,头为云形或灵芝形,柄微曲,以玉、骨等制成。福禄寿三星的"禄"星便是手执如意。

图 3-07　吉语钱　吉祥如意 / 纹饰。纹饰表现的是"鱼跃龙门"的场景：穿上方为龙门，穿两侧如意祥云飘飘，穿下方浪花中一鲤鱼向龙门飞跃。

如意，古时民间曾用作搔痒的工具，流行于我国大部分地区。柄端作手指形，用以搔痒，可如人意，因而得名，又有柄端作心字形者。最早大约出现于战国，又称"搔杖""不求人"。如意曾被用作兵器。《天皇至道太清玉册·修真器用章》记载："如意黄帝所制，战蚩尤之兵器也。后世改为骨朵，天真执之，以辟众魔。"如意在风水中可做镇物，这是因如意最早是兵器，所以如意自带辟邪的效果。后世为了追求攻击力，把如意改作骨朵。

如意也称"握君""执友"或"谈柄"，由古代的笏和搔杖演变而来，多呈 S 形，类似于北斗七星的形状。其材质珍贵、工艺精巧、造型雅致，吉祥驱邪，渐渐地成为上层人物权力和财富的象征，成为崇尚古风的文人墨客的文房玩赏物件。

读书人之如意，当是金榜题名、如愿以偿。在科举时期，人们将举业成功称之为鱼跃龙门。龙门可以理解成天子之门，鱼跃龙门意即进士及第、成为皇家人（天子门生），吃皇粮，可以任朝廷官员了。

明代高明《琵琶记·南浦嘱别》:"但愿鱼化龙,青云得路桂枝高折步蟾宫。"

书山攀登勤为径,学海争渡苦作舟。古人为了读书成功,专心致志,"头悬梁、锥刺股"地刻苦学习,真可谓"吃得苦中苦,方为人上人"。鱼跳龙门、鱼化龙这样的传说典故,激人向上,催人奋进,永不言败。走向成功不是轻而易举的,必经艰难险阻;成功了化龙;不成功点额、仍为凡人,但心安理得,毕竟自己奋斗过。

古人读什么书?是如何提高自身素质的?科举考试考什么?以下通过赏析一枚花钱来告诉读者。

图3-08吉语钱,字数独特,两面均为6个字的民俗钱币并不多见;内容独特,容五经六艺于其中,信息量大。体现了自周朝以来,教育培养的目标就是"通五经贯六艺",即通晓五经,贯通六艺。

图3-08 吉语钱,文字聚足 诗书(詩書)易礼(禮)春秋/礼乐(禮樂)射御书(書)数。

《三字经》:"诗书易,礼春秋。号六经,当讲求。"意即《诗》《书》《易》《礼》《春秋》,再加上《乐》称六经,这是中国古代儒家的重要经典，应当仔细阅读。

六经即《诗》《书》《礼》《易》《乐》《春秋》的合称，始见于《庄子·天运篇》，指的是经过孔子整理而传授的六部先秦古籍。这六部经典著作的全名依次为《诗经》《书经》（即《尚书》）《礼记》《易经》（即《周易》）《乐经》《春秋》。其中《乐经》已失传，所以通常称"五经"。其中《礼记》，汉代是指《仪礼》，宋朝以后《五经》中的《礼经》一般是指《礼记》；礼原指《大礼》《小礼》，后失传其一，并更名为《礼记》。

《周礼·保氏》："养国子以道，乃教之六艺：一曰五礼，二曰六乐，三曰五射，四曰五御，五曰六书，六曰九数。"这就是所说的"通五经贯六艺"的"六艺"。

礼：礼节（类似今日德育教育）。五礼者，吉、凶、宾、军、嘉也。乐：音乐。六乐：云门、大咸、大韶、大夏、大濩、大武等古乐。射：射箭技术。五射：白矢、参连、剡注、襄尺、井仪。御：驾驶马车的技术。五御：鸣和鸾、逐水车、过君表、舞交衢、逐禽左。书：书法（书写，识字，作文）。六书：象形、指事、会意、形声、转注、假借。数：指理数、气数（运用方法时的规律），即阴阳五行生克制化的运动规律。《广雅》："数，术也。"即技术、方法、技巧。数术又称术数，是计算、数学的技术，有九章算术。

在两面的文字中，有两个字是相同的，但其表达的意思是不同的。一个是"书"，一面指《书经》（即《尚书》），一面指书法（书写，识字，作文）；一个是"礼"，一面指《礼记》，一面指礼节；还隐含一个字"乐",一面指《乐经》,一面指音乐。可见其不同在于,一面是需要学习的经典,一面是需要掌握的技艺。

"通五经贯六艺"是周朝对王室子弟们的教育要求,不但有指定必读的经典,而且有必须掌握的技艺。后来也成为儒家教育的课程规范。自宋始,儒家经典"四书五经"成为儒士学子研学的核心书经。

宋代朱熹分别为四部书(《论语》《孟子》《大学》《中庸》)作了注释,其中,《大学》《中庸》的注释称为"章句",《论语》《孟子》的注释因为引用他人的说法较多,所以称为"集注",朝廷便将他所编定注释的《四书》审定为官书。元代延祐年间(1314—1320年)恢复科举考试,正式把出题范围限制在朱注《四书》之内。之后明、清沿袭元制,衍生出了"八股文(由破题、承题、起讲、入题、起股、中股、后股、束股八部分组成)"的考试制度,题目也都是出自朱注《四书》。除殿试而外,府(府试,秀才)、省(乡试,举人、解元)、京城(会试,会元、贡士)三级由初考到省考、再到京考都是以八股文为主;尤其是初考即府试,只考八股文,因此八股文是"状元及第"的敲门砖。

三、金榜题名

参加科举考试,层层筛选,由考中秀才、再到考中举人、然后考中贡士,实属不易。会试通过后,再参加殿试,由皇上钦点前三名,更加不易。清朝殿试,在保和殿,由皇帝主考。殿试为科举考试中的最高一试,又称"御试""廷试""廷对"等。殿试只考策问,由内阁预拟题目,然后呈请皇帝选定。考试结果取一甲三名,赐进士及第,第一名状元、第二名榜眼、第三名探花；二甲若干名，赐进士出身；三甲若干名，赐同进士出身。其后，由皇帝御批，发布殿试揭晓的皇榜，将一甲、二甲、三甲名单公布于众，其色金黄，体现皇家的尊严，故曰金榜，如下图所示，又曰龙虎榜。

该照片摄于北京国子监博物馆，为清朝同治七年（1868年，戊辰科）的皇榜。第一甲3名：洪钧（状元）、黄自元（榜眼）、王文在（探花），赐进士及第；第二甲127名，赐进士出身；第三甲140名，赐同进士出身。

金榜题名，也作"金榜挂名"，出自五代·王定保（870—954年）《唐摭言》卷三："何扶，太和九年及第；明年，捷三篇，因以一绝寄

第三章　漫漫科举路

图 3-09　圆形挂牌　金榜题名 / 纹饰龙虎。单孔冠式挂首，圆牌主体。

旧同年曰：'金榜题名墨上新，今年依旧去年春。花间每被红妆问，何事重来只一人？'"明·高明《琵琶记·伯喈牛宅结亲》："这姻缘不俗，金榜题名，洞房花烛。"《清平山堂话本·陈巡检梅岭失妻记》："旬日之间，金榜题名，已登三甲进士。"

宋朝洪迈《容斋随笔》："久旱逢甘露，他乡遇故知，洞房花烛夜，金榜题名时。"提到的这四大喜事，前三件，人人可遇可求；唯独第四件，不是人人可以实现的，而要历经寒窗苦，通过县府院乡会殿试后，方有可能如愿以偿。

皇榜、金榜，又称龙虎榜，所以图 3-09 的背面为龙虎图。巨龙从天而降、气势轩昂，猛虎呼啸而至、威风凛凛；恰似龙争虎斗，展现龙虎风云。龙虎，喻英雄俊杰。人中龙虎，比喻人中品格高尚、出类拔萃的人。与金榜题名关联的龙虎纹饰，寓意为龙虎榜。

龙虎榜，其本义指的是唐代贞元八年（792年）壬申科"龙虎榜"。现指揭示的名单，一个时期内的社会知名人士同登一榜或某竞争激烈领域之排行榜等。

《新唐书·欧阳詹传》中提到，欧阳詹"举进士，与韩愈、崔群、王涯、冯宿、庾承宣联第，皆天下选，时称'龙虎榜'"。壬申科这一榜录取进士只有23人，可以说是百里挑一。这些人，不仅官职显赫，而且文采飞扬，不少人在历史上留下了浓墨重彩的印记。"龙虎榜"上的李绛、崔群和王涯都先后坐上宰相宝座，在治理国家上各显神通。其中李绛和崔群以敢于直言著称，成为唐朝晚期的名相。名列第十三名的韩愈，因文章而留名于后世，被后人尊为"唐宋八大家"之首，与柳宗元并称"韩柳"，有"文章巨公"和"百代文宗"之名。而榜上的一甲前三名后来却政绩平平。贾棱中状元后入仕，官至大理评事，也就是个八品官员。榜眼陈羽，官至东宫卫佐，因擅长作诗，与诗僧灵一交游甚厚，唱和颇多。倒是探花欧阳詹（755—800年）才情颇高，是自隋代科举制度开创180年以来，闽海泉州士子第一人，后人有赞欧阳詹的诗句"文笔破天荒，名震贞元龙虎榜"。其他如冯宿，官至河南尹、工部侍郎、刑部侍郎、兵部侍郎、剑南东川节度使；许季同，官至监察御史、兵部郎中、京兆少尹、宣歙观察使；庾承宣，官至检校吏部尚书、天平军节度使；刘遵古，官至刑部尚书、节度东蜀军；李观，官至太子校书郎；齐孝若，官至太常寺协律郎；万珰，官至学士等。

一般进士科考后发榜，称为"金榜"，而此科独称为"龙虎榜"，

图 3-10　吉语钱　螽斯衍庆（慶）/ 双（雙）喜。

可见非同一般。这就成为后人津津乐道的龙虎榜。

螽斯（zhōng sī）：昆虫名，体长寸许，绿褐色，雄虫的前翅能发声，雌虫尾端有剑状的产卵管。亦称纺织娘，中国北方称其为蝈蝈，是鸣虫中体型较大的一种，其名称还有（宋代）"百代""千婴"等。因其产卵极多，远古时代对螽斯的生殖能力极为崇拜。

描写螽斯的出处为《诗经·周南·螽斯》："螽斯羽，诜诜兮。宜尔子孙，振振兮。螽斯羽，薨薨兮。宜尔子孙，绳绳兮。螽斯羽，揖揖兮。宜尔子孙，蛰蛰兮。"其中：诜诜（shēn）古同"莘莘"，众多的样子；振振（zhēn），繁盛的样子；薨薨（hōng）象声词，众虫齐飞声；绳绳（mǐn）形容接连不断，绵绵不绝的样子；揖揖（jí）会聚，众多的样子；蛰蛰（zhé）多，聚集的样子。这首先秦时代的民歌，表达的主要意思为：你的子孙多又多（宜尔子孙），多得兴旺又繁盛，多得世代绵延长，多得欢聚永和畅。

《诗·周南·螽斯序》："螽斯，后妃子孙众多也，言若螽斯不妒忌，则子孙众多也。"后用为多子之典实。篇中以螽斯喻子孙众多，后多作为祝颂之语。

螽斯衍庆。衍庆（yǎn qìng）：指绵延吉庆，福泽永驻（衍：延续，动植物孳生繁茂；亦有富足之意。庆：祝贺，吉庆，喜庆）。常用作祝颂之词。由此可见，螽斯衍庆为旧时祝颂吉语，用于喜贺子孙满堂，祝颂子孙众多、家族兴旺。常被用作婚庆的祝颂吉语。螽斯衍庆的出处有明代吴承恩《贺松窗陈孝勇冠带障词》："看它日门庭衍庆，宠光重叠。""螽斯衍庆。"明代陈汝元《金莲记·慈训》："追昔缘成孔雀，期今庆衍螽斯。"

双喜，原指有两件喜事同时来临（实现），谓之双喜临门。结婚，是人生四大喜事中最重要的喜事。在条件许可的情况下，张灯结彩、大摆宴席、喜气满堂、热闹非凡，无不极尽喜庆之氛围。因而在结婚庆典时，双喜写作"囍"，表达双方欢欢喜喜之意，结婚时贴"囍"字是传统的民间喜庆习俗。

双喜之囍，典故源于王安石。北宋仁宗庆历年间，家住抚州临川、年方20岁的王安石进京赶考。元宵节时路过江宁的马家镇，该镇首户马员外正征联择婿，悬灯出题招亲。联曰："走马灯，灯走马，灯熄马停步。"王安石不会答，却记在心中。到京会试时，第一名交卷后，主考官（是当时著名文豪欧阳修，时任参知政事、太子少师）出联考之，所出之联竟是："飞虎旗，旗飞虎，旗卷虎藏身。"王安石提笔就以招亲联作答，得中进士。衣锦还乡时发现那联居然仍未有人会对，王安石便又以考题联作答，员外见他对得既巧妙又工整，马上把女儿许给他。结婚那天,正当新郎新娘拜天地时,有报子来报:"王大人金榜题名,明日请赴琼林宴!"真是喜上加喜。王安石带着三分醉意,挥毫在红纸上写了一个大"囍"字,让人贴在门上,并随口吟道:"巧对联成双喜歌,马灯飞虎结丝罗。"

"巧对联成双喜歌,马灯飞虎结丝罗。"其中"巧对"是指"走马灯,灯走马,灯熄马停步""飞虎旗,旗飞虎,旗卷虎藏身"这一对联;"双喜"既是指王安石自己"洞房花烛夜、金榜题名时"人生两件大喜事,喜上加喜;又是指王安石与马小姐新婚,双方欢欢喜喜。此枚吉语钱之双喜,既有新婚双喜祝福之意,又有祝福新郎官金榜题名之意。

螽斯衍庆题材的吉语钱还有:螽斯衍庆/琴瑟友之、螽斯衍庆/双喜、螽斯衍庆/龙凤呈祥纹饰、螽斯衍庆/麟趾呈祥、螽斯衍庆/婴戏纹饰、螽斯衍庆/五子登科、螽斯衍庆/福禄双全纹饰、螽斯衍庆/金玉满堂长命富贵(福寿双全纹饰),等等。这系列花钱,从佳偶天成到

图3-11 吉语钱 螽斯衍庆(慶)/金玉满堂长命富贵。背面纹饰为两组蝙蝠、寿桃、双钱构成,蝙蝠谐音寓意"福",寿桃直接表意"寿",双钱(古称钱为泉)谐音寓意"双全",这组纹饰寓意为"福寿双全"。

婚庆双喜,从龙凤呈祥到天降麟儿,从多生优生到婴戏成长,从子嗣昌盛到福寿双全,一幅多么壮观、多么绚烂、多么兴盛、多么幸福的人生长卷,展现在人的面前。激励人胸怀大志、努力奋斗,鼓励人追求卓越,祝福人前程远大,为打造美好人生而拼搏。

在唐朝,金榜题名以后,一旦"状元及第",红袍白马,"骑马游街三日",喜气洋洋,如此威风,是何等令人羡慕。唐·孟郊(751—815年)于贞元十二年(796年)进士及第时,作一首七绝《登科后》(唐朝实行科举考试制度,考中进士称及第,经吏部复试取中授予官职称登科):昔日龌龊不足夸,今朝放荡思无涯。春风得意马蹄疾,一朝看遍长安花。诗中展现了诗人在春风里洋洋得意地跨马疾驰,一天就看完了长安城似锦繁花的极度愉悦的心情。所以,"春风得意"又成为进士及第的代称。

新科状元不但春风得意跨马游街,而且还报喜家中、被恩准荣归故里(状元祭塔即为许仕林高中状元后,皇帝恩准回家探母之事)。故有"一色杏花红十里,状元归去马如飞"之盛状:在绵延数十里的火红杏花林里,荣归故里的新科状元,骑着高头大马疾驰而过,卷起的落叶和尘土在风中飞舞,其急切、喜悦的心情尽在不言中。

古句"一色杏花红十里,状元归去马如飞",源于苏东坡的诗。北宋年间,苏东坡在徐州任知州。他的同乡张师厚赴京城开封殿试途中,特来徐州拜谒苏东坡。张师厚辞行时苏东坡在放鹤亭为他饯行,并赋诗两首。苏轼原诗:《题云龙山放鹤亭》

第三章　漫漫科举路

图 3-12　圆形挂牌　一色杏花红十里　状元归去马如飞 古句/纹饰。背面纹饰为：魁星点斗，独占鳌头。挂首为如意花叶纹冠式单孔挂钮，纹饰面背相同；主体为圆牌形。

云龙山下试春衣，放鹤亭前送夕晖。
一色杏花三十里，新郎君去马如飞。

杏花开于农历二月，时值应试之期，故有"及第花"之称。"新郎君"是从唐代开始对新科进士的称呼。苏东坡的诗本意是祝愿同乡张师厚赴京赶考取得成功，进士及第。后人取后两句之盛况、盛情，改为对新科状元的祝贺与赞美。祝贺其荣登榜首、独占鳌头，赞美其归心似箭、不忘高堂。

背面纹饰含有两个典故：魁星点斗、独占鳌头。这是对参加科举学子的良好祝愿，预祝其一举成功，状元及第。

魁星点斗。魁星，亦称馗星、奎星。魁星是道教中主宰文运的神。

魁星信仰盛于宋代，从此经久不衰，成为封建社会读书人于文昌帝君之外最为崇信的神。七月七日为魁星诞。魁星就是"赐福镇宅圣君"钟馗。

奎星，是中国古代天文学中二十八宿之一。指北斗七星中前四颗星，即天枢、天璇、天玑、天权的总称。东汉纬书《孝经援神契》中有"奎主文章"之说，后世附会为神，建奎星阁并塑神像以崇祀之，视为主文章兴衰之神，科举考试则奉为主中试之神。在科举考试中，取得高第即称作"魁"，就是出于"魁""馗"与"奎"同音，并有"首"之意的缘故。

明末清初学者顾炎武认为神像不能像"奎"而改"奎"为"魁"，又不能像魁，而取之字形，为鬼举足而起其斗。故魁星神像头部像鬼，一脚向后翘起，如"魁"字的"鬼"在弯钩；一手捧斗，如"魁"字中间的"斗"字，一手执笔，意思是用笔点定中试人的姓名，图3-12背面所示人物即为魁星点斗。故魁星神像面目狰狞，金身青面，赤发环眼，头上还有两只角，整个仿佛是鬼的造型。这魁星右手握一管大毛笔，称朱笔，意为用笔点定中试人的姓名，左手持一只墨斗（如"魁"字中间的"斗"字）；右脚金鸡独立，脚下踩着海中的一条大鳌鱼的头部，意为"独占鳌头"，左脚摆出扬起后踢的样子以求在造型上呼应"魁"字右下的一笔大弯勾，脚上是北斗七星，见图如见字。

独占鳌头。鳌，一说是海里的大龟或大鳖；传说女娲炼五色石以补苍天时，断鳌足以立四极；又传说东海中有巨鳌驮着的三座仙山：蓬莱、方丈、瀛洲（《淮南子·览里》）。一说是鱼龙；传为龟头鲤鱼尾的鱼龙；多为采信的说法是其为龙之九子的老大，相传"龙生九子，鳌占头"，为龙头、龟身、麒麟尾的合体鱼龙。

正因为鳌如此神奇，非常人可驭，只有真龙可驭之。皇帝贵为真龙天子、圣上，伏鳌得鳌，故当为其所驭。故唐宋时期皇宫大殿前的石阶正中，刻着升龙和巨鳌，谓之"龙鳌石"。平时文武大臣上朝时，只能从其两侧经过，若未经许可踏足其上，则犯欺君之罪被惩处。唯有考中殿试进士者，列队立在阶下迎接金榜，头名状元则站在巨鳌的石像前，可以踏上鳌头，故称"独占鳌头"。因此，独占鳌头，成为读书人梦寐以求的愿望，也是人们对读书人最为真诚的祝愿。

清朝学人洪亮吉在《北江诗话》中，描述了新科状元去独占鳌头的情景："传胪毕，赞礼官引东班状元，西班榜眼二人，前趋至殿陛下，迎殿试榜。抵陛，则状元稍前进，立中陛石上，石正中镌刻有升龙及巨鳌，盖警跸出入所由，即古所谓螭头矣。俗称所本，以此称独占鳌头。"（传胪，科举时代，殿试揭晓唱名的一种仪式。殿试公布名次之日，皇帝至殿宣布，由阁门承接，传于阶下，卫士齐声传名高呼，谓之传胪。跸，帝王出行时清道，禁止行人来往，警跸。螭头，古代彝器、碑额、庭柱、殿阶及印章等上面的螭龙头像。亦借指殿前雕有螭头形的石阶等。）

四、连中三元

科举制度经过长期演变和改革，逐步固定为院试、乡试、会试、殿试四级的形式。院试由本地府、县主持的考试，参加者为童生，考中的为"秀才",第一名成为"案首"。乡试由各省主持的考试(因在秋季举行,故称"秋闱"),考中的称为"举人"(举人是可以被推荐填补低级别空缺的职位的),第一名称为"解元"。会试由礼部在京城主持,考中的称为"贡士",第一名称为"会元"。殿试由皇帝亲自主持,考中的称为"进士",第一名称为"状元",也称"殿元"。在乡试、会试、殿试中接连获得第一名,则被称之为"连中三元",即连续获得解元、会元、状元,亦称之为"三元及第"(三元及第有可能包括不是连续获得第一名的情况)。

图 3-13　吉语钱　连(連)中三元 / 纹饰。纹饰为魁星点斗,独占鳌头。

明清科举考试的基本情况如下简表所示。

据统计,在我国科举制度实行的 1300 年中,连中三元的只有 17 人(含明代黄观,黄观连中三元,因靖难之役站在建文帝一方,故被朱棣除名)。清代长洲(今江苏苏州)人钱棨,在乾隆年间连获乡、会、殿试第一名,乾隆爱才,亲赋"三元诗"纪瑞致贺,"连中三元"一语由此而来。

考试级别	院试	乡试（秋闱）	会试（春闱）	殿试
考场设置	府、州、县设考场，学政巡回案临考场	京城和各省城贡院设考场	礼部负责，京城贡院设考场	京城皇宫金銮殿
考试时间及榜名	三年两次	子卯午酉年八月、桂榜	乡试次年三月、杏榜	会试同年四月、金榜
主考人	各省学政	中央政府特派官员	钦差大臣	皇帝
参考者	童生（儒生）	秀才及监生	举人	贡士
考中名称 考中者	秀才（生员）	举人	贡士	进士
考中名称 第一名	案首	解元	会元	状元
考中名称 第二名		亚元	经元	榜眼
考中名称 第三名		亚元	经元	探花
备注	县试和府试，是科举前的预备性考试	2~10名皆为亚元	2~5名皆为经元	

注：县试为童试考试中的第一场，由县官主持，在二月；府试在管辖本县的府进行，由知府主持，多在四月。府试及格者称为"童生"。监生：明清两代取得入国子监读书资格的人称国子监生员，简称监生。其中依靠父、祖官位入监的称荫监，由皇帝特许入监的称恩监，因捐纳财物入监的称捐监。监生可参加乡试。

相传北宋年间，王曾（978—1038年，字孝先，青州益都、今山东青州人，北宋时期名相）的父亲见破旧经籍，必加整修，片言只字，不敢丢弃（孔孟遗风/敬惜字纸）。因此孔子托梦给他："你如此敬惜我的书,我让曾参投胎做你的儿子。"未过数日,夫人果有了身孕,生下一子,取名为曾。青年王曾勤奋好学,24岁(宋真宗咸平四年春)在乡试中名列第一中"解元";当年秋进京参加礼部主持的会试,题为《有教无类赋》,王曾的卷中有"神龙异禀,犹嗜欲之可求;纤草何知,尚薰莸而相假"等佳句,再居榜首中"会元";咸平五年春参加由宋真宗亲自出题的殿试,其一气呵成的《有物混成赋》,深得宋真宗赞赏,钦点为第一名中"状元"。这样,王曾便成为宋朝开国以来首位集解元、会元、状元于一身的"三元"。

图 3-14 锁形挂牌 连(連)中三元/金玉满堂。正面纹饰为莲花(喻"连");背面纹饰为菊花(喻"吉")。菊花是中国十大名花之一,花中四君子(梅兰竹菊)之一,具有清寒傲雪、坚贞不屈的品格,被赋予了吉祥、长寿的含义。

犀牛望月是个美好的传说。犀牛原为天庭的神将,玉皇大帝指派其向人间传达饮食起居规范:"一日一餐三打扮。"意即注重礼仪、少食甘味。犀牛到了人间后,被花花世界扰乱了心神,将玉帝的旨意传达成"一日三餐一打扮",意思全弄反了。玉帝大怒,将其逐出天界,令其为人间造福。犀牛深感人间疾苦,为了让众生生活富裕,每逢月圆之时,便回到天庭请求玉帝派财神爷光临人间,助他一臂之力,这就是犀牛望月的原因。期待月圆(满月、望月),为民造福,寄托了美好的祝福愿望。将犀牛望月与连中三元有机结合,表明人们对圆满、顺利的期盼和祝福。

图3-15 镂空钱 圆形圆穿,单(双)缘单郭。构图为一牛半卧抬头张望,以穿代月,喻犀牛望月之意;另有两圆穿在中穿的两侧,有缠枝莲花相连,寓意连中三元。

在科举时期,获得举人、贡士、进士称号的,当地官府会敲锣打鼓登门送上喜报(捷报)。如果这家连续接到解元、会元、状元的喜报,则称之为喜报三元。这是喜报中最为重要的喜报,被看成是当地的头等喜事,当地会为其举行盛大的庆祝活动。喜报三元亦是祝福语。

图 3-16　吉语钱　喜报（报）三元/纹饰。纹饰分别为喜鹊、三只桂圆、豹子、梧桐花。喜鹊喻喜（取喜鹊之喜，直接表意），豹子喻报（豹谐音报，谐音寓意），三只桂圆喻三元（圆谐音元，谐音寓意），梧桐花喻同（桐谐音同，谐音寓意）。寓意为喜报三元、同喜。

五、五子登科

五子登科，意为五个儿子（亦可泛指同族中五人）皆先后登上科举之榜即及第，并经吏部复试取中授予官职（登科）。《宋史·窦仪传》记载：宋代窦禹钧的五个儿子仪、俨、侃、偁、僖相继及第，故称"五子登科"。当朝太师冯道为他赋诗云："燕山窦十郎，教子有义方。灵

图 3-17　吉语钱　五子登科/吉祥。

椿一株老，丹桂五枝芳。"《三字经》有"窦燕山，有义方，教五子，名俱扬。"（窦禹钧，因他居住在燕山，故称窦燕山）的句子来歌颂他，教导儿童要好好念书，父亲也要教子有方。

五子登科，民间多用作结婚的祝福词或吉祥语，既祝福一对新人早生贵子、多子多福，又祝福一对新人的孩子榜上有名、个个成才。

窦燕山生于富庶的商人家庭，家道昌盛。但为人心术不正，品行不端，为富不仁，后经逝去的父亲托梦点拨，痛改前非，悔过从善，大积阴德，节俭朴素，乐于助人，周济贫寒，设立学堂让贫穷的孩子免费上学。后来生养了五个儿子，自己重礼仪、德行好，且教子有方、家庭和睦，儿子个个成才，均金榜题名。长子名仪，在后晋时中进士，入宋官至礼部尚书、翰林学士，是宋初一代名臣。次子名俨，也是后晋进士，历仕后汉、后周，宋初任礼部侍郎。三子名侃，为后汉进士，曾任宋起居郎。四子名偁，为后汉进士，入宋任左谏议大夫。五子名僖，是后周进士，曾任宋左补阙。当时人们美称他们为"窦氏五龙"。还有八个孙子，也都很贵显。自己后来做到谏议大夫的官职，享寿八十二岁，无疾而终。五子登科，寄托了一般人家（家族）期望子弟都能像窦家五子那样，联翩科考成功、获取功名，拥有锦绣前程的理想。

福禄祯祥，即福分、禄位、吉兆、吉利等，历来为人们所祈望、所祝颂。民间常用福禄祯祥来表达祝福之意：幸福美满、厚禄富贵、喜庆绵延、大吉大利。

福，一切顺利、幸运为福，古称富、贵、寿、考等齐备为福。福寄托着人们所有的美好愿望，其为吉祥文化的主要内容，多角度、多

图3-18 吉语钱 双缘金钱穿。五子登科／福禄祯（禎）祥。在吉语钱中，双缘金钱穿并不多见，此亦隐寓多财（钱上加钱）。

层次地反映了人们的向往与憧憬，祈福的观念深深地植根于人们的心中、潜移默化地融入各种民俗活动之中。

禄，古代官吏的俸给、薪水、俸禄，代表功名利禄，意即收入比较高且稳定的、位置显赫的官员，封建社会时指朝廷官员。禄亦有富贵之意：富裕显贵。古代，禄是激励读书人追求的目标：书中自有千钟粟（千钟粟特指官员的俸禄，形容高官厚禄），一举成名天下闻。

祯，吉兆，寓意吉祥，常用于吉祥词语。《说文》：祯，祥也。《字林》：祯，福也。"祯"字的使用可表达其含义：祯祥——吉祥的征兆；祯泰——吉祥安定；祯符——祥瑞，吉兆；祯祺——吉祥；祯平——吉祥平安。

祥，本意指有关吉凶的征兆（预兆，预先显露出来的迹象）。祭祀、奉行羊向上呈现美好的品德，为祥。亦有吉利、幸福、好的、善的之意。"祥"字的使用可表达其含义：祥和——吉祥安乐；祥云——象征祥瑞的云气，传说中神仙所驾的彩云；祥瑞——吉利的征兆；吉祥——好运之征兆，祥瑞、吉利、幸运等。《庄子·人间世》："虚室生白，吉祥止止。"成玄英疏："吉者，福善之事；祥者，嘉庆之徵。"

福禄：福分与禄位。《诗·小雅·鸳鸯》："君子万年，福禄宜之。"《淮南子·人间》："君子致其道而福禄归焉。"幸福与爵禄。《诗·大雅·凫鹥》："公尸燕饮，福禄来成。"

祯祥：吉祥的征兆。古时认为国家出现朱雀为祯，出现凤凰为祥。《礼记·中庸》："国家将兴，必有祯祥；国家将亡，必有妖孽。"孔颖达疏："祯祥，吉之萌兆。祥，善也。言国家之将兴，必有嘉庆善祥也。"

图3-19 吉语钱，花缘花郭　文星高照／状元及第五子登科。正面纹饰为魁星点斗、独占鳌头；背面内缘成八如意云头。

文星高照，比喻文运亨通。文星，即文昌星，又名文曲星，文曲星乃是魁星四星之一：北斗第四星，天权星。相传文曲星主文才，被文曲星照耀庇护之人，科举必定成功。在中国历代神话传说中，文曲星是主管文运的星宿，文章写得好而被朝廷录用为大官的人是文曲星下凡，如许仕林等。

五子夺盔，是我国民间的传统吉祥图案。缘于科举制度，父母期望子孙能状元及第，而每次科考全国仅一名状元，故勉励五子各自努力争取。图案常作大儿手中持一盔帽，五子共争夺之。盔即头盔，古代打仗用来保护头的金属帽子，将军戴的头盔顶部有装饰物，能看出级别。"盔""魁"同音、盔谐音魁，魁意即为首的、居第一位的，称之为魁首；盔帽，在古代是获得魁首的人才能戴它。魁首，就科举而言就是状元；夺盔者即为夺魁者，象征高中状元之意。寄寓世人祈盼子孙登科及第、富贵相踵之愿。

五子夺魁，从字面上可理解成五个儿子争夺第一名，实际上是表达五个儿子依次状元及第（夺得第一名）。"五子"原意是五个并称的名人。春秋时齐尊管仲、宁戚、隰朋、宾胥无、鲍叔牙为五子；秦尊由余、百里奚、蹇叔、丕豹、公孙支为五子；宋代尊周敦颐、程颢、程颐、张载、朱熹为五子。可见，五子夺魁，借历史上五个名人并列的习惯，画五个童子争夺头盔，以示子孙贤能、积极向上、科举高中、仕途通达，满足人们渴望子孙人人争气、个个高升、光宗耀祖的祈福心理。

关于五子夺魁的出处，有两种说法。其一是出自五代晚期，窦禹钧（后周时期大臣、藏书家）很会教育子女，成为当时人们的表率。他要求子女学习刻苦勤奋，并为子女聘请名师，且让子女遍读家中万卷藏书。他的五个儿子整日耳濡目染，刻苦学习，相继及进士第，个个都有成就，被人称为"燕山窦氏五龙"，五子登科典故即源于此。其二是源于明代早期科举制度，明代以《诗》《书》《礼》《易》和《春秋》五经取士，每经一科，考取头名者即为"经魁"，共计五经魁，俗称"五魁首",亦为五子夺魁。

五子夺魁,可喜可贺;而五子登科后,忠孝双全,福禄寿喜,更是令人敬佩。图3-20花钱的背面正是表达了这样的祈福。该枚吉语钱,通过五子夺盔纹饰,祝福亲友多子多福、子孙成才;还通过文字纹饰祝福亲友福禄寿全、喜庆连绵。

图3-20 吉语钱 正面纹饰为五子夺盔场景。场景由两部分组成,穿右为两子,一子(长子、头戴冠)一手高举头盔、另一只手似在安抚弟弟,另一子抱着哥哥、似欲向上去取头盔;穿左为三子,争先恐后、相互扶持、跃跃欲试去夺大哥哥手中的头盔。生动地表现了兄弟五人团结友爱、相互鼓励、争夺头盔的场景,为兄弟五人接踵及第埋下了伏笔。表明五子夺魁的结果是五子登科。背面有福字与鹿、寿桃、双钱灯笼纹饰组成。福字直接表达福,鹿谐音寓意禄,寿桃直接表意寿,双钱俗成会意双泉、谐音寓意双全。由此,背面文字纹饰隐寓:福禄寿全。如果认为双钱灯笼为喜庆之用,俗成会意为喜,则背面文字纹饰隐寓:福禄寿喜。

"五子三元"一词包含"五子登科"和"连中三元"两个典故,亦是将五子登科(五子夺盔)、连中三元(三元及第)两吉语组合成的新吉语。祝福人家生育五男二女,儿子个个三元及第;亦即多子多富贵。

长命百岁("祟"是"岁"的异体字),祝福用语,尤指孩子,寿命很长,能活到一百岁。

图3-21 锁形挂牌 月日 五子三元／月日 长（長）命百岁（岽），纹饰为如意蔓叶。

月日，风水命理认为：月日双合，16～45岁时期，诸事亨泰（这段时期所有的时间都亨通安泰）。一般来说，16岁，正是可以参加科举考试院试、乡试的年龄（现在是进入高中教育的年龄）；16～45岁，正是人生发展的黄金时期。如意蔓叶纹饰，寓意万事如意。

该锁形挂牌用月日置顶，如意蔓纹、如意锁形配之吉语，整体寓意祝福孩子诸事亨泰：五子登科、连中三元、长命百岁、万事如意。

六、一品当朝

学而优则仕，进士及第后就会登科，成为朝廷官员。在封建社会，读书人都把参加科举考试作为跻身仕途的唯一途径，状元及第成为读书人的最高祈求。

一品，是中国古代封建时期最高级别的官职，源于秦朝，终至晚清。一品分为正一品和从一品，正一品是古代官品等级的最高级别。如清朝时期的太师、太傅、太保、光禄大夫、中和殿大学士、保和殿

第三章　漫漫科举路

图 3-22　吉语钱　一品当朝／纹饰。穿下为祥云蝙蝠，穿上为鹤与双古钱，穿左为笔锭，穿右为如意；寓意为福寿双全，必定如意。

大学士、武英殿大学士、文华殿大学士、文渊阁大学士、体仁阁大学士、东阁大学士、领侍卫内大臣、銮仪卫掌卫事大夫、建威将军等均为正一品。当朝，意即主持朝廷政务，指在位的皇帝或秉政的宰相。一品当朝，则是指协助皇帝主持朝廷政务的一品高官，即宰相。为文官中的最高掌权者。

图 3-23 吉语钱背面，纹饰内涵丰富，解释多有不同，寓意吉祥。

图 3-23　吉语钱　状元及第一品当朝／纹饰。正面字内外有两周乳钉纹，外周有 16 颗乳钉，内周有 8 颗乳钉。背面纹饰为喜鹊登梅、牡丹花开、寿山石、莲花、仙鸟等。喜鹊登梅寓意喜上眉梢。

解释不同的主要原因是对仙鸟的认知。该仙鸟当为鹭鸟。鹭鸟的特征是喙长、颈长、腿长，尤其是部分鹭鸟头部有丝状蓑羽（繁殖期尤为突出），是其重要的炫耀特征。鹭鸟不是鹤类，却有着鹤一般飘逸的神韵（因此，其图片有时也被误认为鹤）。

该吉语钱背面纹饰为一鹭独立于莲花旁，鹭谐音路，莲谐音连，因此该纹饰寓意一路连科。一路连科是对科举时代应试考生的祝颂语，表示科举仕途顺利。莲花亦被称为水芙蓉，因此该纹饰亦寓意"一路荣华"。喜鹊登梅寓意喜上眉梢，同时梅花寓意梅开五福，牡丹花开寓意富贵荣华，寿山石寓意长寿，鹭谐音禄，等等，该纹饰又寓意福禄寿喜财五福齐备，富贵荣华一生。表明状元及第后的高官厚禄，正所谓书中自有千钟粟、黄金屋、颜如玉。

乳钉纹为古代常用纹饰之一，纹形为凸起的乳突，其内涵十分丰富。乳钉纹最早出现在祭祀女性先人的祭器上，表达后人对母亲的敬爱和思念之情（《宣和博古图》对"周百乳彝"器名的说明中说："乳所以养人者也，犹瓜之保子，著之于器，以示其永葆之意。"）。因此，乳钉纹既寓意母亲、母乳、母爱、生命和亲情，也寓意子孙满堂、人丁兴旺，又寓意食物丰富、生活美满，还寓意顶天立地、天地吉祥，等等，在不同的场景，寓意有所侧重而不同。乳钉的数量分别为 16 和 8，可能源于我国古代定秤的十六进制：北斗七星，南斗六星，福禄寿三星，总共十六星。此说待考。

纹饰中的仙鸟为什么会被认为是仙鹤？其缘于明清文官官服"一品""六品"的补子。一品文官的补子图案为仙鹤，六品文官的补子图案为鹭鸶。鹤性清高,为羽族之长,是"一人之下,万人之上"的,地位仅次于"凤"(皇后),故称鹤为一品鸟,以鹤立纹饰寓意一品。明清时期,常有吉祥纹饰绘有仙鹤当潮水而立于岩石之上,"潮"与"朝"谐音,仙鹤当潮水而立于岩石,寓意"一品当朝",表示官位极高,人臣之极,主持朝政。而鹭鸶为六品文官官服的补子图纹,不能与一品相对应。故认为图3-23背面纹饰中的仙鸟为仙鹤。

图3-24背面纹饰魁星作点斗状,意为"魁星点斗"。魁星独自立于鳌头之上,表示"独占鳌头"。魁星立于鳌头,迎潮水而上,正是表现了"一品当朝"之意。

图3-24 吉语钱 状元及第一品当朝／纹饰。正面字内外有两周乳钉纹,外周有16颗乳钉,内周有8颗乳钉。背面纹饰为魁星立于鳌头,作点斗状,鳌前方波浪汹涌,潮水迎面而来。

祝状元及第,祈一品当朝。读书—科举—做官,这是过去为读书人指明的一条奋斗之路。封建时期以"万般皆下品,惟有读书高"来激励读书人勤奋刻苦;以"连中三元、状元及第"作为科举之途的奋斗目标,促使读书人不断进取;以"荣华富贵、一品当朝"来吸引读书人奋发向上，谋求功名。据考证，自唐高祖武德五年（622年）的第一位科举状元孙伏伽开始，到清光绪三十年（1904年）最后一位状元刘春霖止，在这1 283年间，历代王朝可考的榜数为745榜，共选拔了文状元654名，武状元185名（有姓名记载的）。中状元，可谓是万里挑一、难上加难，多少读书人为之"头悬梁、锥刺股"，"衣带渐宽终不悔"，终还"名落孙山"，一事无成，好不凄惨。

漫漫科举路，凄凄寒窗苦；
及第入仕途，落榜无所图。

科举题材的花钱，多数表现了对求学者的激励、应试者的祝愿、成功者的喜悦，掩盖了失败者的痛苦、求学路上的艰辛。当今社会，若读书只为考取第一名，勤奋刻苦，千军万马过独木桥，独占鳌头仅一人，苦了千万读书人，这种激励、祝福就显得有点片面。

知识就是力量，知识改变命运，知识涵养气度。读书是获取知识、通往梦想的途径之一，而且是人生早期获取知识、启迪智慧、开阔视野、丰富阅历的重要途径。金榜题名、状元及第、一品当朝，只是读书的结果之一，但非唯一。三百六十行，行行出状元。当今社会，读书是必须的，依然是少年成长、成人、成才、成功乃至于后来成就、成名、成家的必经之路；勤学好问依然是读书人应秉持的基本品质，只不过时代不同了、价值取向不同了。成才之路千万条，各行各业各地各处均可大显身手，独占鳌头。读书不再是敲门砖，读书是终身践行并不断受益的，是人生成长的伴侣。读书永伴，学无止境，终生学习，成为新共识。

| 第四章 |

祥瑞龙世界

龙，是古代传说中一种有鳞角须爪、能兴云作雨的神异动物。龙能显能隐，能走能飞，能泳能潜，能细能巨，能短能长；春分登天，秋分潜渊；呼风唤雨，腾云驾雾，翻江倒海，无所不能。龙与凤（凤凰）、麟（麒麟）、龟一起被称为四瑞兽。青龙、白虎、朱雀、玄武被称为天之四灵，是指中国天文的四象。龙在中国传统十二生肖中列第五位，辰龙。

龙是中华民族的图腾，是中华民族统一的标志，是中华民族最具代表性的文化象征之一。龙文化博大精深，我们都是龙的传人；龙世界精彩纷呈，我们共享龙的祥瑞。在我国传统文化中，龙是帝王的象征，代表着权力和尊贵（真龙天子）；龙是神灵，与天地同寿，为长寿的祝颂（双龙捧寿）；龙是祥瑞，更是吉庆的兆头（龙凤呈祥）。

无论是哪种形式的花钱，都有龙文化的体现。龙，既是图腾、又是生肖、还是瑞兽、更是吉兆，深受人们的喜爱。因此，龙花钱，品种之多样、内涵之丰富，是花钱中其他品种无可比拟的。本章拟通过部分龙花钱的赏析，带领读者领略花钱中龙的风采，感受花钱中龙的祥瑞。

一、龙凤呈祥

龙凤呈祥，意指龙与凤一起出现，呈瑞显祥。龙与凤均为瑞兽，是难得一见的；如果能同时见到龙和凤，则是天大的喜庆、十足的吉祥。故谓龙凤呈祥。语出自汉·孔鲋《孔丛子·记问》："天子布德，将致太平，则麟凤龟龙先为之呈祥。"瑞兽龙、凤的出现，是天下太平之祥兆。龙是众兽之君，有喜水、好飞、通天、善变、灵异、征瑞、兆祸、示威等神性；凤是百鸟之王，有喜火、向阳、秉德、兆瑞、崇高、尚洁、示美、喻情等神性；神性的互补和对应，使龙、凤合为一体，"龙飞凤舞"而"龙凤呈祥"。

图 4-01　吉语钱　龙凤（龍鳳）呈祥 / 福寿（壽）。背面"福寿"二字位于缘郭之间，缘郭构成古钱纹饰，古钱亦称古泉，泉谐音寓意为"全"，故背面文字与缘郭组合寓意"福寿双全"，意即既有福分、又得高寿；幸福和年寿两样全备。

在婚庆中，人们用"龙凤呈祥"来祝颂新婚夫妻天作之合、吉祥喜瑞、生活美满、恩爱百年。常见的传统吉祥图案《龙凤呈祥》大多如图 4-02 所示。后来人们专以"龙凤呈祥"指吉庆之事，尤其是用于祝颂新婚、恭贺新禧。龙凤造型除了与传统吉祥图案相似之外，还有龙凤戏珠、龙凤比翼齐飞、龙凤深情对视升腾等图案。

镂空花钱是我国古代花钱中形制较为特殊的一类，其多为环钱形、用来佩戴的透空牌饰，被雕刻出穿透物体的吉祥花纹或文字，基本上

图4-02 镂空钱 龙凤。龙、凤各居一半,龙是升龙,张口旋身,回首望凤;凤是翔凤,展翅翘尾,举目眺龙;周围瑞云朵朵,一派祥和之气。(圆穿成椭圆形,是长期悬挂佩戴造成的)

保留了原始花钱的特征。镂空钱,类似铜扣饰物,是在这个基础上发展起来的;因其形象玲珑剔透,纹饰多以花草为主,古人亦称之为"玲珑钱""镂花钱""通花钱"等。《泉志》则称之为"轻影钱"。《泉志》为宋朝洪遵(1120—1174年)著,共十五卷。收录五代以前中外历代各种钱币三百余种,分为正用品、伪品、不知年代品、天品、刀布品、外国品、奇品、神品、厌胜品等九类,保存了中国古代钱币的重要资料。

镂空,是指在物体上雕刻出穿透物体的花纹或文字,是中国传统雕刻工艺的一种常见的表现形式,最早出现在商周时期的玉器,并影响到以后的多种造型艺术。镂空钱的花纹图案艺术体现了制作者的美学思想,与窗花、门签(传统的春节门楣吉祥饰物)、剪纸、皮影、建筑中的什锦窗、家具中的透雕、双面绣等艺术互为影响。镂空花钱正是借用了中国传统雕刻工艺(木雕、砖雕、石雕等)的艺术表现手法,

第四章 祥瑞龙世界

在表现中国传统吉祥图案方面独树一帜。前文已赏析过镂空五孝子、鱼化龙、犀牛望月（连中三元）等镂空钱，本章赏析了镂空龙凤。

图 4-03　吉语钱　龙凤（龍鳳）呈祥 / 龙凤纹。右龙左凤，双升龙凤，龙凤戏珠。

在花钱中，"龙凤呈祥"的种类较多，体现了国人对"龙凤呈祥"的喜爱和期盼。总体上可以归为三大类：一是一面"龙凤呈祥"文字，一面是其他吉语；二是一面"龙凤呈祥"文字，一面龙凤呈祥纹饰；三是一面是吉语，一面是龙凤呈祥纹饰。第三类的品种不少，尤其是套子钱，由相同的龙凤呈祥纹饰、不同的吉语组成，精彩纷呈，吉语连绵，也是花钱爱好者喜欢收藏的套子钱之一。除了这三大类外，还见有龙凤捧寿合背、龙凤纹饰 / 呈祥、笔锭如意纹饰，以及"龙凤成祥"挂牌等其他类型的龙凤呈祥花钱。

龙飞凤舞，凤翥龙翔，龙在飞翔盘旋、凤在向上飞舞。形容气势奔放雄壮、姿态生动活泼；形容书法笔势雄奇生动、活泼舒展。背面纹饰由龙凤海浪等组成。龙呈下降之状，四肢强劲伸展，翔于海浪之上；凤呈俯飞之势，双翅对称展开，舞于浪花之上；龙凤互相盘旋于

图4-04　吉语钱　龙（龍）飞（飛）凤（鳳）舞／龙凤海纹饰。右龙左凤，龙凤戏水，降龙升凤。

海上，深情对视，尾尾相嬉，各自的前爪在共同戏浪，各自的后爪在尾部互拍，在海面上激起阵阵波浪、连绵不断，呈现出一派欢乐祥和的景象。纹饰既寓意了龙凤呈祥、相亲相爱，又寓意了福如东海、福运绵长。

可以将背面纹饰为龙凤海的花钱视为同一个系列，即套子钱来欣赏。该系列圆形方穿，一面主要为四字吉语，一面为龙凤海纹饰。版式较多，就缘而言，有宽缘、细缘、夹花缘之分；就文字而言，有字体、书写等方面的不同，还有无文的。

就四字吉语钱文而言，该套子钱有：一品当朝、一门五福、一统太平、一本万利、三多九如、五福禄寿、九乡领袖、百福来朝、百事如意、千金如意、万事如意、万福临门、十万通神、世代荣封、和合如意、吉祥如意、吉星拱照、吉庆有余、天不爱道、地不爱宝、韫玉山辉、含珠川媚、长命富贵、富贵长春、富贵双全、福寿绵长、福寿康宁、福禄寿喜、福寿双全、福如东海、寿比南山、人寿年丰、财多福有、金玉满堂、螽斯衍庆、连生贵子、夫妻偕老、品重兰台、喜报三元、状元及第、禄位高升、风调雨顺、时和岁稔、至治无名、太平有象、天下太平、天赐太平、王道荡平、天宝物华、青钱万选、铜钱万年、掷地金声、堆金积玉、宝藏兴焉、日升月恒、如日之升、如川之流、光天化日、麟趾呈祥、龙凤呈祥、龙飞凤舞、虎气龙光、正德通宝、乾隆万年，等等。

除了四字吉语之外，另外还有八卦、十二生肖八卦、拾两、龙凤纹、吉庆有余纹等。

图4-05　长命锁片　金玉如意·龙凤福字符／荣华（榮華）富贵（貴）·团寿字符。

金玉，即黄金与珠玉，是珍宝的通称。比喻珍贵和美好。如意，即符合心意，如愿以偿。金玉如意，意即拥有珍贵和美好而心满意足。荣华，意即草木开花，比喻兴盛或显达。富贵，意即有钱财、有地位，指既富裕而又有显贵的地位。荣华富贵，祝颂语，指的是（祝福您）兴盛显达，财多位尊。

如图4-05所示，"福"字的"礻"偏旁、其起笔部分为龙头纹饰，"福"字的"畐"部分、上端为凤纹饰，整体为"福"字、含有龙凤纹饰，故称其为龙凤福。

龙凤福，一般是指由龙凤纹饰与福字构成的吉祥图案，也指由龙凤纹饰直接构成福字的吉祥图案。该吉祥图案经典美观、纹理清晰、形象生动、喜气洋洋。寓意龙凤呈祥，吉庆连连，福寿延绵。龙凤福纹饰字常见于年画、刺绣等民俗作品上，体现了人们欢乐祥和、祈福颂福的喜庆氛围。

二、云龙风虎

龙是天上神物，为百兽之君，龙为水物，云为水气，龙吟祥云出，云从龙；虎是地上猛物，为百兽之王，虎吼威猛，荡谷飘风，虎啸谷风生，风从虎。风从云，同声相应，同气相求。百兽君王风云际会，龙腾虎跃、龙骧虎视、龙盘虎踞等无一不是霸气外露、威风凛凛。人们对龙虎既崇敬又期盼：崇敬龙的神灵、虎的威猛，崇敬蕴含无穷活力、勇敢坚强、压倒一切、战胜一切的龙虎精神；期盼自己的发展得到龙虎的护佑（祈福辟邪），期盼自己成为人中龙虎、叱咤风云。

《周易·乾·文言》云："云从龙，风从虎，圣人作而万物睹。"龙吟云出，虎啸风生，这是在比喻有相同特质的东西会彼此吸引，相互感通；还形容有美好内在或人格的人（圣人）只要一站出来，众人便能分明地见到，有如一同仰观在天空翱翔的飞龙。由此引申出不少成语。如"云龙风虎""风云际会"，比喻圣主贤臣的遇合（圣主得贤臣，贤臣遇明君）；也喻指英雄豪杰。又如"龙吟虎啸"，意为龙在鸣、虎在啸，指响声很大；亦比喻相关的事物互相感应；还形容人发迹，等等。

第四章 祥瑞龙世界

正因为此,有不少花钱就是来表述龙虎的。如镂空龙虎、吉语龙虎、风云际会、龙虎金榜等。

在镂空花钱中,龙虎题材的多为龙虎相交,表示龙虎联姻,其既寓意除凶驱邪、纳福降瑞,又寓意婚姻美满、子孙旺盛。

图4-06 镂空钱 龙虎。三重缘、内齿缘,双郭。一龙一虎、纹路清晰,蜷身依缘扶郭,两首相对、两尾相交。

青龙白虎,皆为四灵之兽,阴阳互生。道家认为:龙为阳、虎为阴,故"龙从火里出""虎向水边生"。再就性与情而言,"性属木,木为东方,亦为青龙;情属金,金为西方,亦为白虎。金克木,故情多损性;而两者结合,方能使阴阳为之调和"。故龙虎相交,龙虎联姻,既寓意除凶驱邪、惩恶扬善、纳福降瑞,又寓意喜结良缘、婚姻美满、子孙旺盛。因此,该枚镂空龙虎民俗钱亦具有祈子之吉意。

正面纹饰祥云朵朵,祥云中,神龙腾飞,嬉戏火珠,龙首与龙尾在缘内、龙身在缘外、神秘莫测,龙尾下垂在虎首上方,似与伏虎嬉戏;祥云下,虎似俯伏在地、目视龙尾、呈准备前跃相扑状,虎尾在祥云中扰动,狂风四起;一派云龙风虎、龙虎相会、欢乐嬉戏、祥和

图 4-07　无文钱　龙虎会 / 刘海戏金蟾。

喜庆的场景。

背面图中刘海飘飘欲仙,似腾云驾雾,手持一串金钱挥于空中,其左前方(与穿相隔)钓着金蟾,向上提起,并让金蟾吐出金钱给人间。

龙在祥云中翻腾,虎在谷风中跳跃,龙腾虎跃,龙虎相会,风云际会,志同道合,善抓机遇,强强联手,优势互补,勇往直前,成就伟业。历史上,周文王渭水访贤遇姜子牙钓鱼;刘备桃园三结义,三顾茅庐得孔明;李世民求贤若渴,知人善任,虚心纳谏,开创政治清明、经济复苏、文化繁荣的贞观之治;等等。无不是云龙风虎,写就一篇篇风云际会的传奇佳话。

云海中,神龙见首不见尾,锋利的龙爪在天空中挥舞,一只伸向山峰、一只按向圆郭(喻为龙珠);山谷中,猛虎奔腾呼啸,前爪指向山峰,昂首直顶圆郭,虎尾高耸向云端,与天龙遥相呼应,与龙共戏龙珠、齐撼山岳、同激风云。龙虎斗,龙虎会,龙腾祥云飞,虎啸山风生;多么震撼的龙争虎斗,多么壮观的风云际会,铸于钱币之上,

图 4-08　宗教钱　龙虎会 / 诸（諸）神回（廻）避，纹饰为姜太公手执令旗、脚踏祥云、令众神听令。

使人品味无穷、感慨良多。

诸神回避，出自"姜太公在此，诸神回避"。姜太公（前 1128—前 1017 年），姓姜，名尚，字子牙。殷商末年东海上人。曾被封于吕地，故又称吕尚，尊称为太公望。

话说姜尚垂钓隐磻溪，文王渭水聘吕望；子牙全力辅佐周武王姬发，击败三十六路征伐西岐之兵，金台拜将率军东征；东进五关，孟津河大会天下八百诸侯，以正义伐无道，捉拿妲姬，血溅朝歌，兴周灭纣，成就千古大业。这一段风云激荡、波澜壮阔、感天动地、泣鬼惊神的英雄史话，被后人演绎成封神演义，姜子牙成了封神公，封了三百六十五位正神。

传说姜子牙将神位一一封出后，发现能封的位置都封完了，自己却无神可封，姜太公想到了人们房间上的窗户，就说："窗户上没有神号，那我就封我自己为窗神吧。"从那以后，人们都说："太公蹲在窗户上守着房子呢。"人们在盖屋时，常有那些邪神邪道来捣乱，这些神道都是太公封的，人们为了图吉利、图财运、图平安，就在横梁上写上了"太公在此""诸神回避"的字样，姜子牙虽不是神，但他是封神之人，具有神上之神的管神位置，因有姜太公在此，诸神都敬他三分，他们就不会来捣乱了。姜子牙成了保护神，护佑人们祥和安宁。从此，这个习俗也就传下来了。

其实姜子牙下山时，其师元始天尊对他说："你生来命薄，仙道难成，只可受人间之福。"所以姜子牙自己没有被封神。人们认为姜子牙是封神公，当为"神上神"，担负起监督众神的使命，令众神各司其职，切实履行呵护众生之责。"姜太公在此，诸神回避"也就意味着诸神不敢在此骚扰、作怪，人们就可以自由自在地做自己的事情，什么都不忌讳，百无禁忌。这实际上表达了人们对居家安宁、自由自在的一种期盼。

"姜太公在此，诸神回避""姜太公在此，百无禁忌""姜太公在此，诸神退位"等等，皆是岁时风俗之一。旧时过年除夕日，要贴灶王神及对联，接灶王回家，保一年平安。还要贴门神、春联、"福"字、窗花、挂钱等，以驱邪纳福。还贴"姜太公在此百无禁忌"横条，一般是贴在门楣上的，大门上少见，多数是贴在屏门、客厅、堂屋的门楣上，或屋梁、楼楞上，亦有贴在窗户上缘。店家最喜欢贴在店堂或出入处上方等醒目处。这是民间的禳解之法，百姓认为贴上"姜太公在此百无禁忌"等，一者有姜太公在此护佑，诸神不得侵扰；二者如对诸神有冒犯之处，诸神也不会怪主家；三者即使有违禁忌，也不会造成什么后果，还图个吉利。一家人欢欢喜喜、顺顺当当过大年。

"昔者太公望年七十,屠牛于朝歌市,八十为天子师,九十而封于齐。由是观之,老可老邪?"此为齐管妾(齐相管仲之妾)婧之语(刘向《列女传》)。姜子牙老有所为,对后来老者是极大的鼓舞和激励。烈士暮年,壮心不已。老人当自强,再谱新篇章。当然,姜子牙之所以能老有所为,是因为其在青少年、中壮年时期刻苦学习,打下了扎实的基础,正所谓厚积薄发;也与周文王、周武王对他的赏识尊重分不开,风云际会,流芳百世。

三、双龙戏珠

镂空花钱是花钱的早期品种之一,充分运用其独到的表现形式,对龙文化更是精雕细琢,精彩纷呈,品种繁多,倾注了先民对龙的热爱和崇拜。就龙的数量呈现而言,有单龙镂空、双龙镂空、四龙镂空等;就龙与其他祥瑞组合而言,前面我们已经欣赏了龙鱼镂空(鱼化龙)、龙凤镂空、龙虎镂空。尤其是双龙镂空、双龙戏珠、双龙捧寿、双龙追逐、雌雄双龙等,还有龙云镂空、龙钱镂空、龙龟镂空、龙花

图 4-09　吉语钱　戏(戲)珠/单龙戏珠纹饰。

镂空等，呈现了丰富多彩的双龙世界。

戏珠，通常是指龙戏耍或（双龙）抢夺一颗火珠。祥云之上，烘托着一颗三焰火珠，神龙升腾，龙舌在吻火焰、前爪在戏火珠，龙、祥云、火珠在天空中盘旋飞升，光彩四射，璀璨夺目。

双龙戏珠，又称之为二龙戏珠、二龙抢珠等，既是成语，又是吉祥纹饰名称。其本意为两条龙相对，共同戏玩着一颗宝珠。

双龙戏珠之珠，称之为龙珠。珠，是指珍珠、玉珠、夜明珠、焰珠等。龙珠是宝珠，成长于龙口之中，是龙的精华，是龙修炼的元神所在，可避水与火，使人们免于水火之灾；龙珠是焰珠（夜明珠），为人类带来光明与火种。龙珠，是吉祥的象征，象征着福运、象征着富贵、象征着长寿、象征着权力，双龙戏珠是让龙珠的灵性不断增强；双龙戏珠寓意着幸福来临，人们将会得到财富和好运、将会获得地位的提升、将会更加安宁祥和健康长寿。双龙戏珠为人们送去更多的吉祥。

双龙戏珠，寓意多多。如寓双龙为父母，则龙珠为父母的子女，被视为掌上明珠，倍加呵护、共同慈爱、抚育成长，表达了人们对父母养育之恩的怀念报答之情。如视双龙为东方青龙，则龙珠为冉冉升起的红日、霞光万丈，双龙共向朝阳，时起时伏如波涛汹涌、升降腾挪若白浪掀天，蔚为壮观，欢欣鼓舞，表达了人们对太阳的崇敬之情。

双升龙，多是指双龙戏珠、盘旋翻转、结伴升腾。两龙的形态是头部在上，龙身相对，龙尾相吻（亦有不相吻的），两龙头中间的上方有一焰珠（由两龙上唇或前爪共捧），两升龙在空中一边旋转、一边

第四章 祥瑞龙世界

图 4-10 镂空钱 双升龙。大鸡眼龙，龙头小而抽省，身体粗硕；龙鳞如鱼鳞；七焰珠，双龙之间的小龙珠，用珠链相连，下饰两条小珠链。

飞升，中间的焰珠珠花四射，一派欢乐景象。镂空双升龙花钱将这一刻铸造成型，使世人时时感受到龙的欢乐。镂空双龙花钱中双升龙并不多见，其类型不多；一是双龙戏珠，珠花疏密不同；二是双龙上升，没有焰珠，而是其他戏品。

双降龙，多是指双龙戏珠、盘旋翻转、从天而降。两龙蜷身相对，龙首昂起，两龙首中间下方一焰珠、两龙前足戏之，龙尾向上反卷相

图 4-11 镂空钱 双降龙。双龙上下接缘，腰向内收，合拢像芭蕉扇的轮廓，故名芭蕉扇双降龙；龙鳞为节状鳞。

吻，双龙全身呈俯降状、盘旋嬉戏、自天空而缓缓降下。镂空双降龙花钱的造型大同小异，但各具特色：有双龙张牙舞爪，嬉戏而降；有龙身修长，双鱼相伴，寓意鱼化龙；有龙身花样祥云环绕，云随龙起，一派云从龙气象。镂空双降龙花钱的龙鳞多姿多彩：有节状鳞、珠点鳞（凸珠点、凹珠点）、穗状鳞等。

双龙戏珠，双龙抢珠，双龙顶珠，双龙捧珠，是民间常见的舞龙表演形式。舞龙为民间祈雨、"祈年"、庆丰或佳节庆典时等必有的欢庆祈福形式之一，期盼风调雨顺、国泰民安，欢庆五谷丰登、感恩天地。

舞龙源于一个美好的传说。古代传说天池山中有个深潭，两条青龙长期在此修炼，并非常关心附近百姓的疾苦，及时行风播雨，使百姓们过着丰衣足食的太平日子，因此备受百姓们的爱戴。天池潭也是天宫仙女们来洗澡的地方，每当月明风清时，仙女们就到潭中洗澡嬉戏。一次，仙女们在潭中正洗得尽兴，一个浑身长毛的熊怪猛扑过来，对裸身的仙女进行调戏，她们高声呼救。两龙听到呼救声，立即披甲持械奔向天池潭，看到一只熊怪正在撒野，它们齐心协力，英勇奋战，终于战败熊怪并生擒之。

仙女们回去后便将被青龙营救之事，禀报了王母娘娘。王母为感激青龙的营救，取出一颗金珠送给青龙，帮助他们修炼，使它们早日修炼成功。金珠只有一颗，它俩谁也不想独吞下去，互相推让；你让给我，我推给你，一颗金珠在二龙之间蹿上跳下，金光闪闪。时间一长，此事惊动了玉皇大帝，忙派太白金星前往查看。太白金星了解后，将两条青龙潜心修炼、心地善良、仗义营救、互相谦让的高尚行为向玉帝作了汇报。玉帝大为感动，便也取出一颗金珠赐给青龙。这样，它们各自吞下一颗金珠，很快就修炼成功，成了守护一方的水神。

当地的百姓们不忘青龙为人们造福，又钦佩它们的德行，便修庙四时供奉，还用多呈行龙姿态的绘画图案来表现双龙戏珠。在祭祀敬龙的同时，他们用舞龙的形式来表演，表现出双龙升降、推让金珠，金珠在两龙中间跳动的各种形态，既感恩怀念双龙，又喜庆丰收太平，更祈求双龙继续护佑。由此，舞龙就四面八方传播开来了。

图 4-12　镂空钱　双飞龙。

飞龙，本义指飞翔的龙。其身形矫健，腾云驾雾，飞越九天，气势不凡，令人顶礼膜拜、无不敬仰。《庄子·逍遥游》："藐姑射之山，有神人居焉……乘云气，御飞龙，而游乎四海之外。"飞龙后借以比喻居高临下的君王天子，曰之飞龙在天；《易·乾》："九五，飞龙在天，利见大人。"亦是对人的美喻，如飞龙乘云；以龙乘云而上天，比喻英雄豪杰乘时而得以施展抱负。

双飞龙呈一升一降之态，各不相同，与焰珠、祥云，共同展现了双龙戏珠的精彩场景。双飞龙呼应着穿上的小龙珠，焰纹飘洒庞大，穿下亦有。双飞龙的正下方为祥云，烘托了双龙凌云飞腾之势。飞龙四足三趾，蹬抓蜿蜒。龙鳞细致凸起，龙身回曲呼应，形神俱佳，极具动感。打破了常见双龙的呆板和对称分布，四足蹬抓有力，装饰的火焰纹亦是飞扬飘散。双圆之间，将双龙戏珠的宏大场面表现得淋漓尽致。双飞龙是最美的一类镂空双龙，姿态灵动堪称第一，很有清代九龙壁的几分神韵，极为传神出彩。

北京北海公园九龙壁之升降龙特写。

双龙戏珠，除了镂空花钱予以表现之外，在吉语钱、生肖钱、钱文钱等花钱中亦多有体现。

古人认为龟龄万年，为长寿之灵物，故以"龟龄"比喻长寿；鹤是仙禽，寿有千百之数，亦以"鹤寿"喻长寿。龟龄鹤寿，用来比喻人之长寿，也是祝寿之词。

双龙戏珠、二龙抢珠、双龙捧珠，无论是嬉戏还是抢捧，都格外祥瑞，浓浓的吉意蕴含其中。是吉祥龙文化的经典之一，深深植根于

图 4-13　吉语钱　龟龄鹤寿（龜齡鶴壽）/ 双龙戏珠纹饰，双升龙。

中华民族传统民俗之中，为国人所喜爱。

四、祥龙逐瑞

水不在深，有龙则灵。龙升龙降，龙潜龙跃，皆风生水起，云聚云散。在镂空双龙花钱中，常见一对首尾相对（或间有焰珠、花卉、祥云等戏品）、互相追逐、尽情嬉戏的龙，我们称之为双逐龙。它们通过戏珠、戏水、戏焰、戏风、戏云、戏钱、戏花等而相互追逐，所戏之物皆为祥瑞，活力无限，灵气四射，展现了祥龙逐瑞的欢乐场景。双逐龙是镂空双龙中品种最为丰富的一类，而且大多有独特的名称。

虬龙，古代传说中的有角无须的小龙（虯，龙子有角者。虯从虫，按俗字作虬）。屈原《天问》："虬龙负熊。"宋《瑞应图》："龙马神马，河水之精也，高八尺五寸，长颈骼，上有翼，修垂毛，鸣声九音。有明王则见。"虬龙则是传说中的瑞兽，"神马"，"马八尺以上为龙"，"两角者虬"。《广雅·释鱼》：有鳞曰蛟龙，有翼曰应龙，有角曰虬龙，无

图 4-14 镂空钱　双虬龙。龙口大张，无舌。龙目狭长。有双角如长鬃向后翘至缘。颈叠于头下，前爪上举至缘，三趾分开。另爪自肩部起向腹后蹬支。鳍线凸起从肩部卷拱而起，自背部顺至腹下扭转。后肢前卧，第四肢与尾交缠后蹬，多不分明。

角曰螭龙（龙雄有角，雌无角；龙子一角者蛟，两角者虬，无角者螭也）。《抱朴子》：母龙曰蛟，子曰虬，其状鱼身如蛇尾，皮有珠。

在镂空双逐龙花钱里，有一类有角无须的双逐龙，我们称之为镂空双虬龙花钱。虬龙花钱最大特征是龙身翻转，四爪前伸后蹬、各不相同，姿态极富动感，活力十足，虬劲有力，明显区别于其他双龙品

图 4-15 镂空钱　外齿缘，夹凹郭。双云龙，祥云龙。祥云双龙，秃尾无鳍，稀疏点鳞，长嘴卷鼻，口内皆含珠，龙身曲折如"M"形，只在上身位置有两足，跨内郭前后分开。

种。镂空双虬龙多铸于辽金时代,为浮雕写实风格,立体感强,细节多精致传神。

在我国古代传统文化中,"云"与"龙"、"风"与"虎"是两对关系紧密的自然现象与动物的组合。三国时期曹魏经学家王弼在《周易略例》中解释说"召云者龙,召风者虎",意思是龙可以召来祥云,虎可以召来疾风。"云从龙走,有龙必有云",从古至今,云与龙是最和谐的搭配。正因为如此,人们常用云龙喻君臣风云际会,喻朋友相得,用来形容各种事物(宫殿门名、骏马名、山名、人名等)。双云龙所戏的是祥云,双龙蜷身呈一升一降之态,祥云亦从龙呈上升态,给人以欢乐祥和之动感。

图 4-16 镂空钱　双钱龙。龙爪三趾,前上爪上撑接缘并与另一龙尾、龙爪共戏一枚古钱,前下爪下伸与另一龙前爪共戏另一枚古钱。

钱龙,本义为钱串子;旧时有用若干枚古钱币编织成龙形的饰品,称之为钱龙,并供奉在财神的宝座前。

在故宫的养心殿东暖阁,屋顶横梁上就有用初铸的"乾隆通宝"串联而成的一条龙,用纸板做背板,纸板上绘彩龙状,麻绳串联铜钱,组成龙形。活龙活现,十分逼真。披在横梁上的一匹大红云缎(表示"上梁大吉"),正好搭在钱龙身体的上方。用"乾隆通宝"钱和由此钱串成的龙来暗喻"乾隆",钱龙即"乾隆"、乾隆乃真龙。

正月过后的二月初二亦是一个重要的节日,传说是龙抬头的日子,龙抬头,俗称青龙节,龙头节,又被称为"春耕节""农事节""春龙节",是中国民间的传统节日。庆祝"龙头节",以示敬龙祈雨,让老天佑保丰收。在"二月二",部分地区有扎钱龙(有用各种食品做成象征风调雨顺年年发的"钱龙")的风俗,钱龙两侧供奉的对联常有:"宝马驮来千倍利,钱龙引进四方财""龙从东海衔珠至,凤自西山带宝来"等。供奉钱龙,既表达了人们对风调雨顺、五谷丰登的祈望,又表达了祈福纳祥、招财进宝的愿望。镂空双钱龙亦体现了这一点。

蚂蚱龙,顾名思义,因其龙身短粗,龙腿瘦骨嶙峋形似蚂蚱腿一样夸张,是区别于其他双龙品种的最显著特征,被戏称为蚂蚱龙。双龙为少见的双目,效果变形如猴脸。其身躯呈之字形、升腾状、偶有瘦身的,首尾相接,双龙前后细腿长爪踩在内郭上,龙背上另露两只

图 4-17　镂空钱　双逐龙,蚂蚱龙,凸鳞。

第四章 祥瑞龙世界

图 4-18 镂空钱 双逐龙，蚂蚱龙，凹鳞。

大长爪踩于缘。两龙旋转对称，基本相同，两面图案亦基本相同。鳞为珠点麟、有凹凸之分：鳞片单独不相连的，称"凸鳞"；鳞片连成一体呈网格状的，为"凹鳞"。焰珠独特，上下双龙珠近郭，有火焰纹。其正侧脸，双目、蓬髻上扬、双短角分开，双龙须上扬，鸟状折足大爪及四趾等特点以及火焰龙珠的样式等，都是明代的特征，与明双升龙铜镜龙式风格相同。

龙生九子，表明龙是有雌雄的（龙出生有胎卵湿化四种，其中胎卵生的即为龙生九子）。龙凤呈祥，表明龙为雄，凤为雌；然对凤凰而言，凤为雄，凰为雌；皇权时代，称皇帝为龙、皇后为凤，由此定龙凤雄雌。自龙形成以来，雌雄已有定论：最初雌雄论定龙为雄，蛇为雌（《左传·昭公二十九年》："帝赐之乘龙，河、汉各二，各有雌雄"）；到了南朝，蟠螭龙中的螭龙应为雌龙（《汉书·司马相如传》中就有"赤螭，雌龙也"的注释）；龙在晚唐、五代、宋处于一个转变期，明清逐渐以龙为雄、以凤凰为雌。蟠螭是龙属的蛇状神怪之物，是一种没有角的早期龙,《广雅》集里就有"无角曰螭龙"的记述;对蟠螭也有两种说法,一种是指黄色的无角龙,另一种是指雌性的龙。

辨别雌雄龙的方式有:一是看角,雄有角,雌无角。二是看鳞,雄龙的脖子附近有一片鳞片,很特别,触之则引起龙怒;而雌龙则没有。三是看身,雄强壮,雌有孕。

图 4-19 镂空钱 双逐龙,雌雄龙,节状鳞。双龙口中含联珠。

雌雄龙镂空钱,亦称孕龙镂空钱。双龙大头长角,颈尾纤细卷曲,中部腹间膨大夸张,故名孕龙。以两龙腹部膨大程度的不同,来区分雌雄,雌龙为孕龙、大腹为雌,雄龙体壮、小腹为雄。雌雄龙为了新生命的孕育而嬉戏;首尾相逐、间有龙珠,雌雄龙所戏的龙珠有的相同、有的不同。常见的龙珠有空龙珠、实龙珠、古钱状龙珠、四瓣花龙珠等。雌龙的孕亦有孕球、孕鳞、孕日、孕月、孕花等不同。图4-19所示的雌雄龙龙珠为四瓣花、孕为孕球。

花间龙,亦称为穿花龙或串花龙,即在龙纹之外配置各种花卉(菊花、牡丹、莲花、梅花等)缠枝,龙身忽隐忽现,神龙见首不见尾,

第四章　祥瑞龙世界

图 4-20　镂空钱　双逐龙，花间龙，菊花。

如天龙以帝王之姿驾驭嬉戏在花卉缠枝中，显示出苍莽天穹矫龙的威武形象以及与百花欢乐的场景，寓意江山万代、天下太平、富贵延绵。镂空花间龙形象地刻画了这一场景。不同的版别穿花形式完全不同，并不是对称排列，更多是龙隐于花丛中。以半朵菊花定上下中线，两侧各有一朵完整菊花。其上或下镂空处即为龙头下颌，长首张嘴。双龙追尾，接郭处为龙胸和龙爪，龙鳞清晰。龙身其他部位则隐于菊花枝叶丛中。菊花枝叶宛然，双龙亦是见首不见尾。

　　镂空双逐龙的种类还有不少，它们以各自不同的方式，显祥寓瑞，追祥逐瑞。

五、苍龙教子

　　苍龙，是传说中的青龙，是我国古代神话传说中的灵兽，古称青龙为祥瑞之物。苍龙春分时升天，秋分时入渊。教子，就是教育儿子（如三娘教子、岳母刺字等）。谚曰望子成龙，意即希望自己的子女能在学业和事业上有成就。苍龙教子的典故出于《三字经》："窦燕山，有义方。教五子，名俱扬。"古人以苍龙喻窦燕山，五子称"窦氏五龙"。本义就是父亲言传身教、教子成龙。《三字经》还强调了父亲教子的责任："养不教，父之过。"如果生了孩子，只知道养活他，而不去教育他，那就是父亲的过错，是做父亲的失职。是否成龙，过去的衡量标准之一就是科举，视科举成功为鲤鱼跳龙门，一举成龙。

在我国传统图案中，常有一大一小两条龙（喻父子二人），大龙回头看顾小龙，仿佛是在教导小龙的培育嬉戏场景，称为苍龙教子（回首教子）。在清早期及以前，苍龙教子的纹饰常常为一条苍龙与一条鲤鱼（鲤鱼当是鱼化龙之鱼），苍龙在向化龙之鲤鱼传授抓、戏火珠（龙珠，是龙修炼而成的精华宝物）之术。

到了雍正、乾隆年间，苍龙教子的纹饰变成了一大一小两条龙（喻父子二人），情景为：在云海之中，祥云连绵、漫天飘飞，一大一小两条龙在盘旋翻转；苍龙（大龙）在上，腾空而起，叱咤风云，威严慈爱；小龙在下，破浪而出，昂首欲飞，与侧首下顾的苍龙深情对望，似目不转睛地注视着、模仿着苍龙的一举一动。两龙相顾之际，透露出浓浓的殷切之情，一幅多么生动的苍龙教子图景。苍龙教子赞美无私的父爱，寓意望子成龙、吉祥美好。

如图 4-21 所示镂空双逐龙花钱，其龙形是一大一小（一长一短，俗称长短龙），最明显的特点是，圆圈大眼，龙身排骨纹，卷秃尾（因此又被称为大眼龙、排骨龙等）。该类镂空双逐龙花钱除了龙形大小有别外，还有两个明显的不同。一是二龙所戏焰珠不同，大龙（父）所

第四章 祥瑞龙世界

图 4-21 镂空钱 双逐龙，长短龙。一龙略大，以肩部为中心点，共有三肢如旋转般分布，身下两肢前后分开，背上一肢向后伸直至缘。另龙稍小，脖子短，只胸下有两肢，前后分开。身躯形如"S"形游动。中间稍粗，脖尾细。鳍线在身躯中线，自肩部起，直至尾端。鳍线两侧有对称线段如排骨样排列，秃尾卷起。两龙长短大小不同，所以上下两龙珠支柱也不在正中心线。

戏焰珠有三道光芒（喻天火、地府阴火、三昧真火），而小龙（子）所戏焰珠则没有；二是两龙龙口中所含的龙珠有不同，大龙两面均含龙珠，小龙一面含龙珠、一面不含龙珠，表明小龙还在修炼中，龙珠尚未完全修炼成功。这些不同，既可以看成是龙在互逐的过程中成长，也可以看成是大龙在嬉戏培育小龙，即为父子嬉戏；体现了苍龙教子的过程，亦表现了小龙处于学习成长期。

大眼龙的苍龙教子纹饰，起源并兴盛于两宋的双逐龙范本模式，是对后世双龙镂空影响最为深远的一种龙式。这类镂空双逐龙（长短龙）花钱在清代比较流行，当是表现苍龙教子，提醒为人父者要担责、为人子者要上进，父子和谐，家庭和睦，生活和美。

汉代即有大小螭龙纹饰，直至明代，一般被称之为子母螭（蟠螭双龙可能亦有此意）。清代以后，在各类绘画、工艺品上都出现了大小

图 4-22 镂空钱 双逐龙，长短龙。双龙口中有齿无珠。

龙的形象，有螭龙纹，也有云龙纹，都被赋予苍龙教子、教子冲天的含义。到了乾隆年间，乾隆皇帝对苍龙教子更为重视，基本上将苍龙教子纹饰视为皇家专有。这与乾隆皇帝自诩十全老人，借鉴历朝历代皇子争位的教训、注重培养皇权接班人有关。

图 4-23 镂空钱 双逐龙，弹簧龙。厚重。双龙口中无珠。

民间苍龙教子是望子成龙。为了体现与民间的区别，皇家将苍龙教子纹饰称之为"教子冲天"（不飞则已、一飞冲天；因为皇子即为龙子，不存在成龙的过程，苍龙教子是教子如何执掌皇权、为升为天子做准备），亦曰"教子升天"。

镂空长短龙的形状是不断变化的，到了明清时代、特别是清代，龙的形状显得呆板、缺少生机和灵气，不似龙而似虫，尤其是龙鳞状如算珠（节状鳞）、整体形似弹簧，故戏称之为弹簧龙。

弹簧龙，是对清代黄铜版厚重型镂空双龙的俗称，仍为大眼龙、长短龙。弹簧龙是清代最有代表性的镂空双龙品种，也是镂空双龙中出现最晚的一种。特点是黄铜厚重、宽缘狭穿，大眼秃尾，双角（其一接在脖子上）。最为显著的特征是身躯和角都均匀密布平行短横线段，将排骨型龙身纹饰简化为平行线段，如弹簧状。

图 4-24 镂空钱 涡纹花穿，三缘夹凸缘。凸缘上阴刻八个篆书"寿"字。双逐龙，弹簧龙，八寿双龙。工艺粗糙，厚度正常。双龙口中含珠。

清晚期镂空花钱的品种比较少，苍龙教子镂空双龙成了主打品种，是不是意味着清王朝皇权接班人确实是个大问题。从咸丰（道光帝第四子，在 20 岁时登基，是清朝秘密立储继承皇位的最后一位皇帝）早逝开始，皇帝年幼即位、早逝无子（咸丰 31 岁去世，同治 6 岁即位、

19岁去世,光绪4岁即位、38岁去世,宣统3岁即位),缺少父皇的教诲;苍龙教子的责任更为迫切,慈禧太后也就义不容辞地担负起苍龙的角色(其实是凤管龙),垂帘听政(凤在上龙在下)。到了宣统年间,慈禧太后已经归西,清王朝更是惶惶不可终日。

晚清,镂空双龙的形象发生了变化,缺少了以前双龙的灵动和活力,犹如长达两千多年的封建制度一样,行将没落。弹簧龙、八寿龙别出心裁的造型,也许就是暗示。弹簧状松弛无力的龙鳞,是否意味着苍龙教子已经废弛(要么是苍龙无子可教、要么是龙子无苍龙来教);夹凸缘上八个阴刻的寿字,上下顶着外缘和内缘,意味着寿到头了,出不去了,预示着清王朝即将寿终正寝;外郭为涡纹,意味着软弱无能的长短龙已陷于漩涡之中,难以自拔。也是一解,耐人寻味。

六、飞龙进宝

甲辰八月,金秋京城,《飞龙进宝·历代钱币名珍大观》(全联民俗钱币文化中心与中贸圣佳国际拍卖有限公司联合主办)隆重开展。展览分为四大版块,分别是"微型纪念碑:钱币上的龙文化""如是我闻:历代佛教民俗钱""大巧若拙:辽金钱币的质朴与精华""发幽探微:钱币拓片与古籍文献"。主题鲜明,展品精彩,得到钱币界和观展者的一致好评,是若干年来民俗钱币的顶级盛事。

飞龙进宝,一般认为源于五代十国南汉时铸造的庆典钱钱文。

五代十国南汉高祖刘龑(yǎn,889—942年),又名刘䶮(zhù),初名刘岩、刘陟(zhì)。917年称帝,国号大越,翌年改国号为汉,史

第四章　祥瑞龙世界

图 4-25　吉语钱　飞龙进宝（飛龍進寶）/光背。展品之一。

称南汉。其在位时时常改名，据史料载：乾亨八年（924年）南宫建成，改名为刘陟；乾亨九年（925年），据说有一条白龙在南宫三清殿出现，于是改年号为白龙，并改名刘龚（可能意为与白龙共同主宰天下；有部分资料写成刘龑、刘龔，即源于此）；后因一胡人和尚谓之不祥，于是刘龚取《周易》"飞龙在天"之义，创造"龑"字，再次改名为刘龑（读音与原名"岩"一样）；龑，刘龑创此字，还包含了有我无敌、唯吾独尊的意思。自此，史料一般都称其为刘龑。

刘龑即位之初，铸乾亨重宝、乾亨通宝钱予以流通。有研究者认为，"飞龙进宝"是在庆贺刘氏改元（大有，928年）易名（龑）行大典时，朝臣特铸此钱的；或是为了庆典，刘龑令铸此钱，赏赐百官，故可称之为"庆典钱"或"御赏钱"。该钱文体现了易名改元，"飞龙"体现了"飞龙在天"为"龑"，"进宝"体现了"大有"为"财宝源源不断而进"。

因未见南汉铸"飞龙进宝"的相关史料，也有研究者认为该钱可能始铸于宋元时期,或为少数民族割据政权或周边属国的庆典钱或进贡钱。

在这次"历代钱币名珍大观"中,取"飞龙进宝"为名,一是从微观的角度,以钱币上的"龙"为重点,欣赏不同时期龙花钱龙纹饰的精美演进;二是从宏观的角度,多维度欣赏钱币文化之"宝",展现钱币文化的丰富多彩。这是一场钱币文化大餐、饕餮盛宴,给人以莫大的精神享受。

我们继续欣赏其中部分龙花钱展品(其中"钱树枝·西王母龙虎座"见第六章第四节:蟠桃传奇,图6-13):

图4-26 钱文钱 永安五男/四灵。铸于六朝。面背三重缘、内为双珠缘,三重郭、内外珠郭,三重四出、面珠夹线、背线夹珠。面日月纹,郭四乳钉,缘内侧九乳钉。永安,为北魏等朝的年号;于国而言为长久稳固,于民而言为永远安定,永远安宁。五男,祈多子之愿;原意是五男二女,表示子孙繁衍,有福气。高浮雕四灵,是神话传说中的四大神兽,《三辅黄图》卷三:"苍龙、白虎、朱雀、玄武,天之四灵,以正四方。"有祛邪、避灾、祈福的作用。

第四章 祥瑞龙世界

图 4-27 无文钱 双螭龙/光背。厚重，铸于东汉时期。双螭，首尾相衔，肢体灵动，姿态飘逸。工艺是先铸出大轮廓，再以极细阴线勾勒细节，古拙精巧。似权钱，即官方作为标准称量砝码铸造的。

图 4-28 吉语钱 千秋万岁/龙凤纹。铸于五代十国。千秋万岁，千年万年，形容岁月长久，祝人长寿的敬辞。钱文之意为江山永固、万世流通。

图 4-29 吉语钱 皇帝万岁/双龙双凤纹饰。钱文篆书，为蟹爪篆。铸于辽代。

图 4-30　钱文钱　大元国宝/至元·单龙戏珠。元代铸,龙珠上铸"至元"二字。

图 4-31　吉语钱　笔砚精良 人生一乐/龙虎戏珠纹。铸于清代。钱文"笔砚精良,人生一乐"为北宋诗人苏舜钦所言。文房四宝(笔、墨、纸、砚)为文人墨客之最爱。拥有精美优良的文房四宝,既可赏心悦目,又能抒怀寄情,更得著书言志,确实是人生的一大乐事。龙虎戏珠,既寓龙腾虎跃之势,又寓龙虎金榜题名。

| 第五章 |

将马任驰骋

在古代，马经训练后成为人类最好的助手之一，是人类忠实的朋友；也是农业生产、交通运输和军事等活动的主要助力。金戈铁马，将士奋勇向前；马革裹尸，烈士戍边卫国。马到成功，马上封侯，人们对马寄托着美好的祈望。从古到今，人们将对马的热爱体现在博戏之中（打马格、象棋等），凝铸于马钱之上。何谓马钱，广义地讲，以马及马的主人为主要表现形式的，供人们欣赏、博乐、纪念、流通等用途的钱币及非行用钱等，称之为马钱。其既有打马格钱中的马、将（马的主人）、将马，又有神话传说中的马、将、将马；既有棋钱中的棋子马，又有生肖钱中的生肖马；既有吉语中与马有关的，又有挂牌中与马有关的；既有行用钱的马钱，又有代用币（纪念币）的马钱。狭义的马钱就是指打马格钱。

马钱自汉代始铸，流传至今，历史悠久，数量颇多；且形态各异，风采各具，让人爱不释手。游戏马钱（打马格钱）起源于唐代，盛行于宋代，以后各代均有铸造。在宋代，人们丰富了独具特色的马钱，即打马格钱（打马格游戏的棋子）。打马格游戏虽然已经失传，但其棋子打马格钱，因制作精美、文字高挺、图案深峻，颇受后人喜爱并拓展，渐而成为花钱中的热门藏品之一。

真正意义上的马钱，主要是将马钱、御马钱、名马钱。将马钱，原是指打马格钱中有将有马一类的棋子，后来延伸到与名将（将官、将士）有关的非单纯马纹饰的马钱（含部分没有马纹饰的将军花钱），均称之为将马钱。大体为有将有马、有将无马两大类。主要表现春秋战国、楚汉、三国、隋唐等时期，将士横刀立马、叱咤风云的经典画

第五章 将马任驰骋

面,再现千军万马、纵横驰骋的壮丽画卷。

一、群雄夺霸

公元前770年至公元前221年,史称春秋战国时期。这一时期,是我国历史上第一个思想大解放的黄金时期:诸子立说,百家争鸣,涌现出许多思想流派,影响深远,为中华文化、中华文明奠定了坚实的基础。同时也是大分裂时期,诸侯争霸、群雄并起,众多天才军事家运筹帷幄、决胜千里,横戈跃马、横扫千军,成为后世敬仰的将星。

春秋战国,烽烟四起,战将云集。将马钱将多位铸于币面,其中有被称为十大名将的孙武、白起、吴起、孙膑、王翦、李牧、田单、乐毅、廉颇、赵奢,还有管仲、穰苴、项燕、游吉等著名将领。

图5-01 马钱 吴将孙(吴将孙)武/将马纹饰,左向行马迈着对侧步,马上将士扛刀得胜归来。对侧步,是指马一侧的腿同起同落,是马经过训练才会有的仪仗走法。

孙武(约前545—约前470年),字长卿,春秋末期齐国乐安(今山东省北部)人。中国春秋时期著名的军事家、政治家,尊称兵圣或孙子（孙武子），被誉为"百世兵家之师""东方兵学的鼻祖"。其"慎战""知彼知己百战不殆""集中优势兵力打歼灭战"等战略战术至今依然备受政治家、军事家们推崇。

吴王任命孙武以客卿身份为将军，使其军事理论在吴国取得巨大成功，故将马钱称之为"吴将孙武""吴时孙武"。

图 5-02　马钱　秦将白起 / 将马纹饰，将士持长枪骑于马上施回马枪，左向回眸奔马。

白起（前 332？—前 257 年），《战国策》作公孙起，战国时期秦国郿县（今陕西省眉县常兴镇白家村）人，出自芈姓。楚国白公胜后裔，唐代许多白氏墓志铭详言，其祖先是楚平王孙白公胜。中国战国时代军事家、秦国名将，兵家代表人物。白起善于用兵，在秦昭王时征战六国，为秦国统一六国做出了巨大贡献。是中国历史上自孙武、吴起之后又一位杰出的军事家、统帅。

表现白起的将马钱"秦将白起"版别较多，另见有"武安白起""武安飞练"。武安，意即"武功治世、威信安邦"，为古代封号名。武安君，白起首封，故将马钱中的"武安"，均是指白起。

第五章　将马任驰骋

图 5-03　马钱　武安飞练（飛練）/将马纹饰，左向行马，迈着对侧步向前疾行；一将士骑于马上，肩扛大刀，勒缰驭马前行。飞练（本义为飘动的白绢）作为骏马名，飞形容其奔跑能力，其速如飞；练表现其毛色，其白如练；飞练是快速奔跑的白马，奔跑时像白绢在空中飞舞。

图 5-04　马钱　魏将（將）吴（吳）起/将马纹饰，一将士骑于马上，右向行马。

吴起（前440—前381年），姜姓，吴氏，名起，卫国左氏（今山东曹县）人。战国初期军事家、政治家、改革家，兵家代表人物。一生历仕鲁、魏、楚三国，通晓兵家、法家、儒家三家思想，在内政军事上都有极高的成就。在楚国时，辅佐楚悼王主持变法。吴起战无败绩（在魏国与其他诸侯国打了72仗，其中64仗全胜，其余平手），治国能人,是一名文武全才的将领。后世把他和孙武并称为"孙吴",《吴子》与《孙子》又合称《孙吴兵法》,在中国古代军事典籍中占有重要地位。

吴起的军事才能主要在魏国得到体现,故将马钱称为"魏将吴起"。

图 5-05 马钱 齐将孙宾(齊將孫賓)/将马纹饰,一将士骑于马上,左向立马、提足回首。

孙膑(生卒年不详),其本名孙伯灵(山东孙氏族谱可查),出生于阿、鄄之间(今山东省菏泽市鄄城县北),是孙武的后代。是战国时期卓越的军事家、军事理论家、统帅。孙膑曾与庞涓同窗,在魏国受庞涓迫害遭受膑刑(夏商五刑之一,又称刖刑,是断足或砍去犯人膝盖骨的刑罚;故称孙膑),身体残疾。孙膑著有《孙膑兵法》,足智多谋。田忌赛马、围魏救赵,展现其奇谋巧计;增兵减灶、诱敌深入,围歼魏军、逼杀庞涓,展现其聪明才能。

该将马钱用"宾"而不用"膑",一是同音字代替,二是隐含对孙膑膑刑的谴责之意。

第五章　将马任驰骋

图 5-06　马钱　赵（趙）将李牧 / 将马纹饰，一将士持枪骑于马上，左向行马。

李牧（？—前 229 年），嬴姓，李氏，名牧，战国时期赵国柏仁（今河北省邢台市隆尧县）人，战国末期的赵国名将、军事家。是赵国赖以支撑危局的唯一良将，素有"李牧死，赵国亡"之说。与白起、王翦、廉颇并称"战国四大名将"。

图 5-07　马钱　齐将（齊將）田单（單） / 将马纹饰，一将士牵缰骑于马上，左向行马、跃起回首。

田单（生卒年不详），妫姓，田氏，名单，临淄（今山东临淄市）人，齐国远房宗室，复国后官居齐国相。战国时期齐国杰出的军事家、统帅。公元前 284 年，乐毅率领五国军队，攻打齐国。危亡之际，田单坚守即墨，爱民如子，用反间计除乐毅，以火牛阵大破燕军，出奇制胜，谱写以弱胜强的军事神话。

图 5-08　马钱　燕将乐（樂）毅 / 将马纹饰，一将士扛枪骑于马上，左向立马。

乐毅（生卒年不详），子姓，乐氏，名毅，字永霸。中山灵寿人，魏将乐羊后裔，拜燕上将军，受封昌国君，辅佐燕昭王振兴燕国。战国后期燕国杰出的军事家、统帅，具有雄才大略之名将。公元前 284 年，乐毅统帅燕国等五国联军合纵攻齐，巡行作战五年，连下 70 余城，创造了中国古代战争史上以弱胜强的著名战例。

廉颇（生卒年不详），赵国苦陉（今保定定州市邢邑）人，嬴姓，廉氏，名颇，战国末期赵国的名将。公元前 283 年，廉颇率兵讨伐齐国，获得大胜，占领了晋阳，赵王封他为上卿。廉颇因为勇猛果敢而闻名于诸侯各国。负荆请罪，体现了廉颇的高风亮节，演绎了将相和的千古佳话。

图 5-09 马钱 赵将（趙將）廉颇（頗）/ 将马纹饰，一将士背弓箭勒缰骑于马上，左向疾行马。

图 5-10 马钱 赵（趙）将赵奢 / 一将士扛枪骑于马上，左向奔马。

赵奢（生卒年不详），嬴姓赵氏，名奢，赵国邯郸人（今河北邯郸），封号马服君，简曰马氏（马姓来源之一）。主要生活在赵武灵王（前324—前299年）到赵孝成王（前265—前245年）时期，与赵王室同宗，受封国尉。享年约60岁。赵奢作为赵国全国赋税的掌管，品格高尚，不徇私情，执法如山，赏罚分明，民富而府库实。作为良将，神于用兵，所向无敌。

图5-11 马钱 齐将(齊將)管仲/将马纹饰,右向奔马、身披铠甲,一将侧身骑于马上,该将右手持长枪于胸前、左手似牵缰、身后挎弓箭,策马向前。展示了管仲每年春秋通过狩猎训练军队、提高军队战斗力的场景。

管仲(约前723—前645年),姬姓,管氏,名夷吾,字仲,谥敬,世人尊称为管子,春秋时期法家代表人物,颍上人(今安徽颍上),周穆王的后代。是中国古代著名的经济学家、哲学家、政治家、军事家。被誉为"法家先驱""圣人之师""华夏文明的保护者""华夏第一相"。

图5-12 马钱 齐(齊)将穰苴/将马纹饰,左向奔马,一将持械骑于马上,策马向前。

田穰苴（ráng jū，生卒年不详），又称司马穰苴，春秋末期齐国人，是田完（陈完）的后代，齐田氏家族的支庶。是继姜尚之后一位承上启下的著名军事家。完善中国古代军事理论，其著作《司马法》入选武经七书。穰苴治军有方，有法必依，铁面无私，齐军精神振奋、斗志昂扬。

图5-13　马钱　游吉之马／右向昂首回眸奔马。

游吉，字子太叔（即"子大叔"），又称"世叔"，春秋时期郑国正卿，郑定公八年（前522年）接替子产担任郑国的执政，郑献公八年（前506年）游吉去世，此后执政之位由驷歂接替。游吉年少有仪度，支持子产改革，受到重视，长于外交辞令，多次出使晋、楚大国。为政先宽后猛，平时对刑法不严，结果酿成了更大的流血事件，本人亦悔之。其事迹源于《子产戒游吉》（选自《韩非子·内储说上》）。

二、骁骑纵横

铁骑阵阵似疾风，卷起尘土飞扬，纵横驰骋，势如破竹，所向披靡;铁骑声声似雷震,惊起沙场众将,骁勇善战,快如闪电,锐不可当。在冷兵器时代,骑兵威风凛凛,是克敌制胜的兵种;许多战役的胜利,骑兵起了决定性作用。

骑兵,在古代是指由一群经过长期训练,能在马(骆驼、大象等)背上作战的士兵组合而成机动性比较强的部队。在将马钱中,名将离不开名马,名骑兵亦离不开名马;将马钱不但展现了名将的马上风采,还展示了骑兵的战马风貌。

我国早在商代就有数量较少的骑士;周人更是为商王朝养马闻名,《大雅·緜》记载着周人祖先"古公亶父,来朝走马"。春秋时期,已有千骑的作战记录,如公元前636年,秦穆公送晋公子重耳返国时,送以"畴骑二千"。到了战国时期,赵国为了对付骑兵强盛的秦韩和北方游牧民族,大力发展骑兵骑射,史称"胡服骑射",使骑兵的发展和壮大进入了第一个鼎盛时期。骑兵将马钱主要表现了这一时期著名的数国骑兵(称之为赵骑、韩骑、魏骑、齐骑、吴骑、秦骑等),有的并

图 5-14 马钱 赵(趙)骑(騎)特勒/将马纹饰,将士(骑士)扛枪骑于马上,左向行马,迈着对侧步,似得胜归来。

以名马赞赏他们的战骑。

赵国（前403—前222年），春秋战国时期诸侯国，战国七雄之一。赵国"便服骑射，以备其参胡、楼烦、秦、韩之边"，建立了强大的骑兵后，以步骑兵北破林胡、楼烦，灭中山，大破匈奴，取得了巨大的成功，使之成为战国后期军事上能与秦国抗衡的强国。列国望风景附，也纷纷建立大规模的骑兵部队。

图5-15 马钱 特勒骠马（驃馬）/骏马纹饰，左向立马，威武雄壮，昂首向右回眸嘶鸣。

特勒，神马名。特，是一种神兽，白特为文昌帝君的坐骑。古有"日行千里为马，日行万里为特"的说法，可见其奔跑速度之快、耐力之久，为马中之冠。故以其美誉赵国骑兵的战马。特勒骠，黄马白喙微黑，毛色黄里透白，故称"骠"。

魏国（前403—前225年），周朝诸侯国之一，也是战国七雄之一。公元前453年赵襄子、魏桓子和韩康子三家分晋，公元前403年，魏与赵、韩一起被名义尚存的周天子正式封为诸侯。魏国亦地处中央四战之地，是战国时期最早推行变法图强的诸侯国。魏武卒是吴起训

图 5-16　马钱　魏骑骥（騻）足／将马纹饰，将士（骑士）肩扛兵器（似战斧）骑于马上，左向奔马，似凯旋之姿。

练的精锐步兵，是当时列国步战士兵中最为精锐和彪悍的；同时有车六百乘，骑五千匹；军事实力可谓雄厚。

骥足，并非马名，本义为骏马的脚（骥本意是指好马，日行千里的良马，喻贤能、杰出的人才）；比喻杰出的才华或人。出自《三国志·蜀志·庞统传》："庞士元非百里才也，使处治中、别驾之任，始当展其骥足耳。"此处用骥足来形容魏国骑兵乃至魏军为列国军队中的精锐，胜人一筹。

图 5-17　马钱　齐骑（齊騎）青驹（駒）／左向奔马。

齐国是我国历史上从西周到春秋战国时期的一个诸侯国,被周天子封为侯爵,分为姜姓吕氏齐国和妫姓田氏齐国两个时代:姜姓吕氏齐国(前1044—前386年)与妫姓田氏齐国(前386—前221年)。吕齐齐桓公时期成为春秋五霸之首,田齐成为战国七雄之一。齐桓公时期的管仲、齐威王时期的孙膑为齐国称霸称雄的杰出人物。齐国民间尚武、组织百姓训练,所以齐国士兵的单兵能力是很强的。

青驹,泛指青色少壮的骏马、千里马。《说文》曰:"驹,马二岁曰驹。"用青驹表现齐国骑兵的战马,一是说明其毛色基本一致,为青色(绿色);二是说明其马龄不大(马二岁就已经长到相当成熟,三岁的时候就可以开始上鞍训练调教了),少壮有力。

图5-18 马钱 吴骑渥洼/将马纹饰,将士(骑士)肩扛大刀(吴钩?)骑于马上,左向行马,胜利归来。

吴国(前12世纪—前473年),存在于长江下游地区的姬姓诸侯国,是春秋中后期最强大的诸侯国之一,吴王阖闾、夫差时成为东南霸主。有孙武、伍子胥等名将,诞生《孙子兵法》;拥有高超的铸剑技术,兵器吴钩(钩:兵器,形似剑而曲,弯刀。春秋吴人善铸钩,故称吴钩，后也泛指利剑）是冷兵器里的典范。

另外，与"骑"有关的将马钱还有：韩骑龙驹/将马纹饰、汉骑超光/将马纹饰、秦骑、宋骑/大宋金钱，秦将散骑、燕将散骑、汉将散骑、唐将散骑，骠骑、骠骑将军，等等。与前述也不是同一类型的将马钱。

三、楚汉相争

秦失其鹿，天下共逐之；陈吴举义，天下共应之。秦末，陈胜、吴广农民起义失败后，使农民起义遭受暂时的挫折，但各地起义军仍继续进行斗争。以项羽、刘邦等人为首领的起义军，经多次重大战役，消灭了秦军的主力。公元前206年，刘邦的军队进抵灞上，秦王子婴奉皇帝符玺投降，秦王朝灭亡。为了争夺统治权，中原大地楚汉相争随即开始，最终刘邦在垓下一战中战败项羽，获得最后胜利，建立了西汉王朝。

图5-19 马钱 项（項）王之骓（騅）/将马纹饰，将骑于马上，一手持兵器、一手牵马缰，右向对侧步行马。

项王，即西楚霸王项羽，为秦末农民起义军领袖之一，后人称其为项王。骓，即乌骓，项王的战骑。传说项王楚汉之争中力战六十多员汉将，霸王枪未点地，乌骓未倒退半步，身经百战无有败绩；其之所以所向无敌，除了自身的勇气和武艺之外，所依靠的主要是乌骓的配合。公元前202年，项羽兵败垓下时（今安徽灵璧南），作《垓下歌》："力拔山兮气盖世。时不利兮骓不逝。骓不逝兮可奈何！虞兮虞兮奈若何！"突围至乌江（今安徽和县乌江镇）边，与爱骑乌骓依依惜别，自刎而死。

项羽（前232—前202年），名籍，字羽，下相（今江苏宿迁）人，楚国名将项燕之孙，他是中国军事思想"兵形势"代表人物，拥有辉煌的战功，杰出的才能，"羽之神勇，千古无二"，堪称中国历史上最强的武将之一。秦亡后称西楚霸王。

图5-20　马钱　汉将韩（漢將韓）信/将马纹饰，战马四蹄放开、呈奔跑之势，战将扛枪骑于马上、胜利归来。

汉初三杰，指西汉建立时的三位开国功臣：张良、萧何、韩信，亦称他们为汉初三大名将。

韩信（约前 231—前 196 年），汉族，淮阴（今江苏省淮安市淮阴区）人，西汉开国功臣。韩信是中国历史上杰出的军事家，中国军事思想"谋战"派代表人物，被后人奉为"兵仙""战神"。"王侯将相"韩信一人全任。"国士无双""功高无二，略不世出"是楚汉之时人们对其的评价。作为统帅，他率军出陈仓、定三秦、擒魏、破代、灭赵、降燕、伐齐，直至垓下全歼楚军，无一败绩，天下莫敢与之相争。作为军事理论家，他与张良整兵书，并著有兵法三篇。韩信一直为后世敬仰，忍胯下之辱、报一饭之恩，传四面楚歌、布十面埋伏，成败亦萧何、存亡二妇人，赞用兵如神、叹结局悲惨，故表现其的将马钱品种亦较多。还见有"韩信/将马纹饰""前汉韩信/将马纹饰""前汉韩信/将马 将马纹饰""淮阴/将马纹饰""淮阴散骑/奔马纹饰"以及不同的版别。

图 5-21　马钱　前汉韩（漢韓）信/将马纹饰，左向立马，一将扛枪骑于马上。前汉，即西汉，朝代名。

表现楚汉相争的将马钱，还见有：钜鹿彦起、张良、汉将彭越、周勃、绛侯电影等。

刘邦有诗《大风歌》：大风起兮云飞扬，威加海内兮归故乡，安得猛士兮守四方！波澜壮阔、风起云涌的楚汉之争，涌现出多少英雄豪杰，演绎出多少悲欢离合，可歌可泣、可赞可叹，数枚将马钱，难表其一二。

四、蜀将殊荣

三国（220—280年）是上承东汉下启西晋的一段历史时期，分为曹魏、蜀汉、东吴三个政权。东汉末年，曹操统一中国北方并实际上以丞相的职位掌握东汉政权，称"魏王"。公元220年，曹操病逝，其子曹丕继位，同年强迫汉献帝刘协禅位，篡汉称帝，国号"魏"，史称"曹魏"。至此东汉政权灭亡，三国时期正式开始。公元221年，刘备以益州为根据地自立为皇，国号"汉"，史称"蜀汉"或"季汉"。同年，割据扬州、荆州、交州等地的孙权接受曹魏政权的册封，称"吴王"。公元229年，孙权称帝建国，国号"吴"，史称"东吴"，至此三国正式成立。公元263年，控制曹魏政权的司马家族吞并蜀汉。司马炎于公元265年废帝自立，国号"晋"，史称"西晋"。公元280年，西晋灭东吴，统一中国，三国时期就此结束。

三国时期，英雄、奸雄、枭雄、士雄、骁雄、文雄、政雄，群雄并起，争雄称雄迭出，雄风雄才尽展。风云激荡，群英荟萃，自然是将马钱的题材之一。

诸葛亮（181—234年），字孔明，号卧龙，徐州琅琊阳都（今山东临沂市沂南县）人。诸葛亮躬耕陇亩、隆中对策、赤壁大战、足食

图 5-22 人物钱 一生谨慎／诸葛亮人物形象。诸葛亮,头戴纶巾,身披鹤氅,手持羽扇,侧身作仰天谈笑状,飘飘然有神仙之态;中国传统的柳叶描手法将人物刻画得颇为传神。

足兵、先主托孤、北伐中原、病逝五丈原,为三国时期蜀汉丞相,是杰出的政治家、军事家、散文家、书法家、发明家。在世时被封为武乡侯,死后追谥忠武侯,东晋政权因其军事才能特追封他为武兴王,故后世常以武侯、诸葛武侯尊称诸葛亮。

"一生谨慎"成了对诸葛亮的赞美之词,赞颂了诸葛亮事无巨细、事必躬亲的品质,美誉了诸葛亮运筹帷幄、深谋远虑的风格。谨慎,即细心慎重,指对外界事物或自己言行密切注意,以免发生不利或不幸的事情。谨慎为诸葛亮的个性特质,既是诸葛亮排兵布阵的基本出发点,也是《三国演义》中诸葛亮施空城计的精彩保护色,成为千古绝唱。

称诸葛亮为蜀将,其实为蜀相,制造者囿于将马钱的需要,而称之为将;不称孔明、不称卧龙,而称武侯,表明其乃将中之侯——武侯。背面纹饰亦从此意。表示在诸葛亮的指挥下,大获全胜。诸葛亮

第五章　将马任驰骋

图 5-23　马钱　蜀诸葛亮/将马纹饰。为左向跃马左弯头，穿下马蹄间夹一"将"字。这幅马图，形象地刻画了战马长嘶、众将听令（众将立于马旁）、整装待发的战前场面，表现了诸葛亮摇扇令众将、仗剑挥千军，调兵遣将、排兵布阵，运筹帷幄、决胜千里的军师风度。

图 5-24　马钱　蜀诸葛亮/将马纹饰。为诸葛亮骑马左向行进图。图纹表现了诸葛亮面如冠玉，头戴纶巾，手摇羽扇，身披鹤氅，神态自若；眉聚江山之秀，胸藏天地之机；信马由缰，胜券在握，飘飘然当世之神仙也。

不是武将，没有名马为坐骑，也没有骑马冲锋陷阵。其通常是羽扇纶巾，端坐四轮车。要么是坐帐中军，要么是临阵指挥，展的是指挥若定、胜券在握的派头，示的是临阵不乱、不疾不徐的风度，给人以神机妙算、稳如泰山之感。既为将马钱，当铸刻诸葛亮与马的形象，故

图 5-25　马钱　蜀将武侯／将马纹饰。为左向行马,将士扛剑勒缰骑于马上。此枚将马钱的纹饰与大多数将马钱的风格一致：武将扛剑勒缰骑于马上,马行对侧步,展现了将士得胜归来的愉悦形象。

未见描述其端坐四轮车的形象。另见将马钱"武侯／将马纹饰",人物钱"孔明先生／太平""孔明先生／满文字符"等与诸葛亮有关的花钱。

图 5-26　马钱　汉(漢)将关(関)羽／将马纹饰,左向奔马,一将双手持械(青龙偃月刀)骑于马上。展现了关云长双手紧握青龙偃月刀(之长柄),纵马奔腾、勇往直前,雄烈过人、陷坚摧锋的风采。似飞身上马,温酒斩华雄;如策马冲锋,杀颜良于万军之中;成千古美谈。

关羽(161—220 年),字云长,河东解良(今山西运城)人,东汉末年著名将领,位列蜀汉"五虎上将"之首。关羽降汉不降曹、身在曹营心在汉谓之忠;单刀赴会、威震江东谓之勇;生平不斩落马之人、释黄忠谓之仁;华容道私放曹操谓之义;秉烛达旦护二嫂谓之礼;水淹七军谓之智;过五关斩六将、千里走单骑寻兄谓之信;如此忠勇仁义礼智信之人,备受后世敬仰。关羽去世后,逐渐被神化,被民间尊为"关公""关老爷",又称美髯公。历代朝廷多有褒封,清代封为"忠义神武灵佑仁勇威显关圣大帝",崇为"武圣",与"文圣"孔子齐名。民间还尊为"武财神""关帝",设"关帝庙"予以供奉。

图5-27 马钱 蜀将关羽/将马纹饰,表现了关云长勒马向前、得胜归来的形象。若千里走单骑,过五关斩六将,义薄云天;像水淹七军,擒于禁斩庞德,威震华夏。

图5-28 马钱 蜀将马超/将马纹饰,右向奔马,一将持枪骑于马上,展现了马超骁勇善战的形象。

马超(176—222年),字孟起,扶风茂陵(今陕西兴平)人,汉伏波将军马援的后人,马腾的儿子。他仪表堂堂、威风凛凛,武艺高强、才智过人、骁勇善战,白袍银铠、白色战骑、手执长枪、头戴兽面吞头盔、一副少年英俊形象;拥有一流的枪法,冠绝三国的步战剑法,百余步箭不虚发的箭术,人称神威天将军、锦马超。211年起兵反曹,失败后依附汉中张鲁。刘备攻打刘璋时,马超投降刘备,与刘备军合围成都,汉中之战后联名上书尊刘备为汉中王,被封为"五虎上将"之一。蜀汉建立后,马超官至骠骑将军、斄乡侯。222年病死,后被刘禅追谥为威侯。

图5-29 马钱 蜀将马超/骏马纹饰,左向昂首回眸立马。展示了马超坐骑"里飞沙"的形象。马超乘骑此马杀得曹操割须弃袍狼狈逃命。

徐晃(?—227年),字公明,河东杨(今山西洪洞东南)人,三国时期曹魏名将。徐晃治军严整,大败韩猛,献计平关中,击破关羽、解樊城之围,为曹魏立下赫赫战功,曹魏"五子良将"之一。曹丕称帝后,徐晃被加封为右将军。公元227年病逝,谥曰壮侯。

图 5-30　马钱　魏将徐晃／将马纹饰，左向奔马，将士骑于马上勒缰纵马前行。

三国名将将马钱描写的人物为数不多，目前常见的有：蜀将诸葛亮、关羽、马超、黄忠等，魏将徐晃、邓艾等，尚未见到吴将。再加上不同的版别，蜀将占绝大多数，可谓独享殊荣。

五、凌烟留像

隋朝末年，隋炀帝大兴土木、穷兵黩武，对外连年征战，对内横征暴敛，民不聊生，天下大乱。各地民众纷纷揭竿而起，形成了声势浩大的全国性农民起义。自隋炀帝大业七年（611年）王薄领导的长白山首义始，到唐高祖武德七年（624年）辅公祐反唐失败止，前后历时14年。其间，李渊、李世民率领义军，南征北战、东征西讨，扫除群雄，终于一统天下，建立大唐王朝。贞观十七年（643年），年老体衰的唐太宗为纪念当初一起征战天下的功臣，表彰他们的丰功伟绩，专门将二十四位功臣的画像悬挂于凌烟阁之上。唐代诗人李贺有诗赞曰：男儿何不带吴钩，收取关山五十州。请君暂上凌烟阁，若个书生万户侯。

开国功臣,像悬凌烟阁,当为人臣之耀,为后世敬仰。民间流传的表现唐代名将的将马钱,亦将其中部分人物作为表现的对象,如尉迟恭、李靖、程知节(程咬金)、李绩(徐茂公)、秦琼等开国大将,皆有不同形式的将马钱。

图5-31 马钱 唐将尉迟(遲)/将马纹饰,右向奔马,一将双手持长枪策马冲锋。

尉迟恭(尉迟,读音yù chí,是以部落名命姓,585—658年),字敬德,朔州平鲁下木角人。官至右武侯大将军,封鄂国公,死后册赠司徒、并州都督,谥号"忠武",凌烟阁位列第七。尉迟恭纯朴忠厚,勇武善战。初为隋将,后从刘武周,武德三年(620年)降唐。跟随李世民征战南北,驰骋疆场,破郑灭夏,击破突厥,勇冠三军,屡立战功。多次冒险救李世民于危难之中,玄武门之变时助李世民夺取帝位。隋唐十八条好汉之一。

鄂公,即鄂国公,中国古代公爵第一等,尉迟恭的封爵。特勒,即特勒骠马,为李世民的心爱之马,昭陵六骏之一。鄂公骁勇善战,

图 5-32 马钱 鄂公特勒/将马纹饰,抬前左蹄右向立马,一将骑于马上,佩戴弓箭于身后。

深得唐太宗喜爱,赐战骑特勒亦在情理之中。故有鄂公特勒。

秦琼(?—638年),字叔宝,齐州历城(今山东济南市)人。官至左武卫大将军、翼国公,死后追赠为徐州都督、胡国公,谥曰"壮"。凌烟阁位列第二十四名。秦琼初为隋将,先后在来护儿、张须陀、裴仁基帐下任职,因勇武过人而远近闻名。后随裴仁基投奔瓦岗军领袖李密,瓦岗败亡后转投王世充,因见王世充为人奸诈,与程咬金等人一起投奔李唐。投唐后随李世民南征北战,冲阵杀将,是一个能于万军中取敌将首级的勇将。隋唐十八条好汉之一。

图 5-33、图 5-34 为对钱,一对门神钱。自古以来,我国民间就有过春节时在门上贴门神的习俗。门神,最初的含义是"司门之神",它源于上古时期的自然崇拜,有武门神、文门神、祈福门神等之分。武门神,即门神的形象为武将形象。武将门神通常贴在临街的大门上,为了镇住恶魔或灾星从大门外进入,故所供的门神多手持兵器,如刀枪剑戟、斧钺钩叉、鞭锏锤抓、镋棍槊棒、拐子流星等。一对武门神,

图 5-33 门神马钱　敬德·尉迟恭人物像／左向立马、提足回首。武将尉迟敬德，身着戎装、手持单鞭、怒目视左、气宇轩昂。

图 5-34 门神马钱　叔宝（寶）·秦叔宝人物像／右向立马、提足回首。武将秦叔宝，一身戎装、手执双锏、怒目视右、威风凛凛。

成对称呼应、环视四周之势，显镇鬼驱邪、护宅佑主之威。

秦叔宝、尉迟恭为唐朝开国大将，怎么就成了门神呢？而且还被誉为中国第一门神，在《西游记》《隋唐演义》中都有介绍，略有不同。原来唐太宗在成就帝业期间杀人无数，即位后身体极差，夜间梦寐不宁，多做噩梦，李世民惧之，受不住折磨，召众将群臣商议，让元帅秦琼与大将军尉迟恭二人，每夜披甲持械守卫于宫门两旁，果然平安无事。然久而久之，太宗念秦琼、尉迟恭二将日夜辛劳，便让宫中画匠绘制二将之戎装像，怒目发威，手持鞭锏，悬挂于宫门两旁，此后邪祟全消。此事不期由宫内传到宫外，竟流传到了民间。人们将开国大将秦叔宝、尉迟恭奉为神灵，将其神像贴于门上，用以驱邪避鬼、卫家宅、保平安等，尊为武门神，成为民间最受欢迎的保护神之一。如下图所示，即为民间张贴在外门上的门神像，左为秦叔宝，右为尉迟恭。

图5-35 马钱 唐将李靖/将马纹饰，左向行马（对侧步），战马挂铃束尾，一将肩扛长刀骑于马上，身披弓箭，拟得胜归来。表现了李靖文韬武略的军神风度，临阵指挥的统帅才能，勇敢善战的大将风采。

李靖（571—649年），字药师，雍州三原（今陕西三原县东北）汉人。隋末唐初将领，是唐朝文武兼备的著名军事家。后封卫国公，世称李卫公。凌烟阁位列第八。其才兼文武，出将入相，用兵被后人列为唐代三绝之一，称其为一代军神。唐肃宗把李靖列为历史上十大名将之一，民间把李靖附会为托塔天王。

唐初名将将马钱还见"英公朱汗／将马纹饰"，表现的是英国公李勣（李绩，徐茂公），凌烟阁位列第二十三名。

大唐王朝，历经二百八十九年，鼎盛时期时国家统一、幅员辽阔、社会安定、经济繁荣、文化繁盛、物阜民丰、四夷宾服、万邦来朝，为当时世界上最强盛的帝国之一，唐朝以后海外多称中国人为唐人。这些都离不开将士们驰骋战场、纵横天下、开疆拓土、保家卫国，唐将功不可没。

六、英魂长生

五千年中华，文明独领风骚，承历代将马立功劳；

九万里神州，江山如此多娇，引无数将马竞折腰。

这里的"将马"，不仅仅是指将马钱所描述的"将马"，更是指所有为中华民族生存、发展、福运抛头颅、洒热血的仁人志士、英雄豪杰（当然也包括那些功勋卓著的战马）。从某种意义上来说，将马钱的铸行，是人们敬仰将马的一种表达方式，更是一种祈福方式；祈将马英魂长生，佑中华繁荣昌盛。

第五章 将马任驰骋

图 5-36 马钱 将马·左向昂首回眸奔马/缠枝纹。

缠枝纹是中国古代艺术品的常用装饰纹样，寓意生生不息、万代绵长的美好愿望，为中国传统吉祥纹样之一。亦称万寿藤、蔓草纹、卷草纹等，因盛行于唐代又名唐草纹。形似花环的缠枝纹，寓意将马英魂万代绵长、永远常青。

前述所欣赏的部分与历史人物相关的将马钱，仅仅是将马钱中的一小部分。还有"国将名马"将马钱、"散骑"将马钱、"将马"将马钱、无文将马钱、宗教将马钱、将官将马钱、将军将马钱等。如将军将马钱常见的有：虎牙将军、建威将军、龙骧将军、骠骑将军、振威将军、金吾将军、中郎将军、羽林将军、破虏将军、镇东将军、征西将军、宁朔将军、扬武将军等。

建威之意为树立威严、令人可畏，威风凛凛、望而生畏。建威将军意即皇帝亲自封立的威力可畏的将军，威震四方、令敌胆寒。扬武将军，是武力超群的象征，是威武之师的统帅，是对武将战功卓著的褒奖。

图 5-37　马钱　建威将军 / 将马纹饰，右向行马、抬左前蹄、昂首向前，将骑于马上，左手勒缰、右手挥鞭，似策马前行，威风凛凛。

图 5-38　马钱　扬武将军 / 光背。

说到战将，这里不得不提到姜太公。他是西周文、武、成王三代的主要政治、军事宰辅，史称其"佐天子为圣臣，治邦国为圣"，为西周王朝的建立和巩固立下了丰功伟绩。是中国历史上最享盛名的政治家、军事家和谋略家，被尊为兵家宗师、齐国兵圣、中国武祖。

唐太宗即位后，自称是姜子牙的化身，在磻溪建立太公庙。唐玄宗开元十九年（731 年）敕令天下诸州各建一所太公庙。并要求以张

第五章　将马任驰骋

图 5-39　方形挂牌，宗教钱　上下结构，上部为镂空如意挂纽，下部是主体，为长方形。姜太公在此 诸神回避／姜太公头像。姜太公的形象是正面头像，头挽道髻，慈眉善目，炯炯有神，目视前方，大耳垂肩，一缕长髯，一副仙风道骨、德高望重、号令诸神的神仙形象。表达了人们对姜太公的崇敬之情。图文四周为回形纹，回纹图案是常见的纹饰图案，其寓意比较多，有安全回归的意思，有福寿吉祥深远绵长的意思，有事业不断前进、连绵不断的意思，等等。

良配享，在春秋仲秋月上戊日祭祀。唐肃宗上元元年（760 年），追封姜太公为武成王，诏令京城及各州皆设太公庙，太公尚父庙更名为武成王庙，简称为武庙。当时武庙的主神是太公望，以张良为副祀。包含张良在内的历代名将十人坐像分坐左右。唐德宗建中三年（782 年），武庙增加祭祀古今名将六十四人。宋真宗封姜太公为"昭烈武成王"。宋徽宗宣和五年（1123 年），对武庙的祭祀名单又有调整，共有历代名将七十二人。明朝洪武年间，废武庙，以姜太公从祀帝王庙。清朝时称供奉关羽的关公庙为武庙。关于姜太公的花钱种类较多，马钱中表现姜太公的见有"吕圣舆马/光背",吕圣即指吕尚兵圣、舆马即车马。

为使读者系统地了解将马钱,现将已见的与国名、将名相关的将马钱予以归纳统计如下。

常见将马钱一览

国名		国将人	国将马	国骑马	国将职	人名封号	其他
周						吕圣舆马	
春秋战国	秦	秦将白起 秦将王翦 秦将王剪	秦将骕骦		秦将散骑	武安 武安飞练 武安白起	秦将 秦骑
	齐	齐将管仲 齐将穰苴 齐将孙宾 齐将孙膑 齐将田单	齐将龙媒	齐骑青驹			
	赵	赵将廉颇 赵将李牧 赵将赵奢		赵骑特勒			
	韩		韩将紫燕	韩骑龙驹			
	魏	魏将吴起		魏骑骥足			
	楚	楚将项燕				子常将马	
	晋		晋将飞兔			晋侯之駮	
	燕	燕将乐毅					
	郑					游吉之马	
	吴	吴将孙武 吴时孙武		吴骑渥洼		孙武	吴军散马
	越	越将文种					

第五章　将马任驰骋

（续表）

国名		国将人	国将马	国骑马	国将职	人名封号	其他
汉	西汉	汉将韩信 前汉韩信 汉将彭越 汉周亚夫 汉将卫青 汉将魏青 将军卫青 汉将李广 汉飞将军	汉骑超光		汉将散骑 淮阴散骑	项王之骓 韩信 淮阴 张良 周勃 绛侯电影 汉帝天骥	钜鹿彦起/乌骓
	东汉	后汉耿弇 汉将班超 东汉班超				桓氏之骢 马援	
	三国	蜀诸葛亮 蜀将武侯 汉将关羽 蜀将关羽 蜀将马超 将军黄忠 蜀将王志 魏将徐晃 魏将邓艾				武侯 孔明先生	曹家/白鹤 钜鹿彦起/赤兔 吴骑
晋							
十六国 南北朝		秦将王猛 梁将张彝			燕将散骑	符主之骕	
隋唐		唐将尉迟 唐将秦琼 唐将李靖	唐将绿耳 唐将千里		唐将散骑	敬德 叔宝 鄂公特勒 英公朱汗 三藏 悟空 悟能 悟净	唐将 平王世充时乘 平宋金刚时乘 持斧将军（程咬金） 持戟将军（薛仁贵） 持锤将军（李元霸） 持刀将军（魏文通） 持枪将军（罗成）

(续表)

国名	国将人	国将马	国骑马	国将职	人名封号	其他
五代十国					度乌震	
宋					吴用 花荣	宋骑
明	明将徐达					

表中的国名,是指诸侯国的名称、朝代的名称等;将名,就是指战将的姓名、封号等。仅为目前所见到的,未含传说的。难免挂一漏万,欢迎方家补充。

可见,名将主要集中在春秋战国、楚汉相争、三国争雄、隋唐风云等时期,正所谓"乱世出英雄","沧海横流,方显英雄本色"。他们的智慧谋略、勇猛气概、过人胆识、精湛武艺,为后人称颂,雄姿永存;他们身逢乱世、志在太平,出生入死、建功立业,为后世敬仰,英魂长生。

| 第六章 |

娱乐多益智

人们在生产劳动（体力劳动、脑力劳动）之余，需要休息、娱乐以调节身心，棋类活动是人们最早的娱乐活动之一。棋，本义为博弈玩具，在箕筐内投掷不同记号的若干小木块，或手持盛有小木块的箕筐不断摇动，以小木块记号的组合结果定输赢。我国最古老的棋戏是六博和围棋，并称博弈。周穆王时期就已盛行六博棋，春秋时代博弈已并行于世。子曰："饱食终日，无所用心，难矣哉！不有博弈者乎？为之，犹贤乎已。"（《论语·阳货》）在秦代六博棋的基础上，由塞戏（秦汉）、象戏（隋唐）、大象戏（宋）渐渐发展演变成近现代象棋。

宋代，是我国古代社会生活文化发展的一个高峰，休闲娱乐活动的方式层出不穷。在打马格游戏兴起的同时，选仙游戏、弈棋等娱乐活动亦得到较好的开展。打马格钱、选仙钱、酒令钱、棋钱等娱乐钱应运而生。到了清代，还有一种儿童游戏称为"打钱摞子"，滚子钱即为此游戏用品。博弈筹码等亦可看作娱乐钱。本章主要赏析棋钱、选仙钱、打马格棋子等。

一、楚河汉界

两军对敌立双营，坐运神机决死生。

千里封疆驰铁马，一川波浪动金兵。

虞姬歌舞悲垓下，汉将旌旗逼楚城。

兴尽计穷征战罢，松阴花影满棋枰。

这首诗，是明代进士曾棨（1372—1432年，字子棨，号西墅，江西永丰人。明永乐二年状元。曾出任《永乐大典》编纂）受明成祖朱棣的太子朱高炽（明仁宗）之命，为两个小太监在宫中下棋而以诗咏之。该诗神韵鲜明地揭示了楚汉相争与象棋对弈的不解之缘。

"象棋"一词最早见于《楚辞》和《国策》，其两军立营，相持对垒，中隔"楚河汉界"，棋子命名"将、士、象、车、马、砲、卒"，色分黑、红而战，战局中"斗智不斗力""通力擒将"等等，无不植入楚汉相争的文化底蕴，与汉王朝初期在历史、地理、人文形态诸方面极为吻合。象棋成型约在唐末至宋初，成型之前流传于各地的棋式异同参差。在宋代，铸造铜质棋子，与古钱币相仿，因此被爱好者称之为棋钱。

图6-01 棋钱 将（將）/合背，互逆。將是棋中的首脑，是对方强力攻取、己方竭力保护的目标。

棋钱，为古代钱形的象棋子。常见的有双面棋文或者一面棋文、一面图案等，大多无穿（亦有为圆穿，方穿少见），从宋代至元、明、清、民国时期均有铸造传世。作为棋钱的象棋子，常见的棋子名称文字（即棋文）为"将""士""象""車""馬""砲""卒"，偶见"俥""傌""礮"等。"仕""相""炮""兵"在清代棋谱中可见。

图 6-02　棋钱　士 / 纹饰。纹饰为人物、卫士形象。是将的卫士,为只能在将近旁活动的棋子。

常见的棋钱基本有四种:其一是两面都是文字:"將""士""象""車""馬""砲""卒"("帅""仕""相""炮""兵"基本未见);其二是一面是文字,另一面是图案,图案表示的是与棋子对应人(动)物("將""士""象""卒")、战马、战车、战炮("車""馬""砲")的形象;其三为两面均有文字和图案,且多为方穿;其四是一面文字,另一面光背。

图 6-03　棋钱　中心孔是后加的。象 / 纹饰,纹饰为动物象。象的主要作用是防守,保护自己的将。

棋钱有时会被人佩戴作吉祥物,被钻孔当吉祥钱的大多是将、马,还有象、卒等,其寓意吉语有:挂将封侯、出将入相、马到成功、太平有象、一卒功成见太平,等等。

图 6-04　棋钱　车(车读作 jū)／纹饰,纹饰为牛拉战车。

在古代四人二马的战车为一车,车从秦朝时便盛行于世,广为推广。在象棋中,车神通广大,威力最大,无论横线、竖线均可行走,只要无子阻拦,步数不受限制。因此,一车同时至多可以控制十七个点,故有"一车十子寒"之称。因此车可谓楚河汉界中最具影响力的棋子。

图 6-05　棋钱　马(馬)／纹饰。纹饰为马图、左向奔马。

在冷兵器时代，战马的作用十分突出。棋子马，具有八面威风，体现了战马左冲右突、纵横驰骋的特征。

在中国古代，象棋被列为士大夫们的修身之艺。现在则被视为怡神益智的一种有益的活动。在棋战中，人们可以从攻与防、虚与实、整体与局部等复杂关系的变化中悟出某种哲理。象棋是中华民族的传统文化，不仅在国内深受群众喜爱，老少咸宜，而且流传国外。

图6-06 棋钱 砲/纹饰。纹饰为士兵与抛石机。

砲，是我国古代一种利用杠杆原理抛掷石弹的战具（机械装置）；是古代兵器的一种，为抛石机，亦称发石车。后发展成为金属管状火器，用火药发射金属弹头（火炮）。中国至迟在春秋时期已使用砲。《集解》引张晏曰："《范蠡兵法》：飞石重十二斤，为机发行二百步，砲盖出此。"

卒，是中国象棋里最多的兵员。它的定位很简单，消耗的兵种，掩护的兵种，是永远不会成为主力的兵种。棋钱卒版别较多，从士兵手持之物来看，就有：戟、刀、枪、斧、棍、弓箭、旗等。

第六章　娱乐多益智

图 6-07　棋钱　右下孔为后加。卒 / 纹饰。纹饰为人物卒，其肩扛战旗左向前进，旗上有一文字"卒"。

一副象棋有 32 枚棋子，红黑方各 16 枚，分别为"將"（1 枚）、"士"（2 枚）、"象"（2 枚）、"車"（2 枚）、"馬"（2 枚）、"砲"（2 枚）、"卒"（5 枚）。

红黑互攻城，五二九布阵，
河界分两岸，擒將方为胜。

二、采樵遇仙

"弈"即围棋，是棋类之鼻祖。"尧造围棋，丹朱善之"。春秋战国时期，围棋已在社会广泛流传了。宋善弈棋者潘慎修《棋说》认为："棋之道在乎恬默，而取舍为急。仁则能全，义则能守，礼则能变，智则能兼，信则能克。君子知斯五者，庶几可以言棋矣。"博弈棋局，善谋善断、运筹帷幄，斗巧斗智、决胜千里。下棋交友，益智增慧，善棋者严谨筹谋睿智。

宋朝著名的理学家朱熹游览了烂柯山，写下了游记："局上闲争战,人间任是非。空叫禾樵客,烂柯不知归。"这首诗为当时始兴的选仙游戏采用,成为选仙钱"棋仙"的注解诗。烂柯山又名石室山、石桥山,位于浙江衢州,由樵者王质观弈遇仙而得名,道家称之为"青霞第八洞天",山清水秀,风景优美。此山被誉为"围棋仙地",因此又将"烂柯"作为围棋的别称。

遇仙的神奇经历,是可遇不可求的。遇仙的故事,人们津津乐道,在民俗钱币中也有表现。

图6-08 吉语钱 采(採)樵遇仙/纹饰。纹饰为,天空上方(穿左上方)风和日丽、祥云飘飘,一樵夫席地而坐(穿左侧),其足前方为所采的一束薪柴(穿下方),遇一仙人(天官)驾祥云而至(穿右侧),仙人一手指日,寓意指日飞升(隐含樵夫将得道成仙之意)。纹饰既描述了采樵遇仙的场景,又隐寓了天官送福、指日高升的吉意。

采樵遇仙的传说源于《述异记》(任昉,460—508年,南朝著名文学家,地理学家,藏书家)的记载:信安郡石室山。晋时王质伐木至,见童子棋而歌,质因听之。童子与一物与质,如枣核,质含之不觉饥,俄顷童子谓曰:"何不去?"持起视,斧柯烂尽,既归,无复时人。

第六章　娱乐多益智

说的是，晋朝时有一位叫王质的人，有一天他到信安郡（今浙江省衢州市）石室山去打柴。看到两童子在溪边大石上正在下围棋、对歌（歌曰：棋局纷争兮无尽期，尘梦昏沉兮醒何时？），于是把砍柴用的斧子放在溪边地上，驻足观看、听歌。童子把一个形状像枣核（亦说是蟠桃）一样的东西给王质，他吞下了那东西以后，竟然不觉得饥饿了。棋局终了，童子说"你该回家了"，王质起身去拿斧子时，一看斧柄（柯）已经腐朽了，磨得锋利的斧头也锈得凹凸不平了。王质非常奇怪。

王质回到家里后，发现家乡已经大变样。无人认得他，提起自己的往事，有几位老者，都说是几百年前的事了。原来王质在石室山打柴时误入仙境，遇到了神仙，仙界一日，人间百年。王质后入山得道。

图6-09　方牌选仙钱　采樵遇仙图 / 棋（碁）仙·局上闲（閒）争战（戰），人间（間）任是非，空交采樵客，柯烂（爛）不知归（歸）。采樵遇仙图描写了两棋仙席地而坐对弈中，采樵客躬身拄着木棍，立于一旁认真观看对弈，观棋的采樵客有可能是王质。

后来人们就将石室山称为烂柯山,把"烂柯"作为围棋的一个别名。类似的故事在东晋虞喜《志林》就有记载:"信安山有石室,王质入其室,见二童子对弈,看之。局未终,视其所执伐薪柯已烂朽,遂归,乡里已非矣。"北魏郦道元《水经注·浙江水·东阳记》《隋书·经籍志·洞仙传》、宋祝穆《方舆胜览》、明代王世贞、汪云鹏《列仙全传》等古籍中均有记载。可见,采樵遇仙的故事流传甚广。

樵之本义为:续火用的薪柴,一般为砍柴的意思。采樵,意为砍柴、打柴。樵夫,一般指上山砍柴、劈柴的人,也可泛指从事林业的人;以砍柴、卖柴谋生之人。古有"渔樵耕读",代表农耕社会四类比较有代表性的人群:渔夫、樵夫、农夫与书生,同时也是古代劳动人民的基本生活方式。

采樵遇仙,所遇仙人正在下棋,故称仙人为棋仙。王质所遇的仙人,有认为是南北二斗仙翁,有认为是赤松子(又名赤诵子,号左圣。

图6-10 选仙钱 棋(碁)仙·对弈图/局上闲(閒)争战(戰),人间(間)任是非,空交采樵客,柯烂(爛)不知归(歸)。两仙(似南北两斗)装饰不同,形象一为正面、一为侧面,席地而坐,棋盘摆放在小方桌上,正在对弈;左侧棋仙面露喜色、左手持棋子已落下、似胜利在望,右侧棋仙双目注视棋盘作思考状、右手持棋子准备落下、似绝地反击。

既是中国神话传说中的人物,亦是前承炎黄、后启尧舜,奠定华夏万世基业的中华帝师)与其弟子(炎帝的小女儿)。

棋仙,指棋艺高超、以弈棋为乐的人。民间关于棋仙的传说,与采樵遇仙的传说基本相似。传说在天庭玉帝棋院,有两位看院门童,他们是忘恩和失忆(王恩、失意)。一次,他俩看到有一盘玉帝没有下完的棋,一时兴起便玩了起来,玉帝回来时两人竟然没有发现,两人当即被贬到磨斧钓。他们来到这里,看到山高林密、酸枣遍地、泉水甘甜,开始了隐居无忧的日子,每天下棋作乐。一天,一位喜爱下棋的樵夫砍柴来到这里,发现有人下棋,就在一旁观看。樵夫被两人的棋艺深深吸引,流连忘返,饿了就吃些酸枣,渴了就喝些泉水。当两人一盘棋下完后,樵夫不经意发现自己的斧子柄已经腐烂掉了,这才想起回家。

樵夫回到家发现,家里所有人他都不认识,家人也不认识他。经了解才知道,在60多年前,家里确有人去砍柴一直没有回家。樵夫这才意识到,自己就是那个砍柴没有回家的人,家人不认他,其又回到磨斧钓,用心钻研其所看、所学的高深棋艺,所向无敌,终成棋祖,民间尊称他为棋仙。

"天上一日人间一年""天上一日人间百年""天上一日人间千年"等说法,经常出现在民间故事和神话传说中,其寄托了人们对天上人间的羡慕、对长生不老的期盼、对神仙生活的向往。还有"洞中方一日,世上已千年"的说法,说的是世人在洞中巧遇神仙,与他们呆上一会后,再出洞返回人世间时,人间早已过了十几年,甚至百年、千年（这个时间的长短取决于其在洞中与神仙相处的时间）。

> 采樵深山中，观棋巧遇仙。
> 世事沧桑变，得道永向前。

无论是采樵遇仙传说，还是采樵遇仙和棋仙花钱，都在告诉人们：人世沧桑，感觉恍如隔世；孜孜以求，方可修成正果；人生如梦，珍惜当下美好；潇洒自如，心入世外桃源。或许君还有其他领悟……

三、知音情深

在我国古代，弹琴、弈棋、书法、绘画是文人雅士、名门闺秀等修身养性所必须掌握的技能，合称为琴棋书画（亦称之为四艺）；其本身技艺水平、赏析能力显示了个人的文化素养，因此还被称为"文人四友""雅人四好"。

人们常常以"琴棋书画，样样精通"来比喻一个人多才多艺。琴棋书画琴为首。琴，一般是指古琴，与瑟一样，供人弹奏。琴瑟，据传为伏羲发明。弹奏琴瑟，其音色柔和、恬淡而音韵绵长；聆听其音，可顺畅阴阳之气、能纯洁众人之心。大音希声、简静，善琴者清修通达从容。

棋有棋仙，琴亦有琴仙。琴仙，历史上确有其人，即春秋战国时期晋国的上大夫伯牙。伯牙，亦称伯雅，俞姓，原籍是春秋战国时期楚国郢都（今湖北荆州）人，生卒年已不可考。其精通琴艺，善弹七弦琴，还是作曲家，被人尊为"琴仙"。战国郑人列御寇著《列子》

一书中有关于伯牙抚琴的民间故事。

伯牙的琴艺,为当世敬,得后世仰。荀子赞曰:"伯牙鼓琴而六马仰秣"(《荀子·劝学》鼓琴即为弹琴),意思是每当伯牙弹琴时,正在吃草的马都被美妙的琴声吸引,不吃草而仰起头来聆听。一说是伯牙弹琴时,六匹拉车经过的马,都停了下来,驻足不前,仰首倾听优美的琴声。真是"此曲只应天上有,人间能得几回闻"。

图6-11 选仙钱 琴仙·琴仙抚琴图 / 膝上按焦桐,宵分一曲终,知音有谁(誰)是,明月与(與)清风(風)。

人们通常将擅长弹琴、品德高尚的音乐家尊称为琴仙。图中琴仙全束发于脑后,仙须飘飘,双膝盘坐、端坐在石台上,膝上古琴,琴仙认真而祥和地抚琴。

焦桐,即古琴。东汉时蔡邕用烧焦的桐木制琴,后因称琴为焦桐;泛指好琴。亦称僬尾琴。伯牙所弹之古琴,乃是伏羲氏造的瑶琴。

宵分,夜半,即子时。一曲终,表明琴仙弹琴到了子夜时辰,一曲正好弹完。琴仙确实是宵分不倦、宵分废寝。

知音,本意是指通晓音律;也指知己,同志,能赏识自己的人;

还指对作品（尤其是音律作品）能深刻理解、准确评价的人。知音源于俞伯牙与钟子期高山流水的典故。那一年的中秋夜，伯牙于停泊在汉阳江口小山旁的船上弹琴，采樵路过的钟子期，被绝妙琴声吸引而驻足聆听。伯牙在弹琴时心里想着高山，琴声雄壮高亢，钟子期说："你弹得真好呀，气势磅礴，就像那巍峨雄伟的泰山。"不一会儿，伯牙心里又想到流水，琴声变得清新流畅，钟子期又说："你弹得真好呀，烟波浩渺，就像那奔腾不息的江水。"伯牙十分高兴，终于遇到了真正理解他弹琴的人，引为知己，相见恨晚。高山流水遇知音，情深义重成至交。钟子期死了以后，伯牙断弦摔琴，终生不再弹琴，认为世上再没有值得他为之弹琴的人了。伯牙鼓琴遇知音，钟子期领会琴曲志在高山流水的故事，流传久远。后人赞之：高山流水，得遇知音；情深似海，义重如山。

琴仙冠饰独特，盘旋而坐，双手抚琴。该枚选仙钱的五言诗，文字是在同一个方框里，排列方式独特、竖排、每排五字，周边为如意

图6-12 选仙钱 琴仙·琴仙抚琴图／膝上按焦桐，宵分一曲终，知音有谁是，明月与清风。

缠枝，喻知音情谊连绵，亦别具一格。

高山流水，成千秋弹奏的高雅绝曲；伯牙子期，为万世传诵的知音典范。

四、蟠桃传奇

天上人间，神仙世界；众仙无所事事，幸有王母组织召集每年一次蟠桃宴，还有平时的以蟠桃被窃为主题的选仙娱乐活动，使诸仙快乐自在。

三千年才结果的蟠桃，食之可得道成仙，其生长在昆仑山瑶池，凡夫俗子可想而不可及。有仙缘之人，则可得到王母的赏赐，如周穆王、汉武帝等；也可偷而食之，如东方朔、孙悟空等。天界的众神仙，可被邀请参加蟠桃宴，不但食桃，而且还享受美酒佳肴。如此神奇的蟠桃，自古以来，演绎了多少神话传说，使凡夫俗子听而解馋。还弄出个"选仙（捉曼倩令）"等游戏，自娱自乐一番。

王母，古代传说中之女仙。相传居昆仑山。其状如人，"豹尾、虎齿、善啸、蓬发戴胜"（《山海经》，早期的王母形象，和女娲、炎帝、黄帝等神早期一样，都带有兽相）。传后羿请不死之药于西王母，姮娥（即嫦娥。上古时期三皇五帝之一帝喾的女儿、后羿之妻；神话中的月中女神）窃以奔月。又传周穆王宾于西王母，从之游。王母一词出自《山海经》的《大荒西经》："西有王母之山、壑山、海山。"因所居昆仑山，于汉中原为西，故称西王母。亦称之为王母娘娘。另称九灵太妙龟山金母、太灵九光龟台金母、瑶池金母、金母、西姥等，是古代中国神话传说中掌管不死药、罚恶、预警灾厉的长生女神。在道教神话中,西王母居住在西方的昆仑山,是女仙的首领,主宰阴气,相对于男仙之首东王公。是生育万物的创世女神。

图6-13 汉代钱树枝 西王母龙虎座。西王母头顶华盖(华盖正中的圆形及金乌代表太阳),双手拢于身前,端坐在龙虎座上。墓葬中的西王母与龙虎座形象有保护亡灵、辟邪驱恶等吉意,驾龙乘虎也是灵魂升天的方式和途径。

王母为蟠桃园园主。在选仙博戏中,王母处于主导地位,引领着娱乐活动有序进行。有选仙钱"王母"的四个版别诗为证。

其一:"为种蟠桃树,千年一棵生,是谁来窃去,唯问董双成。"说明了选仙博戏的缘由:王母指挥种植的蟠桃园,蟠桃树乃仙树仙根,千年才长成一棵;小桃树的蟠桃三千年一熟,人吃了体健身轻,成仙得道;一般桃树的蟠桃六千年一熟,人吃了白日飞升,长生不老;最好的蟠桃九千年一熟,人吃了与天地齐寿,日月同庚。如此仙果,近来发现被窃了,是谁?只有询问负责看园的董双成了。

图6-14 选仙钱 王母·王母肖像/为(爲)种(種)蟠(蹯)桃树(樹),千年一颗(顆)生,是谁(誰)来窃(竊)去,唯问(問)董双(雙)成。

其二:"为种蟠桃树,千年一棵生,是谁来偷却,须问董双成。"展示了王母问责董双成的情景。王母厉声责问董双成:是谁偷窃了蟠桃园里的蟠桃?这么珍贵的蟠桃,是蟠桃宴的主打品种,让他人偷去,你是怎么看护的?!双成向王母禀报,是曼倩偷窃了蟠桃园的蟠桃。

其三:"我有蟠桃树,千年一度生,是谁来窃去,须问董双成。"进一步表明蟠桃树不但是王母组织种的、树的产权是王母的,王母也是蟠桃园的主人。王母告诉人们:蟠桃树是我的,蟠桃树的生长是以千年为周期单位;蟠桃之所以为仙果,食之可长生不老,是因为其为千年日月精华养育、众多神仙精心培植而成,实属来之不易。现在成熟的蟠桃被窃去了,这件事必须由董双成来负责讲清楚。

其四:"王母叫双成,丁宁意甚频,蟠桃谁窃去,须捉坐中人。"展现了选仙博戏开始的场景。参与游戏的十几个人,各人得到的酒牌(即选仙钱)不同、互不示人。其中得到王母酒牌的,将得到双成酒牌

图6-15 选仙钱 孔为后加。王母·纹饰/王母叫双成,丁宁意甚频,蟠桃谁窃去,须捉坐中人。王母的形象为"著黄锦裕褐,文采鲜明,光仪淑穆。带灵飞大绶,腰分头之剑。头上大华结,戴太真晨婴之冠,履元琼凤文之舄。视之可年卅许,修短得中,天姿掩蔼,容颜绝世,真灵人也"(中国神话志怪小说《汉武帝内传》)。

的人叫到身旁,责问蟠桃被窃之事,其后,仔细地叮咛嘱咐双成:蟠桃树乃仙树,千年一生,数千年结的蟠桃被人偷窃去了;这个偷窃的人(曼倩),就坐在他们(参与游戏的其他人)当中,你必须去将他捉出来。如找到了,就奖励你(可能是升格为上仙,下一轮可以自由自在),曼倩与醉仙等喝酒;如找错了,就罚你喝酒,醉仙等陪你喝酒。其他人按照所得酒牌各司其职。

综上所述,我们可以看出:选仙钱,王母为首。选仙是依据王母发出的捉曼倩令(也可以形成酒令游戏)开展博戏的,王母主导着博戏的进展。

《古泉汇》(清代著名古物鉴藏家、古钱币学家李佐贤的大作)予以说明:"此乃选仙钱,非钱也,考天香楼偶得今人集,古仙作图为博戏,用骰子比色先为散仙,次升上洞,渐至蓬莱大罗等。列则众仙庆贺，比色时重俳，四为德，六与三为才，五与二为功，最下者么为过，有过者谪作'采樵思'，凡遇德复位。此戏北宋已有之。王珪宫词云：昼日闲窗赌选仙，即谓此也。然则此品乃赌具樗蒲、双陆之类也。但具钱形故亦谓之钱。（樗蒲：古代一种博戏，后世亦以指赌博。双陆：古代博戏用具，同时也是一种棋盘游戏。）"

可见，宋代文人墨客、闺蜜好友等将选仙钱作博戏，吟诗诵词、弈棋弹琴、饮酒娱乐，非常流行。每枚选仙钱都有一则美妙动人的故事，或是神话传说，或是真人演绎，充满了神秘感和吸引力，深受人们喜爱。可惜选仙游戏今已失传。

董双成，女，籍贯浙江，其故宅即临湖妙庭观，古代神话传说中的人物，善吹笙，通音律。传说商亡后，其于西湖畔修炼，炼丹宅中，丹成得道，自吹玉笙，驾鹤飞仙，飞升后任王母身边的玉女。王母身边有好多侍女，唯独双成最能干。别的侍女两天干不完的事，她一天就能干完。王母很满意，故赐名"双成"，命其看管蟠桃园。正是由于双成在看管蟠桃园时，让曼倩三次偷桃成功，被王母问责处罚（就因为这件事，双成受到王母的处罚，不再让她看管蟠桃园，带她及七仙女去会汉武帝了。玉皇便安排孙悟空代管蟠桃园，谁料想，孙悟空监守自盗，还搅乱蟠桃大会、偷吃琼浆玉液和老君金丹……）。此故事并成为选仙游戏的引子。

既然已经知道是曼倩偷窃了蟠桃，且曼倩也已经成仙了，如何处理为宜？在孙悟空搅乱蟠桃大会以后，王母为了让众仙散散心，干脆将部分仙人邀请过来，一起做个游戏：将曼倩窃桃、双成捉拿曼倩（将双成撤职改成双成捉贼,即将带双成等去会汉武帝说成是带双成去捉拿曼倩了)的事情变成众仙茶余饭后的博戏,岂不乐哉。相传北宋年间,选仙博戏传到了人间,选仙钱应运而生。

图 6-16　方牌选仙钱(孔为后加)　纹饰/曼倩·本是真仙侣,才为(爲)世所高(髙),偶因向天苑,三度窃(竊)蟠桃。纹饰为曼倩的人物形象。

曼倩,史有其人,即西汉东方朔。东方朔(前154—前93年),本姓张,字曼倩,西汉时期著名的辞赋家,平原厌次(今山东惠民)人。武帝即位,征四方士人,东方朔上书自荐,诏拜为郎。后任常侍郎、太中大夫等职。他谈吐诙谐,言词敏捷,常在武帝前谈笑取乐,"然时观察颜色,直言切谏",以诙谐睿智著称,深得武帝宠信。东方朔一生著述甚丰,有《答客难》《非有先生论》的名篇。魏、晋以后被文人、方士们附会成神仙。《西游记》里东方朔是东华帝君的弟子,道号"曼倩"。

曼倩，意为又长（高）又美的男子（曼，本义为长、美；倩，古代男子的美称）。东方朔自述"臣朔年二十二，长九尺三寸，目若悬珠，齿若编贝，……若此，可以为天子大臣矣。"（《汉书·东方朔传》）故字曼倩，表明自己是既高大又漂亮的美男子。双成称之为"滑稽人"，是称赞其为能言善道，言辞流利，机警善变之人。司马迁在《史记》中称他为"滑稽之雄"。

曼倩诗曰："本是真仙侣，才为（爲）世所高（髙），偶因向天苑，三度窃（竊）蟠桃。"其是曼倩自述：我本来就是真正的仙人之辈，我的才学是人世间最高的；只是因为来到天上瑶池蟠桃园，偷了三次蟠桃（而被王母处罚来到人间）。

图6-17　选仙钱　曼倩·纹饰/青琐（瑣）窗（窻）中客，才称（稱）世所高（髙），如何向仙苑，三度窃（竊）蟠（蹯）桃。纹饰形象地描绘了曼倩从蟠桃园里偷得仙桃后，匆匆逃跑的情景。只见曼倩头戴纶巾，双手捧着硕大的仙桃，暗暗窃喜，但有点心虚、略显慌张，左顾右盼，高一脚低一脚疾步向右奔走，其紧张与机敏之态，栩栩如生。

曼倩之所以出名，是源于《博物志》所书东方朔偷桃的故事情节。张华《博物志》卷八云：汉武帝好仙道，祭祀名山大泽以求神仙之道。

时西王母遣使乘白鹿告帝当来,乃供帐九华殿以待之。七月七日夜漏七刻,王母乘紫云车而至于殿西,南面东向,头上戴七种,青气郁郁如云。有三青鸟,如乌大,使侍母旁。时设九微灯。帝东面西向,王母索七桃,大如弹丸,以五枚与帝,母食二枚。帝食桃辄以核著膝前,母曰:"取此核将何为?"帝曰:"此桃甘美,欲种之。"母笑曰:"此桃三千年一生实。中原地薄,种之不生。"唯帝与母对坐,其从者皆不得进。时东方朔窃从殿南厢朱鸟牖中窥母,母顾之谓帝曰:"此窥牖小儿,尝三来盗吾此桃。"帝乃大怪之。由此世人谓东方朔神仙也。

曼倩偷桃被王母发现,传说有三。其一,东方朔原是王母身边的一个小神仙,整天盯着王母的千年仙桃,已经偷了三次,却还是屡教不改,便被王母贬到人间,做了汉武帝的臣子。于是就有了汉武帝会王母的故事。其二,当年,东方朔得一白猿相助上天宫求助,恰好王母开蟠桃会,他在瑶池偷吃了仙桃,被守护仙桃的神仙捉拿,押到王母面前。东方朔镇定自若,用他那滑稽的语言申辩。王母听了很高兴,免其偷桃之罪,还赐以仙酒仙肴。其三,曼倩风流倜傥、能言善辩,将看管蟠桃园的双成忽悠得真情暗许,曼倩便乘机三次偷桃成功,直到东窗事发被王母处罚。由此可见,曼倩本有仙缘,故能接近蟠桃园;偷桃成功,使其仙缘更深,进而位列仙班。

双成因疏于职守亦被处罚,不让其看管蟠桃园;曼倩因偷桃被处罚,贬到人间为汉武帝的侍臣。孙悟空搅乱蟠桃会、大闹天宫后被压在五行山下。蟠桃园又恢复了平静,众仙们又娱乐起来了。于是就以王母颁发捉曼倩令为酒令、双成寻找捉拿曼倩成功与否为赏罚、其他众仙参与吟诗作对、琴棋书画、饮酒助兴等形式构成博戏,此即"选仙游戏"。

五、谪仙太白

遇仙、成仙、仙聚,好不自在。已经成仙后,如果犯了错误怎么办?那就会被贬到人间,亦为下凡,称之为谪仙。曼倩因三次窃桃被贬为东方朔,就是明证。

李商隐的《曼倩辞》首句曰:"十八年来堕世间",其意源于《仙吏传·东方朔传》:"朔未死时,谓同舍郎曰:'天下人无能知朔,知朔者唯太王公耳。'朔卒后,武帝得此语,即召太王公问之曰:'尔知东方朔乎?'公曰:'不知。''公何所能?'曰:'颇善星历。'帝问'诸星皆具在否',曰:'诸星具在,独不见岁星十八年,今复见耳。'"帝仰天叹曰:"东方朔生在朕傍十八年,而不知是岁星哉!"《列仙传》卷下:东方朔"至宣帝初,弃郎以避乱世,置帻官舍,风飘之而去。后见于会稽卖药,五湖智者,疑其岁星精也"。故民间认为曼倩其实是天上的岁星,真正的神仙。

王母的蟠桃要三千年才结一次果实,而东方朔偷了三次,意味着其至少遇上了三次结桃,可见东方朔寿命之长。东方朔偷桃的故事,看似贬,实是褒,三次偷桃,暗示东方朔非凡夫俗子,已逾万岁矣。东方朔以长命一万八千岁而被民间奉为寿星,其长寿显然与王母的蟠桃密切相关(三千年一熟的蟠桃,人吃了可得道成仙),被民间视为长生不死的神仙,所以"东方朔偷桃"就成了祝寿图长盛不衰的题材。

后世帝王寿辰,常用东方朔偷桃图庆典;民间为老人祝寿也常挂东方朔偷桃图。以东方朔偷桃为图,说明蟠桃乃仙桃,得而食之可得道成仙,表达了人们祈盼健康长寿的良好愿望,体现了人们对岁星曼倩的崇敬之情。

在选仙游戏中,还有一位仙人亦是被贬的,其即诗仙、酒仙、醉仙李白。

图6-18 选仙钱(孔为后加) 诗(詩)仙·纹饰/价(價)重篇篇玉,声(聲)传(傳)字字金,江山为(爲)我助,无(無)日不高(高)吟。纹饰为人物形象,人物为李白,头戴纶巾,身着长袍,一手持笔作书写状。五言诗句赞叹了李白诗作的艺术价值,讴歌了李白豪放的诗酒情怀。

李白(701—762年),唐朝著名诗人,字太白,号青莲居士,又号"谪仙人"。祖籍陇西成纪(今甘肃省秦安县),家居四川绵州(今四川省绵阳市西南)。为人率真豪放,才华横溢,嗜酒作诗,学道学剑,交友好游。玄宗时曾为翰林供奉,后因得罪权贵,遭排挤而离开京城,最后病死当涂。

杜甫在《饮中八仙歌》里评价李白:"李白斗酒诗百篇,长安市上酒家眠。天子呼来不上船，自称臣是酒中仙。"寥寥数语，将李白诗仙、酒仙、醉仙的形象活脱脱地展现在世人面前。

李白诗歌高妙清逸，"篇篇玉，字字金""笔落惊风雨，诗成泣鬼神"，今存900多首，世称其为"诗仙"。传说李白的出生不同寻常，乃是他的母亲梦见太白金星落入怀中而生，因此取名李白，字太白。贺知章看了李白的诗歌后，大为惊讶地说："子非人，无乃太白星精耶？"并称其为"谪仙"。其集诗仙、酒仙、醉仙、谪仙、剑仙等于一身，并以诗仙、醉仙、酒仙多重身份参加王母组织的选仙游戏，由此可见一斑。

何谓诗仙？诗仙是才情高超、气韵飘逸的诗人。诗才飘逸如仙，不同凡俗的诗人。

图6-19 选仙钱 诗（詩）仙·人物纹饰／价（價）重篇篇玉，声（聲）传（傳）字字金，江山为（爲）我助，无（無）日不高（髙）吟。纹饰为两人物，执笔者为诗仙李白，正慷慨激昂边高吟新诗边挥毫疾书，另一人牛头马面，疑似鬼神，双手抱拳致敬，呈惊叹不已状。画面表现了诗仙"诗成泣鬼神"的震撼场景。

选仙游戏既然是酒令游戏,醉仙、酒仙进入是理所当然的,而诗仙为什么也进入了选仙行列?选仙钱是宋代博戏或者行酒令的博具(酒令牌),主要流行于宫中和仕林、闺阁等场所,为文人雅士墨客、大家闺秀小姐等闲雅聚会时的游戏器具之一。在游戏中,饮酒、弈棋、弹琴、吟诗等娱乐项目是少不了的,故饮酒有醉仙、酒仙及被赏罚者,弈棋有棋仙,弹琴有琴仙,吟诗则必须得有诗仙了。如果说醉仙、酒仙增添了游戏的兴奋度,棋仙、琴仙增添了游戏的欢乐度,而吟诗作对则增添了游戏的文雅度。为了显示游戏的高雅,诗仙是必不可缺的。"世人不识东方朔,大隐金门是谪仙。"该诗流露出李白以东方朔自喻、以谪仙自命的心境。惺惺惜惺惺,因而在选仙游戏中,李白是东方

图6-20 方形挂牌选仙钱 双孔挂钮,主体为长方形牌。纹饰/拔宅仙·尘(塵)世纷(紛)华(華)远(遠),丹台(臺)姓字新,只应(應)功行满,归(歸)作玉皇臣。正面为一得道仙人(拔宅仙)拔宅上升的状态。

朔的最佳陪伴者、掩护者之一，诗仙成为选仙游戏中不可或缺的人物。而拔宅仙、散仙等则是扮演捧场助兴的角色，让王母（组织者）开心而来参加聚会的，同时也增加了双成捉拿曼倩的难度，使游戏更加欢乐。

李白集诗仙、酒仙、谪仙、剑仙、醉仙于一身，为历代文人墨客、酒徒侠客所敬仰。

在选仙游戏中，醉仙、酒仙为同一人。不论是醉仙，还是酒仙，本身都是描写李白的，在不同的套子选仙钱里，称谓不一样而已；使用得比较多的是醉仙。"酒仙"选仙钱较为罕见，目前见到的只是余庆阁的选仙牌："酒仙 伴双成饮"，其背面五言绝句与"醉仙"方牌选仙钱是一样的：中山徒命侣，河朔谩飞觞，直把千钟酒，今宵醉一场。圆牌形选仙钱"醉仙"的五言诗句：笑傲诗（詩）千首，沉酣酒百杯（杯），若无（無）诗酒敌（敵），除是摘仙才。（在《集韵》中，谪与摘发音一样：摘，都是商的衍生字；谪的本义亦有指摘、责备之义；因此在部分古文献中，亦称李白为摘仙人。）明言李白就是醉仙。

从某种意义上说，没有酒，便没有辉煌了中国文学史的诗仙李白；也就没有诗酒组合的选仙游戏流传至今。正是：

斗酒诗百篇，选仙伴曼倩；
醉吟皆助兴，一人称五仙。

六、打马识马

打马格棋是宋代开始在文人雅士中流行的一种游戏。宋代女词人李清照对打马格游戏非常喜欢且颇有研究,其撰写的《〈打马图经〉序》对此有较为详细的描述:"打马世有二种:一种一将十马,谓之关西马;一种无将,二十四马,谓之依经马。流传既久,各有图经。"由此常和赵明诚等文人玩耍,认为是"打马爱兴,樗蒱遂废,实小道之上流,乃深闺之雅戏"。宋代诗人陆游在《乌夜啼》一诗中也曾描写到:"冷落秋千伴侣,阑珊打马心情。"通过古代文人墨客的描述,我们初步认为打马格游戏中的棋子,每枚上的文字为马名,亦可能称之为"马",按照一定的游戏规则、在指定的格图谱上,双方运用己方的棋子来布阵设局、进攻防守、闯关过堑,计袭敌之绩,以定赏罚,判定输赢。

可惜今已失传,无法再复原宋时的玩法,唯有欣赏遗留下来的打马格棋子即马钱。

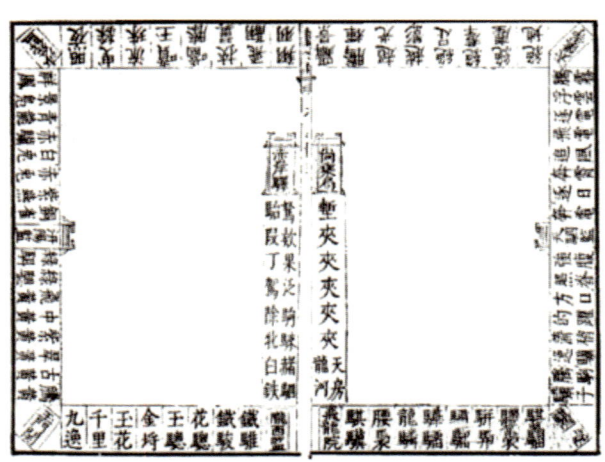

第六章 娱乐多益智

我们可以通过当时的打马图来分析认识当时可能有的马钱。上图即为宋时的打马图。其如何使用,目前无法得知。由图可知,其每一边标注了 16 个马名、8 个一组;将其分成上下左右四边,每边标注的马名分别为:

上边:绝地、绝尘、绝群、绝足、越影、超光、腾辉、蹑景;翔羽、飞翮、挟翼、啮膝、喷玉、流珠、曳彩、照夜。

下边:九逸、千里、玉花、金埒、玉骢、花骢、铁骏、铁骓;骐骥、腰褭、龙骦、骅骝、騑騠、骈騈、骊騥、骐骝。

左边:祥凤、景凫、青龙、赤骥、白兔、赤兔、紫燕、铜雀;绿耳、绿骢、飞黄、中黄、紫黄、翠黄、古黄、腾黄。

右边:骥子、腾驹、逸骥、蒲梢、的跃、方口、照脊、强腹;奔电、逐日、奔霄、追风、飞电、逐电、浮云、腾雾。

这 64 个马名棋子,现在常见到的还为数不少。我们赏析其中几枚。

騕褭、騕褭、騕裹、腰褭、腰褭等,都是同一马名,通常称之为騕褭、腰褭。

图 6-21 马钱 騕褭·马图/合背。马图为左向奔马。

騕褭，为古骏马名，谓之神马，可日行万里。《吕氏春秋·离俗》："飞兔、要褭，古之骏马也。"高诱注："飞兔、要褭，皆马名也。日行万里，驰若兔之飞，因以为名也。"要，《集韵》注："与騕同。騕褭，良马名。或作要。"要，古同"腰"。可见，"要褭"，即"騕褭""腰褭"；在该马名用字上，"要""騕""腰"是相通的。李善注："《汉书音义》，应劭曰：'騕褭，古之骏马也，赤喙玄身，日行五千里。'"表明该马毛色为黑色，嘴为红色。

　　褭与马有关的字义见《说文》："褭，以组带马也。"即以系带系马。代称马名：如褭骠，古骏马名；褭骖，小马的别名，一说是古骏马名、即褭骠。与马有关的官名是簪褭，段玉裁注《百官志》注曰："秦爵二十等……三曰簪褭，御驷马者。"

　　褭，其义还富有诗意。其有"柔弱、缭绕"之义，形容烟气缭绕上腾的样子，如炊烟褭褭；形容细长柔美，女子姿态美好的样子，如褭娜娉婷；形容随风摆动的样子，如翠柳褭褭；形容微风吹拂；形容声音绵延不绝，声音婉转悠扬，如余音褭褭，又如褭褭悠悠等。

　　可见，用"褭"及其异体字"裹"等为马命名，既表明这些马比较名贵，是用丝带系马的；又说明这些马体态优美，比较珍贵。望文生义可谓用丝带装扮马，犹如给马穿上漂亮的如鸟之华羽的衣裳。腰褭本身的词义为：宛转摇动貌；出自唐代李贺《恼公》："陂陀梳碧凤，腰褭带金虫。"腰褭，体现了灵动的神韵，用其来表现该骏马恰到好处。

　　赤冀、赤骥、赤糞，都是指赤骥。

第六章 娱乐多益智

图 6-22　马钱　赤冀／马图。马图为左向奔马。

冀，冀州，为古九州之一。《说文》："冀，北方州也。"冀与马的关联有，冀马，古冀州之北所产的马，亦泛指马；冀群，谓冀北的马群，喻良材；冀北，地名；指古代冀州的北部，今河北省之地。古代此地产良马。《左传·昭公四年》："冀之北土，马之所生。"《南齐书·王融传》："秦西冀北，实多骏骥。"因以谓良马产地，并指人才荟萃之所。因古代冀北产良马，人们就用产地"冀"来作良马的代词。冀，不但是因为骏马的产地被代作马名，而且还是"骥"的会意用字。《说文解字注》：史皆作冀、不作骥。可见，赤冀即赤骥。

赤冀、赤骥，火红色的千里马，为周穆王的八骏之一。《论语·宪问》："骥不称其力，称其德也。"骥亦喻杰出的人才（德行好、地位高或能力强）。

骕骦，良马名。本作肃爽、肃霜，亦作骕骕。

肃爽，出自《左传·定公三年》："唐成公如楚，有两肃爽马，子常欲之。"杜预注："肃爽，骏马名。"孔颖达疏："爽或作霜。贾逵云：

图 6-23 马钱（因长期佩戴，方穿成圆穿了） 骕骦（骕骦）之马（馬）/马图。马图为右向卧马。卧马，常常具有富足、安逸之寓意；还表示龙马精神（比喻人旺盛的奋发向上的精神和样子）、马到成功之意。

'色如霜纨。'马融说：'肃爽，鹰（同"雁"）也。其羽如练，高首而修颈，马似之，天下稀有。'"北魏郦道元《水经注·涢水》引作"肃霜"。肃爽，本用以形容秋天景色，尤言天高气爽，亦借以形容其他事物和人的性格。

由马名的来由，可以看出此马的独到之处。马色如霜纨，又如秋雁、其羽如练（练，即白绢，如素练、江平如练。白练，即白色熟绢。喻指白绢一样的东西），即为白马；马形如雁，高首而修颈；气质如霜，寒气逼人，威风凛凛，傲视群雄；奔跑如雁，驰骋于天高气爽之中。《杨家将演义》是这样说骕骦马的：碧眼青鬃，毛卷红纹，四蹄立处，高有六尺。

杜甫《沙苑行》中有一句：骕骦一骨独当御，春秋二时归至尊。表明"唯骕骦一种，骨相堪充御用，故每年春秋两次进之，天子至尊"。骕骦马之筋骨相，贵为天子的专用马。

骕骦马为春秋时期唐国的传国之宝。唐成公（？—前505年，姬姓，春秋末期，政治家，唐国国君；唐国地处今随州市曾都区唐镇）的心爱之宝。为此马，唐成公曾受三年软禁之苦。《东周列国志》（明代冯梦龙著）第七十五回《孙武子演阵斩美姬 蔡昭侯纳质乞吴师》有详细叙述。

图6-24　马钱　铜雀·晨凫·马图/光背。马图为左右向双马，昂首回眸长嘶。

铜雀、晨凫，为秦始皇七逸中的两匹骏马。秦皇七逸，形体高大，膘肥体胖，耳小眼大，口裂较深，前肢柱立，后肢若弓，蹄础较高，筋骨劲健。

铜雀，本义为铜制的鸟雀。《三辅黄图·建章宫》："古歌云：'长安城西有双阙，上有双铜雀，一鸣五谷成，再鸣五谷熟。'"南朝梁简文帝《和藉田诗》："鳐鱼显嘉瑞，铜雀应丰年。"作为马名，亦名铜爵。铜爵，古代一种酒器。用于温酒和饮酒。

晨凫，本义为野鸭。见于《文选·左思〈蜀都赋〉》："晨凫旦至，候雁衔芦。"刘逵注："晨凫，常以晨飞也。"打马棋子"景凫"，亦可能就是晨凫。

铜爵也好，铜雀也罢，可能都是从形状上来命名马名的，显示了马的高贵。晨凫则是从马速的角度来命名的。清晨，水面上的野鸭飞速凌波前行，谓之"晨凫"。

64匹骏马，在对弈者的指挥下，纵横驰骋于打马图上，可以想象那是多么壮观、多么使人上瘾，"小道之上流"名副其实。

| 第七章 |

人神情未了

神话传说的故事，是由人们幻想中的古今形象（人、神、仙、佛、龙、凤、妖、魔、鬼、怪、精、上帝、天使、动植物等）之间千变万化的关系和组合编造出来的。不同的民族，有不同的神话传说。神话传说（民间传说）是一个民族和国家的宝贵精神财富，在民族文化传承上有着积极意义。其广博奔放、瑰奇多彩的想象和对自然事物形象化的幻想，给后世作家的艺术虚构及浪漫主义创作方法的形成予以极大的启迪，也为后世的创作提供了丰富的题材，还是花钱以及民俗工艺品如剪纸、雕刻、绘画等制作内容的丰富来源。

中国人对神有着割不断的情结，因为我们的家园为神州，我们所听的传说为神话。人羡慕神、敬重神，期望自己也能成神，因此我们的表情为神情、神态、神采（眼神、心神），等等。

山有山神，水有水神，门有门神，花有花神，财有财神；神，无处不在，无时不在，无事不在，人神共相处，人神情未了。国人用自己的睿智创造了各种各样的神话，将许多人生哲理、道德水准、真善美正寓于其中，神奇、神韵、神往，寓教于乐，潜移默化，使人们重德向善。

花钱的功能之一，就是教化。将神话故事的人物、场景等与吉语瑞纹铸于钱币，既使神话传说（宗教故事）得以广泛流传，又使人在赏析中得到教诲、在把玩中得到祝福。花钱中涉及宗教、神话题材的品种较多，特别是涉及宗教题材的、没有相关的知识是难以赏析的。本章选择部分大家耳熟能详的神话题材的花钱共享。

所谓宗教钱，就是指表现宗教内容、人物、场景及用于宗教活动、

第七章 人神情未了

体现宗教功能的花钱。这里的宗教，主要指在我国流行的道释儒三教；宗教钱中尤以道教花钱为主。部分宗教钱由于直接表达祈福辟邪的吉意，因此部分宗教钱也被称为吉语钱。

一、太上老君

我们先来赏析一类常见的宗教钱，人们称之为"山鬼"的花钱。

图 7-01　宗教钱　正面两侧是符文，中间的文字为咒语，竖读为"雷霆雷霆 杀鬼降精 斩妖辟邪 永保神清 奉太上老君急急如律令勅"。背面为八卦卦符与卦文"震 巽 离 坤 兑 乾 坎 艮"。其中，雷霆雷霆、急急，采用了叠字符号（古文字中常用向右下角斜着的"="来表示对上一字的重复），这也是一般花钱中少见的。

正面的符文与咒语，统称为符咒。右侧符文是符头，左侧符文是符脚，主事神佛是太上老君。有人认为符文为（右）杀鬼（左）雷令，有人认为符文为（右）山鬼（左）雷公。正因为右侧符文似"山鬼"，因此这类宗教钱被称之为山鬼花钱。亦有称之为雷霆花钱、雷神花钱、辟邪花钱等等，是具有道教内涵的祈福辟邪花钱。这类花钱，过去是民间小孩冬天所戴大风帽后面佩戴的一种大铜钱（不同的地方，佩戴的方式不一定相同，亦有用红绳系着戴在脖子上；成人亦有和家中的钥匙串于一起而系于腰间等），作用就是辟邪保平安。

咒语"雷霆雷霆 杀鬼降精 斩妖辟邪 永保神清 奉太上老君急急如律令敕"，可以作如下理解：

雷霆，原意是指疾雷，洪大而急发的雷声。在道教咒语里，雷霆，是指天之阳气足以威天下者；是雷公，雷神。本句可以看作呼唤语，即呼唤雷霆。

杀鬼降精，斩妖辟邪，是祈请雷霆所做之事。

永保神清，意即天神永远保佑人们（祈求者）不受鬼精妖邪等的干扰，使人们神气清朗，心情舒畅，愉悦生活。表达了人们永享太平，健康快乐生活的良好愿望。

我国道教源于汉代，"律令"是周穆王时一个人的名字，这个人的特长就是跑得飞快，传说死后，此人变成雷神。传说古代西北有一种神兽，形状如马，跑得特别快，就是律令这个人变的。"急急如律令"意思就是：雷霆等神奉太上老君之令解救人们苦难时的速度，来得如律令那样快，雷厉风行，所向披靡。

急急如律令，原为汉代公文常用的结尾词语。意即情势紧急，应立即依照法律命令火速办理。道教用之为念咒驱使鬼神时的末语。

八卦有归藏八卦、先天八卦（相传是伏羲所创立）、后天八卦（相传是周文王所创立）、中天八卦等，其卦序是各不相同的。该枚花钱的八卦为后天八卦，即震卦为起始点，位列正东，按顺时针方向，依次为巽卦，东南；离卦，正南；坤卦，西南；兑卦，正西；乾卦，西北；坎卦，正北；艮卦，东北。《易经·说卦传》曰："帝出乎震，齐乎巽，相见乎离，致役乎坤，说言乎兑，战乎乾，劳乎坎，成言乎艮。"这是"后天八卦"之基本内容。八卦代表八种基本物象：乾为天，坤为地，震为雷，巽为风，艮为山，兑为泽，坎为水，离为火，总称为经卦，由八个经卦中的两个为一组的排列组合，则构成六十四卦。

在道教看来，八卦包罗了人世间的万象，演绎着人世间的千变万化，正因为如此，其被视作道家的法器。八卦，作为道家的法器，具有无穷的道力，镇宅化煞、驱魔辟邪、逢凶化吉。

图7-02　宗教钱　正面形象地描述了老君炼丹的场景：穿左为老君手摇羽扇，为八卦炉掌控火候；穿右为八卦炼丹炉，炉中焰火升腾，扶摇直上，化为祥云、法宝等烘托着太极（穿上右）；穿下为炼丹工具，有火钳（火剪）、道扇（芭蕉扇）、幌金绳等宝物。背面为符咒。

传说太上老君是道教始祖，即道教中具有开天创世与救赎教化的太上道祖。亦尊称太上无极大道、元阳上帝、道祖、上德皇帝等，为大道主宰，万仙之祖，众圣之师；易号化身三皇五帝之师、万法教主、玄元皇帝。

太上：至高无上。老：乾阳、尊者。君：圣王。太上老君意即"至高无上的尊敬的圣王"，即"大道"的意思，造化自然者也。"道"无始无终，无形无名，无边无际，无师无上。"道"者，虚无自然，难名之神，强名曰道，尊称太上。太上者，万物之所尊，在圣为众圣之尊，在真为万真之先，在地为万国帝王之师，在法界为无上法王，在教为万教之祖。

图7-03 宗教钱　正面表现的是老君传道的场景：穿右为老君，仙风道骨，手持太极，飘飘然作传道状；穿上为太极八卦，寓意太极八卦普佑天下；穿左为道家符箓，寓意老君施法布道。背面为符咒。

老子（前约571年—？）为道家创始人，被尊为道教的始祖。据《史记》记载，老子，姓李，名耳，字伯阳，谥号聃（《说文》："聃，耳曼也。"就是耳长而大），史记称老子几百岁后不知去向。通常亦称老子为太上老君，但不可以称太上老君就是老子李耳，因为据传说老子李耳是太上老君的第十八世化身，太上老君还有其他化身。

炼丹，为炼制外丹与内丹的统称。外丹术，是在丹炉中烧炼矿物以制造"仙丹"（如用朱砂炼制使人长生不死的药）。最早由古代的黄老道家等发展而来。在《西游记》中，太上老君将孙悟空置于八卦炉中炼丹，却炼就了孙悟空的火眼金睛，从此老君炼丹的神话传说家喻户晓。八卦炉中内有四大天火之一的六丁神火，可以炼制各种丹药、武器和法宝。

太上老君为道教始祖，救赎教化、传道布道，必亲力亲为。民间关于老君传道的传说比较多，老君传道的地点、传道的方式也不单一。如成都市青羊肆（青羊宫）即为神仙聚会、老君传道的圣地。

老君炼丹，虽是神话，实质上表现了道家炼制丹药、救治人间疾苦的济世情怀。

二、玄武大帝

道教，即"道"的教化或说教，或者说就是信奉"道"，是把《道德经》奉为经典，尊道贵德，通过精神形体的修炼而"成仙得道"的宗教。道教是发源于中国、由中国人自己创立的宗教，因此其与我国民间的民风民俗（信仰习俗）密切相关，使经过道教化的原本来源于民间的神灵又返回到民间，民间流传的神话多为道教人物的故事；道教的许多神灵得到民间的普遍祭祀，如福、禄、寿三星、财神、玄武大帝、八仙、城隍、土地、灶神等。

玄武，是中国古代神话中的天之四灵（青龙、白虎、朱雀、玄武）之一，源于远古星宿崇拜，是代表颛顼与北方七宿的北方之神，于八卦为坎，于五行主水，象征四象（易传中称四象为少阳、老阳、少阴、老阴；东方为苍龙象，北方为玄武象，西方为白虎象，南方为朱雀象）中的老阴，四季中的冬季。

玄武，亦称玄冥，龟蛇合体，为水神，居北海，龟长寿，玄冥成了长生不老的象征，冥间亦在北方，故为北方之神。而玄武又可通冥间问卜，因此玄武有别于其他三灵，被称为玄武大帝、真武大帝、玄天上帝等，是道教所奉之神。雨水滋润万物生长，且水能灭火，因此玄武的水神属性，深得民间信仰。

图7-04　宗教钱　正面为玄武大帝执剑立龟蛇，行海水中；左边道家符箓；上为太极八卦。背面符文为"太上咒曰天元地方六律九章符神到处万鬼灭亡急急如律令勒"；两旁各有符箓一道。背面中的文字，体现了清代的风格。一是用了简化字，如元（圓）、处（處）、万（萬）；二是采用叠字符（两连点），如急急；还有用文字表达意思，如"鬼"字无头，意味着鬼被砍头。

相传玄武大帝为盘古之子，曾降世为伏羲，是太上老君第八十二次世化身。《佑圣咒》称玄武大帝是"太阴化生，水位之精。虚危上应，龟蛇合形。周行六合，威慑万灵"。

道教将太上老君的咒语称为太上咒，引用太上咒的符文，首语即为"太上咒曰"，意即太上老君的咒语说，引经据典的开场白。

第七章 人神情未了

天圆地方，是中国古代的一种哲学思想，是阴阳学说的一种体现。天与圆象征运动，地与方象征静止，天地结合阴阳平衡；天人合一，效法自然。普天之下，大千世界，都要遵循六律九章。

六律九章，是指《秦法六律》《汉律九章》。商鞅变法改法为律，秦朝初立之时，秦始皇委派有关人员制订了秦初六律：即《盗》《贼》《囚》《杂》《捕》《具》，后充实发展成《秦律十八种》以及《秦律杂抄》。汉高祖统一中国以后，相国萧何依照秦法，适应新形势，制订盗律、贼律、囚律、捕律、杂律、具律、户律、兴律、厩律九篇，称之为九章律，为汉高祖颁行的法典《汉律九章》。前六篇大体同于秦律，源于李悝《法经》(《法经》共六篇：《盗法》《贼法》《网（或囚）法》《捕法》《杂法》《具法》)。后三篇是新增的有关户口、赋役、兴造、畜产、仓库等方面的规定，又称《事律》。原文已失传。

在花钱中，玄武的形象（纹饰）常见的有明暗两种。常见明的玄武形象，其标志有二：一是脚踏龟蛇，二是仗剑而行。常见暗的玄武形象由龟蛇、剑、北斗七星组成（或由龟蛇组成）。

"玄武谓龟蛇，位在北方，故曰玄，身有鳞甲，故曰武"（《楚辞补注》），为道教之神仙中赫赫有名的玉京尊神。其镇位北极六天；主风雨；荡魔灭邪，摄伏妖精，救度众生。民间尊称其为荡魔天尊、报恩祖师、披发祖师。

玄武的形象是披发黑衣，金甲玉带，仗剑怒目，足踏龟蛇，顶罩圆光，形象十分威猛。玄武又称剑仙大帝，灵龟为盾、玄蛇为剑，剑为玄武大帝的法器。玄武真君每每斩妖除魔都御剑出行，且御剑天遁

图 7-05　挂牌宗教钱　正面为玄武仗剑出行图，背面为符咒。

图 7-06　宗教钱　正面穿上下为道家符咒，穿两侧文字篆书横读为"长寿（長壽）"。背面穿上为北斗星宿，穿下为龟蛇合体，即玄武。

比腾云驾雾来得快。剑纹饰的寓意即斩妖除魔。

　　玄武大帝的道场为湖北武当山，所以长江武汉段为"龟蛇锁大江"。据宋朝方田子编撰《太上说玄天玄武本传神咒妙经》记载，太上老君八十二化身为玄武，黄帝紫云元年托胎于净乐国善胜皇后，于三月初三降临人间。王太子不愿继承王位，潜心会道，十五岁辞别父母进太和山修炼。在绝壁的岩洞里苦修四十二年，于九月初九的清晨，得道升天。"非玄武不足当之",自此,太和山改名为武当山。玄武的人格化过程是漫长的,最终完成于北宋。道士们将玄武形象描述为"披发黑衣,仗剑蹈龟蛇,从者执黑旗"。在北宋之前,道教就完成了玄武从动物崇拜到人、再由人到神的塑造。到了南宋,玄武地位、神格逐步升级,历代皇帝屡加圣号,崇奉至极。几乎历代的封建皇帝都极力推崇玄武,扶植武当道教,以至到了明朝,武当道教从兴隆走向鼎盛,武当山成了全国最大的道场之一。

铁杵磨针。玄武被人格化的一个典型情节是"铁杵磨针"。只要功夫深,铁杵磨成针。这个故事不仅以其深刻的哲理启示着后人,同时也在暗示着人们玄武是真实存在的,这位王太子如果不是紫气元君化作一位老妇以铁杵磨针点化他,他将耐不住深山老林中的寂寞和风餐露宿的折磨而功亏一篑。

三、刘海戏蟾

刘海是中国民间信奉的财神之一。

刘海,历史上确有其人。为五代时期人,本名刘操,字昭远,又字宗成、玄(或元)英,居燕山一带。十六岁时中辽国进士后做官,官至燕王刘守光(后梁太祖封)的丞相。后出家修道,号海蟾子。民间传说刘海以王重阳、钟离权、吕洞宾为师,在"道教全真派祖庭"西安市户县终南山下石井镇阿姑泉欢乐谷修道成仙。元朝元世祖封刘海为"海蟾明悟弘道真君",武宗皇帝加封为"海蟾明悟弘道纯佑帝君"。

图 7-07　宗教钱，无文钱　正面表现了刘海用缚着一串金钱的绳索和金蟾玩耍的情景。刘海喜笑颜开，飘飘欲仙，似腾云驾雾，一手以金钱钓金蟾，一手在指点金蟾，让金蟾吐出金钱给人间。背面人物是一副欢天喜地的胖小子模样。刘海袒胸露怀，蓬头赤足，双手捧腹大笑，表现了戏金蟾、金蟾吐金钱给人间后的快乐。背图亦有人认为是一团和气。

在同类题材中，图 7-07 这枚花钱的图纹是比较独特的，使得该枚花钱令人爱不释手。其独特之处其一是穿所起的特殊作用：正面图的穿构成了刘海与金蟾嬉戏的空间；背面图的穿巧妙地表现了刘海袒露的胸怀。使人在欣赏该枚花钱时，产生了无限的想象空间。其二是图纹充满了喜气，充分表达了刘海施财济人的乐趣，使人间充满了喜气；两面刘海的形象活泼可爱、亲民可敬，似神仙又似邻家胖小子。其三，背面图中胖小子的发型，即为"刘海"。"刘海"发型为额前总是垂下一列整齐的短发，显得童稚、可爱，古时的刘海一般只有孩童和妇女才留。

刘海戏金蟾，是我国民间广为流传的神话故事。刘海戏蟾的故事，至迟在北宋时便已产生。北宋词人柳永《巫山一段云》中有这样的句子："贪看海蟾狂戏，不道九关齐闭。"可见，当时已有刘海蟾狂戏蟾的戏曲演出。

刘海戏蟾最初的目的是除蟾祟（蟾蜍为五毒之一），所以刘海蟾所到之处，蟾声消绝。考究起来，其所谓"戏"是一种巫术动作。《古今图书集成·神异典》引《邵武县志》说："刘海蟾，名元英。……或曰：元英本名海，尝以道力除蟾祟，故称为海蟾云。"其卷二五一引《凤阳府志》云："唐刘海，旧传呼蟾于县治西北井中，今井在城内，濠多水，夏无蛙声。"

刘海戏蟾的故事几经演变，喜剧色彩越来越浓，刘海之"戏"的巫术驱邪意义逐渐消失，蟾已不再是除祟的对象，而是施行法术的灵物。明朝李日华《六砚斋笔记》说："皇越石携来四仙古像，一为海蟾子，哆口蓬发，一蟾玉色者戏踞其顶。手执一桃，连花叶，鲜活如生。"

图7-08 宗教吉语钱 刘海戏蟾纹饰 / 得宝（寶）利市。刘海的形象与其他花钱不同，衣冠齐整，显得干练老成；风和日丽，松枝摇曳，刘海右手抓住系有金钱的线头，让金钱在蟾头前晃动着戏蟾；左手似持线带，准备穿金蟾吐出的金钱成串，送给人间。得宝，获得珍宝。利市，本意是指买卖所得的利润，也指节日、喜庆所赏的喜钱（红包）。五路财神之一的利市仙官，迎祥纳珍的北路小财神。得宝利市，意即增加财富、吉利好运，与招财利市近义。

民间有关刘海捉金蟾的目的又有不同的说法。一说刘海以金蟾为食。金蟾是民间信仰中的灵物,刘海以之为食,说明他神奇非凡。一说刘海捉金蟾是令金蟾吐金,施济天下穷人。

金蟾是民间传说中能吞吐金钱的灵物(民间认为金蟾与蟾蜍是不同的:金蟾三只脚,是灵物;蟾蜍四只脚,是毒物)。把蟾与金钱联系起来,可能是由于蟾身布满类似金钱的斑纹的缘故。刘海捉金蟾的方法是根据金蟾的"习性",以一串金钱引诱并钓住它,即民间所谓"刘海戏金蟾,步步钓金钱"。由刘海戏金蟾演变为钓金蟾,其行为的目的也由除蟾祟演化为获取金钱,刘海遂成一位财神。这位财神爷以其特殊的本领给人间带来金钱,他钓金蟾,金蟾则吐出金钱,金钱又被源源不绝地撒布到人间,使人间富裕起来。刘海遂成为能给人间带来钱财、子嗣的吉祥神。

四、哪吒闹海

提起哪吒,一位脚踏风火轮、手持火尖枪与乾坤圈、身着红肚兜、肩披混天绫的英俊少年映入眼帘,他英姿飒爽、天真无邪、不畏强权、舍身为民,深得人们喜爱。特别是哪吒闹海的传说,更是广为人知。

哪吒,是《三教搜神大全》《封神演义》《西游记》等古籍描写的神话人物。李哪吒,李靖之三子,为亦道亦佛之神。道教尊其为中坛元帅、通天太师、威灵显赫大将军、三坛海会大神等。佛教中哪吒身为如来的弟子,是佛教护法神之一。俗称太子爷、三太子。

"哪"乃古汉语复合名词,"哪"指"傩",傩为古代腊月驱逐疫鬼的仪式,具有驱邪除恶之本义,傩神为传说中驱除瘟疫的神灵,是鬼神之偶像。"吒",神话传说中,作为天地间的第一个声音的"吒"字,蕴含着天道至高无上的圣威,是万邪诸恶的克星,有着不可匹敌的力量。吒字为正义,异写为咤,即叱;吒指叱吓邪恶之意,象征叱怒也。哪吒,意即以傩叱驱赶鬼神,具有不可阻挡之威力、战无不胜之法力;哪吒神名表明其叱咤风云的神威。

图7-09正面图中纹饰生动地描绘了哪吒闹海的场景:哪吒容颜俊美、清秀童面、发梳护囟门、总角双鬏头,光着俩赤脚、脚踏风火轮,一手持乾坤圈前推、一手持火尖枪(戟)上扬,腰系荷叶裙、肩披混天绫迎风飘扬,天生神力,仙气逼人;其身后下方为大海,波平浪静,浪花托起火珠、宝光四射,上方天空一只蝙蝠从天而降。纹饰喻示哪吒为民献身、化身莲花后,在海边巡视、保境安民,大海风平浪静,百姓福自天申、安享太平。也暗示东海龙王被哪吒制服以后,不再兴风作浪、祸害百姓。

图7-09 宗教钱,无文钱 两面描写了哪吒闹海的经典场景。

哪吒的经典形象是乾坤圈配混天绫，火尖枪配风火轮。在民俗中，哪吒英勇善战敢屠龙，驱妖灭怪斩魔王，是妖魔鬼怪的克星；天生一副童颜，神奇多敏悟、骨秀更清妍，象征着福娃的福神之尊；被供奉为斩妖除魔、降龙伏虎的少年英雄。哪吒顶天立地、不畏强权，演绎着古老不朽的经典神话传说，名气广大，家喻户晓。

背面纹饰不太清晰，影响准确解读。纹饰主要有两部分组成：一是穿左下，为一大喜蛛（亦可看成是螃蟹）；一是穿右及上，为一人物的形象。该人物形象，有的认为是哪吒手持乾坤圈在海边嬉戏，有的认为是禄星指日高升，有的认为是五子夺魁中的夺魁，有的认为是魁星点斗等。

从同一枚钱币，其纹饰当是围绕同一个主题的角度来看，笔者认为该人物为哪吒，表现的依然是哪吒闹海的场景之一。这面描写的应该是幼年哪吒，其宝物主要是乾坤圈和混天绫，为师傅太乙真人在其出生后所赐。哪吒非常喜欢这两件宝物，将乾坤圈挂在脖子上，将混天绫缠绕在腰间作红布兜。

哪吒七岁那一年五月，获母同意外出游玩，正值天气炎热，在九湾河洗澡解暑。其用混天绫洗澡搅动了龙宫，还用乾坤圈打杀了夜叉龙子。背面纹饰表现的正是这一时刻，那只螃蟹代表巡海夜叉李艮（蟹将），被哪吒的乾坤圈击中显原形而亡。

花钱的背面正是描写了哪吒用这两件法宝打杀夜叉和龙子的场景。这既是哪吒闹海的初始场景，也是哪吒出生后第一次使用宝物打杀对手的场景。哪吒年方七岁长六尺，发梳护囟门，总角双髽头，系头绳束发，光着双赤脚，可爱娃娃脸。

哪吒是具有传奇色彩的道佛之神。灵珠降世、三年半怀胎而生、太乙真人收徒送宝、幼年闹海屠龙、割肉剔骨为民献身、修成莲花之身、顺应天命、兴周灭纣、肉身成圣。在《封神演义》中，他是无魂魄无血肉之躯的莲花化身，具有三头八臂的神通；而在《西游记》中，他是莲藕之身，具有三头六臂神通的少年之神。

一枚花钱，刻画了哪吒成长的两个经典时刻：哪吒闹海、莲花化身；歌颂了哪吒天真烂漫、无所畏惧、舍身为民、战无不胜的英雄形象。

五、精卫玉兔

精卫填海，即精卫衔来木石，决心填平大海，比喻意志坚决，不畏艰难。是我国古人颂扬善良愿望和锲而不舍精神的神话故事。出自《山海经·北次三经》：北二百里，曰发鸠之山，其上多柘木。有鸟焉，其状如乌，文首、白喙，赤足，名曰："精卫"，其鸣自詨。是炎帝之少女，名曰女娃。女娃游于东海，溺而不返，故为精卫，常衔西山之木石，以堙（音同"音"）于东海。其所述的精卫填海传说为：相传精卫本是炎帝神农氏喜爱的小女儿，名字叫女娃，一日女娃到东海游玩，溺于水中。死后其不平的精灵化作花脑袋、白嘴壳、红色爪子的一种神鸟（生活在发鸠山柘树林里），每天从西山上衔来石头和树枝草木，投入东海，然后发出"精卫、精卫"的悲鸣，好像在呼唤着自

图7-10 圆形挂牌 挂首为如意祥云纹冠式单孔挂钮。正面正上方为左旋"卐"字纹饰(背面为右旋"卍"字),周边及两侧为如意祥云纹。圆牌均为纹饰。正面纹饰:下方为波浪翻滚的大海,上方是一只展翅翱翔的大鸟,口衔石子或树枝等,并将之投入大海以期填平大海,表现了精卫填海的壮举。背面纹饰:左右两侧纹饰为桂花树以及灵芝等名贵药材植物,正下方为玉兔与蛤蟆丸,表现了玉兔捣药的场景与成果。

己、激励自己。晋代诗人陶渊明有诗赞曰:"精卫衔微木,将以填沧海。"后来人们也常以"精卫填海"喻志士仁人所从事的艰巨卓越的事业。

玉兔捣药是中国神话传说故事之一,见于汉乐府《董逃行》。相传月亮之中有一只兔子,浑身洁白如玉,所以称作"玉兔"(亦认为是嫦娥的化身)。白兔拿着玉杵,跪地捣药,成蛤蟆丸,服用此等药丸可以长生成仙。图纹寓意是祝福人们长生不老。李白在《古朗月行》中对此亦有描述:小时不识月,呼作白玉盘。又疑瑶台镜,飞在青云端。仙人垂两足,桂树何团团。白兔捣药成,问言与谁餐?蟾蜍蚀圆影，大明夜已残。……久而久之，玉兔便成为月亮的代名词。在道教典故中，玉兔常常与金乌相对，表示金丹修炼的阴阳协调。玉兔捣药的神话传说故事一方面形象化地表达了道家炼丹是月宫制药的传承，一方面又表达了人们对解决缺医少药问题的期盼、对长生不老的向往。

卍、卐，读作 wàn，早期是不同写法，唐代武则天将卍和卐定为一种写法——右旋卍，定音为"万"，义为"吉祥万德之所集"，成为一切成就、吉祥如意的象征。民间称之为万福、吉祥喜旋，还将其演化成各种联锦纹、锁花纹、回字纹等，寓意万福万寿连绵不断，亦称"万寿锦"。

对于精卫填海一面，泉界亦有不同看法。认为表现的是海屋添筹，展翅飞翔的是仙鹤，口衔筹码往海屋里添加，其嘴前方为寿桃纹，挂

图7-11 无文挂牌钱，宗教钱 嫦娥/玉兔。挂首为如意云头式单孔挂钮，挂牌主体为圆牌。分别表现了神话传说"嫦娥奔月"之嫦娥的倩影和神话传说"玉兔捣药"之桂树下玉兔的形象。

首卍字符代表万福。寓意海屋添筹、福寿双全。这与另一面玉兔捣药，祝人长生不老，寓意是比较贴近的。

嫦娥奔月的神话传说有多个版本。西汉·刘安《淮南子·览冥》记载："羿请不死之药于西王母，托与姮娥。逢蒙往而窃之，窃之不成，欲加害姮娥。娥无以为计，吞不死药以升天。然不忍离羿而去，滞留月宫。广寒寂寥，怅然有丧，无以继之，遂催吴刚伐桂，玉兔捣药，欲配飞升之药，重回人间焉。"意思是说，后羿射日为民除害后，从西王母那里得到了长生不老的仙药丸，交给妻子嫦娥（姮娥）保管。逢蒙（后羿的一个徒弟）听说后于八月十五那天前去偷，偷不成就要加害嫦娥与后羿。情急之下，嫦娥一口吞下仙药丸，突然就飘飘悠悠地飞了起来，向着月亮飞去，由于不忍心离开羿，嫦娥滞留在月亮广寒宫。广寒宫里，嫦娥十分思念后羿，寂寞难耐，闷闷不乐，于是就催促吴刚砍伐桂树，让玉兔捣药，想配成飞升之药，自己服下后重回人间与后羿团聚。一说是嫦娥在偷了不死药以后，到了月亮（广寒宫）后变为蟾蜍，成为月精，所以广寒宫又称作蟾宫。

六、镇宅赐福

从某种意义上说，神，是人创造的，是人精神需求的一种寄托，是人解除困苦的一种安慰，神是为人服务的，故人神情未了。人需要安宁，故有神来镇宅；人期盼好运，故有神来赐福。

张天师，道教门派之一的"正一道"龙虎宗各代传人的称谓。汉末张陵创教，自称太上老君降命为天师，故世称张天师。

图 7-12　宗教钱　正面穿上方是张天师仗剑，穿下方为张天师的坐骑老虎（亦是艾虎）；左侧三则纹饰分别为蝙蝠（祥云）、蜈蚣、蜘蛛，右侧三则纹饰分别为祥云、壁虎、蛇。表现的是张天师驾乘祥云、仗剑策虎、降福驱毒。背面两侧为符文，中间咒语竖读为"雷霆雷霆 杀鬼降精 斩妖辟邪 永保神清 奉太上老君急急如律令 敕 真人府行"。

张陵（34—156年），字辅汉，东汉建武十年出生。沛国丰（今江苏丰县）人，传为张良之八世孙。汉明帝时任四川江州令。和帝时辞去官职，隐居到江西龙虎山开始修道炼丹。汉顺帝时，他带领弟子隐居到四川鹤鸣山创立道教；141年，他作道书24篇，并自称是"太清玄元"，同时用符水和咒法给人治病。汉桓帝时在青城山飞升，年123岁。

正一道（即天师道）由张陵（张道陵）创立，后世称张陵为"（祖）天师"，其子张衡为"嗣师"，其孙张鲁为"系师"，曰"三师"（"三张"）。因他在招收门徒和给人治病时，要求信徒交纳五斗米作为酬谢，所以他的教派就被人称为"五斗米道"（天师道、正一道）。尊老子为教祖，奉《老子五千文》（即《道德经》）为最高经典，并自撰《老子想尔注》发挥老子的道家思想。自唐代始，张道陵不断得到帝王赐封，历代张天师亦得到赐封。明太祖洪武元年，授第42代天师张正常为正一教主护国阐祖大真人。天师府又称为大真人府。

传说，张道陵于一日夜半似醒似梦之间，忽见太上老君降临，对其曰："近来蜀中有六大魔王，狂暴生民，尔等前往治之则功德无量，名录丹台矣！"乃授以"正一盟威符箓"、三五斩邪雌雄剑、阳平治都功印、平顶冠、八卦衣、方裙、朱履等。以千日为期，约会于阆苑。张道陵拜领老君所授法宝得令后，随即往青城山，布龙虎神兵，施正一法力，收八部鬼神，歼六大魔王。后往鹤鸣山，精修二十余年。永寿二年春建正规教团组织。与弟子复游各地，斩妖除孽，廉耻治民，符水治病，建功立德，造福蜀民。

图7-13　宗教钱　正面两侧为符文，中间咒语竖读为"雷霆雷霆 杀鬼降精 斩妖辟邪 永保镇宅长宁 奉大真人急急如律令 勅"。背面为八卦卦符与卦文"坎艮震巽离坤兑乾"。

该枚山鬼宗教钱的咒语与前述太上老君"永保神清"咒语大体相同，有两处不同：一是"永保神清"改为"永保镇宅长宁"，即功能发生变化，此类法物主要用于镇宅；二是"奉太上老君"改为"奉大真人"，即勅令主体发生变化。

第七章 人神情未了

古代道教把修真成道（得道成仙）、洞悉宇宙和人生本原、真真正正觉醒、觉悟的人称之为真人，常用作称号。真人是道教传说中的仙人。《庄子·大宗师》曰："古之真人，其寝不梦，其觉无忧，其食不甘，其息深深……古之真人，不知说生，不知恶死，其出不欣，其入不距；翛然而往，翛然而来而已矣。"翛（xiāo）然，是指无拘无束、自由自在的样子。东汉魏晋《洞元自然经诀》曰："道言：真人者，体洞虚无，与道合真，同于自然，无所不能，无所不知，无所不通。"

真人是道教崇敬的对象和效仿的榜样。首先真人为仙人；其次真人道学深厚、堪为导师，所以其在品级上，高于一般的仙人，而且大多经过皇帝的册封。四大真人即其代表。

大真人，则为真人中的顶尖者。大真人，是道教四大真人的简称。道教四大真人，即通玄真人、冲虚真人、南华真人、洞灵真人，为道教太上道祖老子的四位弟子。大真人为道家神仙，亦可勒令诸神杀鬼降精。山鬼花钱为道家之法物，当奉大真人勒令。

真人府，就是道士居住的地方，也是得道成仙的仙人之居所。大真人府就是天师府，全称为"嗣汉天师府"，府第坐落在江西贵溪上清古镇，规模宏大，雄伟壮观，建筑华丽，是一处王府式样的建筑，也是中国现存封建社会"大府第"之一。

真人府行的意思是，奉太上老君（或大真人）的勒令，真人府的仙人已经开始行动了，去杀鬼降精、斩妖辟邪；为大众永保神清、镇宅长宁。或者是对真人府的信任与夸奖，在奉太上老君（或大真人）勒令上，真人府的仙人们最行（能干）。

图 7-14 宗教钱　正面穿右是穿着袍服长靴、戴着纱帽的钟馗,手里拿着一只笏板,朝天而拜;穿上有一只蝙蝠向下飞来,寓意福从天降;穿下有一个小鬼,赤膊裸足,双手着地,臣服在钟馗脚下,似乎心甘情愿作他的奴仆,听其差遣;穿左文字竖读为"驱(軀)邪降福",躯与驱是同音字,亦可理解成钟馗用身体驱邪。背面纹饰分别是蛇、蝎子、壁虎、蜘蛛及一只老虎,民间将老虎视为百兽之王,常借用它的威猛来镇邪辟妖,保佑全家平安。亦可称之为虎镇五毒、虎驱五毒。

钟馗,姓钟名馗字正南,是中国民间传说中能打鬼驱除邪祟的神。原为唐初长安终南人,生铁面虬鬓,相貌奇异;然而却是个才华出众、满腹经纶、学富五车、才高八斗的人物,平素正气浩然,刚直不阿,待人正直。唐武德年间,赴京城应试,却因相貌丑陋而落选,愤而撞死殿阶。帝闻之,赐以红官袍安葬。到了天宝年间,相传唐明皇李隆基在临潼骊山讲武后,患脾病,久治不愈,一晚梦见一相貌奇伟之大汉,捉住一小鬼,剜出其眼珠后,把他吃掉。大汉声称自己为"殿试不中进士,钟馗",皇帝梦醒,即刻病愈。于是,命吴道子将梦中钟馗捉鬼情景作成一幅画,悬于宫中以避邪镇妖。并被唐明皇赐封"赐福镇宅圣君",诏告天下,遍悬《钟馗赐福镇宅图》护福除邪魅以佑平安。此后,钟馗作为捉鬼之神(门神)的地位就逐渐确立。

第七章 人神情未了

钟馗是中国传统道教诸神中唯一的万应之神,集"福禄寿喜、判子妹文、武财酒门、花天魁星"于一身,要福得福,要财得财,有求必应。其司掌:冥界、生死、判官、门神、捉鬼、财神等;象征斩鬼驱邪、正义、镇宅赐福、大吉大利。他作为除邪辟鬼的神,既是赐福镇宅的门神,又是斩五毒的天师,还是才高八斗的魁星,更是刚直不阿的判官,道教中称翊圣雷霆驱魔辟邪镇宅赐福帝君钟馗。

辟鬼愈皇疾,赐福除邪魅;
有求必予应,道俗皆敬佩。

钟馗,既是民间传说中的除邪辟鬼之神,又是平民百姓美好愿望的象征,因此在民俗活动中深受欢迎。请钟馗(胸前系钟馗玉佩,悬挂钟馗旗幡、画像等)、跳钟馗、闹钟馗等习俗,表达人们"赐福镇宅,唯真钟馗""拜请钟馗,中榜得魁"等祈福期望;有关钟馗的花钱,更是人们"请钟馗"的重要载体,同时还表达了人们对钟馗的爱戴和敬仰。

张天师、钟馗,都是由人而成为神仙的,都是唐玄宗首先赐封的,都是驱鬼的(特别是端午期间,职责基本一致),坐骑也都是老虎,等等。他们也有些许不同:出生年代不同,张陵是汉代,钟馗是唐代;在道教的身份不一样,张陵是正一道祖天师、其子孙代代承袭张天师、元明起又被赐封大真人;钟馗既是门神、又是传统道教诸神中唯一的万应之神;张陵是道教的四大天师之一,钟馗不是;等等。

在"祥瑞龙世界""将马任驰骋"两章中,我们分别赏析了姜太公作为神上之神、兵家宗师的风采,领略了"诸神回避""百无禁忌"的威仪,其也是民间最受欢迎的镇宅赐福神之一。

图 7-15　挂牌宗教钱　诸(诸)神回(廻)避·姜太公像 / 驱(驱)邪降福·钟馗像。挂首为莲花如意冠式单孔挂钮,主体为圆牌。姜太公一手持打神鞭上扬,一手持杏黄旗扛于肩上,得胜归来。钟馗手持斩鬼剑阔步前行,蝙蝠随行,驱邪降福而至。

图 7-16　宗教吉语钱　封神公·姜子牙与坐骑 / 五福。姜太公肩扛令字杏黄旗,似从封神坛归来,坐骑"四不相"、左向回首与姜太公深情对视,同庆功成,赐五福予天下。

| 第八章 |

纹饰寓吉祥

花钱之花，一是从形制上看，花样繁多，林林总总；二是从内容上看，花纹别致，形形色色；三是从使用上看，花不出去，非行用钱。花钱之花，还重在花纹；花纹，就是指花钱上的纹饰，这是花钱有别于行用钱的显著特色之一。

纹必有意，意必吉祥。纹饰，又称纹样，在我国民俗图样中比比皆是，在雕刻（石雕、木雕、砖雕等）、剪纸、刺绣、年画、建筑装饰等民俗工艺品中处处可见，是我国民俗文化的奇葩。在民俗花钱中，更是不胜枚举。纹饰不但起到点缀空间、构图美观的作用，还具有强化主题、烘托喜庆的功能。在图文并茂的吉语钱中，文字是显语，点明主题，直接表达祈福颂祥之意；纹饰是隐寓，衬托主题，间接意会祈福颂祥之意。

所谓隐寓，即隐含、暗中包含之意。所谓纹饰隐寓，就是指用纹饰来隐含自己所要表达的意思，亦称纹饰寓意；使人们在欣赏纹饰的过程中，领悟其含意。纹饰隐寓的方法通常有直接表意、谐音寓意、俗成会意、随景定意、宗教命意等。

没有文字的花钱，称为无文钱，无字钱。无文钱，其实是借图纹寓意，即隐寓。其大致有三种类型。一是用纹饰来隐寓祝福、祈福、辟邪等意愿，如图 8-02 所示。二是用民间传说故事的场景、婴嬉等喜庆场面的活动图等来表达意愿，如图 7-07、图 7-09 等所示。三是表现花卉的，纹饰主要为花卉等；从某种意义上说，这才是真正的"花钱"，如图 8-04 所示。人们有时根据其所隐寓（表达）的意愿，将其亦称为吉语钱（无文吉语钱）。

一、吉祥八宝

八宝，简而言之就是八件珍宝。常称之为吉祥八宝、八吉祥等。八宝有民间八宝、道家八宝、佛家八宝。

民间八宝，就是在宝珠（火珠）、锭（金锭、银锭）、铤、古钱、元宝、戟、磬、祥云、方胜、双胜、犀角（单犀角、双犀角）、万卷书（书）、画、卍、叶（秋叶、红叶、艾叶、蕉叶）、鼎、灵芝、笔锭、如意头、葫芦、法螺、珊瑚（珊瑚枝、珊瑚珠）、太极两仪（阴阳鱼）、笏板等杂宝中选取八件组成。这其中既有佛家八宝，如法螺等；亦有道家八宝，如葫芦、笏板等。

为什么取八宝，而不是五宝、九宝。《大戴礼记·本命》曰："八者，维纲也，天地以发明，故圣人以合阴阳之数也。"卢注："八为方维，八卦之数也。"谓八方（东、西、南、北、东南、西南、西北、东北八个方向）四正四隅。八包含了全方位，是宇宙调和统一的标志，如八卦（八卦之数，乾坎艮震，巽离坤兑）、八字（生辰八字，是一个人出生时年、月、日、时的干支记时）等。八宝就代表了所有（方面）的珍宝，所有的祝福寓意尽在其中。

吉祥八宝纹饰的内涵，均是从不同的角度表征吉祥，表征的寓意在不同的民俗钱币中，也有可能不同。图 8-01 背面纹饰为吉祥八宝，我们接下来予以赏析。

图 8-01　吉语钱　正面为纹饰,穿右及穿下为刘海戏金蟾;穿上及穿左,蝙蝠与桃树(两颗桃子),结合刘海戏金蟾用的两枚古钱币,寓意"福寿双全"。背面文字楷书旋读为"金玉满堂长命富贵";纹饰为吉祥八宝。

吉祥八宝纹饰、名称及寓意

吉祥八宝纹饰	名称及寓意
	**葫　芦** 道家八宝之一,铁拐李的法器,传说里面装着长生不老的丹药,寓意救济众生和长生不老。民间用之,取其谐音寓意福禄双全;取其内核寓意多子;取其枝蔓(蔓谐音万)寓意子孙万代;喻为灵物,宝葫芦
	**方　胜** 胜,原为古代汉族神话中"西王母"所戴的发饰。后为古代妇女的首饰,被视为祥瑞之物。方胜是两个菱形相套的一种首饰图案,取永结同心、白头偕老、美满吉祥之意。寓意幸福连绵、吉祥恒久

（续表）

吉祥八宝纹饰	名称及寓意
	**如意** 由古代的搔杖演变而来，人们用其来搔手顾不到之痒处，可如人之意，故名"如意"。如意古时曾为防身的器物，战争中用于指挥之物，是中华民族传统的吉祥之物。曾被作为天帝力量的象征。如意，直接寓意吉利，即事事顺利、吉祥如意。为宫廷礼仪，民间往来，陈设赏玩的珍贵之物
	**笔锭** 笔锭，一支笔加一只银锭，谐音必定。必定，表示判断或推论的确凿或必然，为必然、一定之意。须和其他吉祥纹饰一起而生美好寓意，如与如意一起，寓意必定如意；如与莲笙一起，寓意必定连升（生）；如与方胜一起，寓意必定胜天
	**太极** 太极两仪。太极阐明宇宙从无极而太极，以至万物化生的过程；太极即为天地未开、混沌未分阴阳之初的状态。两仪指天地或阴阳。太极图是图式最简单、内涵最丰富、造型最完美的图案，是以一上一下、一正一反的形式组成生动优美吉祥纹饰之经典。太极图刚柔相济、阴阳和谐，是道教的象征符号之一；在民间成了驱邪纳福的神符，用来驱邪避恶化煞、福佑安康和顺
	**卐 卍** 卐 卍，万。卐是上古时代许多部落的一种符咒；最初人们把它看成是太阳或火的象征，以后普遍被作为吉祥、永恒的标志。武则天将卍定为右旋，定音为"万"，义为"吉祥万德之所集"。卍为佛教符号，被画在佛祖如来的胸部，是"瑞相"，能涌出宝光，"其光晃昱，有千百色"。民间传统纹饰中卐字寓意万字不到头，福无边际；万福

（续表）

吉祥八宝纹饰	名称及寓意
	**火 珠** 火珠，即火齐珠，传说是一种能聚光引火的珠，宝珠的一种。《旧唐书·南蛮西南蛮传·林邑》曰其："大如鸡卵，圆白皎洁，光照数尺，状如水精，正午向日，以艾承之，即火燃。"在神话传说中火珠是神奇的通灵宝物，是祥光普照大地、永不熄灭的吉祥物，寓意祥光普照、喜庆临门、兴旺发达。火珠亦为龙戏之宝，象征雷和闪电、辟邪镇恶；火珠亦称龙珠，能避水火，吞之可化为龙。双龙戏珠是民间常见的吉祥喜庆纹饰，寓意国泰民安、人寿年丰、繁荣昌盛
	**犀 角** 犀角，即犀牛角。古时可入药，也可制器。亦指额上发际隆起之骨，相士以为贵相。犀角比象牙更为稀有，在古代它与夜光璧、明月珠相提并论。犀角如号角，象征胜利。犀角为珍稀锐器，可以辟邪、镇凶、保平安；犀角亦为珍贵物品，象征着富有、尊贵

该枚吉语钱中的吉祥八宝，除了笔锭与如意固定组成吉语"必定如意"外，八宝或两两组合、或独自呈祥，可以得出许多吉祥的词语。

八宝亦称杂宝（杂，意为多种多样的），即用八种宝物组成的吉祥图案，因而称之为吉祥八宝。在花钱中，有专门的杂宝花钱。

如图8-02所示一面宝物为古钱、书、如意、珊瑚。古钱象征富有、又寓意"全"；书本是智慧的象征；如意寓意称心、吉利，即事事顺利、吉祥如意；珊瑚是幸福与永恒的象征。一面宝物为双犀角、火珠（宝珠，亦说是法螺）、磬、双锭。犀角象征胜利、寓意珍贵；宝珠象征热

第八章 纹饰寓吉祥

图8-02 无文钱、吉语钱 两面均为纹饰，称之为杂宝、八宝（自穿上、右、下、左）：古钱、书、如意、珊瑚；双犀角、火珠、磬、双锭。

烈光明；磬是乐器，磬谐音寓意庆，以示喜庆；（金、银）锭寓意财富。由此可见，杂宝，纹似杂而意不杂，均为吉祥祝福之意；且每件宝物，都可以说出多种祥意，使人心情愉悦。

在花钱中，还有不少纹饰不是吉祥八宝，而是其他动植物等，其寓意吉祥的方式与吉祥八宝也是一样的。常见的还有佛家八宝和道家八宝，下表分别说明。

佛家八宝名称及寓意

佛家八宝	名称及寓意
	宝 伞 代表张弛自如，曲覆众生；含张弛如伞，荫护众生之意。宝伞代表佛陀头

(续表)

佛家八宝	名称及寓意
	金鱼（宝鱼、双鱼） 代表坚固活泼，能解坏劫；含坚固活泼、解脱攘却之意。金鱼代表佛陀的眼睛
	宝瓶（罐） 代表福智圆满，具足无漏；含福智圆满，具足无漏之意。宝瓶代表佛陀的喉咙
	莲　花 代表出五浊世无所染；含出于污泥而不染之意。莲花代表佛陀的舌头
	右旋螺（白海螺、法螺） 代表菩萨妙音吉祥；含妙音吉祥之意。海螺（右螺旋）代表佛陀之语
	吉祥结（盘长、盘肠） 代表回环贯彻，一切通明；含回环贯彻，一切通明之意。吉祥结（盘长）代表佛陀之意

（续表）

佛家八宝	名称及寓意
	**宝盖（胜利幢）** 代表遍覆三千，净一切乐；含遍覆三千，净一切业，普惠众生之意。宝盖（胜利幢）代表佛陀之身
	**金（法）轮** 代表佛说大法圆转，万劫不息；含佛法无边，普济众生之意。金轮代表佛陀之足

道家八宝名称及寓意

道家八宝	名称（对应的仙人）及寓意
	**道扇（汉钟离）** "轻摇小扇乐陶然"，能起死回生、绝境逢生
	**宝剑（吕洞宾）** "剑现灵光魑魅惊"，可镇邪驱魔、斩妖除魔

（续表）

道家八宝	名称（对应的仙人）及寓意
	铁拐葫芦（铁拐李） "葫芦岂只存五福"，可救济众生、长生不老
	阴阳板（玉板）（曹国舅） "玉板和声万籁清"，可净化环境、心静神明
	花篮（蓝采和） "花篮内蓄无凡品"，能装满仙品、广通神明
	渔鼓（张果老） "鱼鼓频敲有梵音"，能占卜人生、顺天应人
	笛子（韩湘子） "紫箫吹度千波静"，使万物滋生、生机勃勃

（续表）

道家八宝	名称（对应的仙人）及寓意
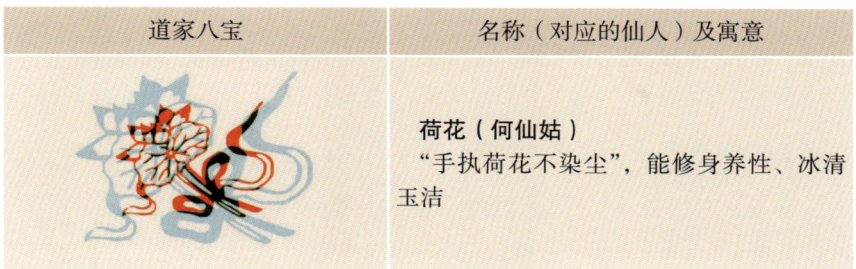	**荷花（何仙姑）** "手执荷花不染尘"，能修身养性、冰清玉洁

二、直接表意

直接表意，就是纹饰直接表达吉祥之意，一看便知。

如金银、古钱、元宝等可直接表示为钱财、财富等与此相关的意思。如上述的如意纹饰，意如其名，直截了当。还有，纹饰寿桃直接表意为"寿"。

在花钱纹饰中，有用文字与纹饰混合表意的，在这种情况下，文字基本都是直接表意的。如"福"表示"福"，"卍"表示"万福"，团寿表示"寿"，"囍"表示"双喜"，等等。

图8-03 吉语钱 状元及第一品当朝/福·纹饰。纹饰为一枝两寿桃。

背面文字与纹饰隐寓"福寿双全"。福字直接表意为"福",寿桃直接表意为"寿",两只寿桃还直接表意为"双",钱面的穿与郭亦可看成古钱的纹饰,古钱即古泉,谐音寓意为"全"。故该钱的背面纹饰寓意为福寿双全。

在花钱中常出现喜鹊的纹饰。喜鹊,属雀形目鸦科鹊属,又名鹊,俗名报喜鸟。喜鹊常结成大群成对活动,是适应能力比较强的鸟类,也是很有人缘的鸟类之一。《禽经》中说:"仰鸣则阴,俯鸣则雨,人闻其声而喜。"(说明喜鹊能够预报天气而为人喜爱)《本草纲目》中说它的名字包括两个含义,"鹊鸣,故谓之鹊""灵能报喜,故谓之喜",合起来即为人见人爱的喜鹊。画鹊兆喜,在年画、花钱等民俗工艺里广为流行;取喜鹊之喜直接表意。如图3-16,吉语钱"喜报三元"之背面,穿上方纹饰为喜鹊,直接表意"喜"。又如图3-23,吉语钱"状元及第一品当朝"之背面,穿上纹饰为"喜鹊登梅",寓意"喜上眉梢",喜鹊直接表意为喜。

鹊纹兆喜:一只喜鹊寓意喜,两只喜鹊寓意双喜,四只喜鹊寓意四喜;喜鹊、三只桂圆、豹子在一起寓意喜报三元,喜鹊与梧桐树(花)寓意同喜,喜鹊与梅花、喜鹊登梅寓意喜报春光、喜上眉梢等;两只喜鹊面对面寓意喜相逢、双喜临门;双喜鹊中加一枚古钱寓意喜在眼前;一只獾和一只喜鹊在树上树下对望寓意欢天喜地;喜鹊和莲在一起寓意喜得连科;喜鹊与牡丹寓意富贵有喜;喜鹊、豹子、猿猴在一起寓意喜报三元;喜鹊栖于桂圆树上、树上结三只桂圆寓意喜报三元;等等。喜鹊纹饰都是直接表意为"喜"。人们将喜鹊赋以喜庆、

第八章 纹饰寓吉祥

吉祥、好运的含义,并崇尚、喜欢喜鹊,于是制造含有喜鹊纹饰的花钱,将心中美好的愿望和情感寄托于喜鹊。

回纹,是指线条以横竖折绕等方式、组成如同"回"字形的一种传统几何装饰纹样。其是由古代陶器和青铜器上的云雷纹演化来的几何纹样。因其构成形式回环反复、简约婉转、整齐划一、延绵不断,被民间称为"富贵不断头"的吉祥纹样,寓意吉利永长、绵延丰富。

回纹图案在明清的织绣、地毯、木雕、家具、瓷器和建筑装饰上到处可见,是民俗文化中常见的吉庆符号。花钱也不例外,在内缘或外郭处、在文字与纹饰的间隔处等,可偶见回纹。

回纹总的吉意直接表意为富贵不断头,不同式样的纹路在此基础上还赋有不同的吉意。图 8-04 正面的回纹为一笔连环型回纹,灵动流畅;背面为减笔组合型回纹,简洁高雅。回纹呈环形闭合状,意即锁住所围之内涵、锁住福运、锁住富贵、锁住生命。回纹呈环形护卫状,意即挡住一切外来之魔,驱邪、避魔、挡煞。

图 8-04 无文钱 两面均为花卉以及用不同的回纹作内缘。花卉分别为兰花、莲花。

三、谐音寓意

谐音寓意,就是用纹饰名称的谐音寓吉祥之意于纹饰。所谓谐音,是指利用汉字同音或近音的条件,用同音或近音字来代替本字,产生辞趣(辞趣是指文章的情趣)的修辞语言模式。这种语言模式,在传统民俗活动中常见,如谜语中的白头格(谜底需两字以上,第一字用谐音来代替解释谜面);又如年画中的谐音寓意,金鱼寓意"金玉"等。在花钱中,谐音寓意最为典型的是笔、锭,取其谐音为"必定",寓意所祈吉祥必定实现。

常见的纹饰谐音寓意还有:纹饰古钱,亦称古泉,泉谐音为"全";纹饰戟,谐音为"吉";纹饰磬,谐音为"庆";纹饰葫芦,谐音为"福禄";纹饰蝙蝠,蝠谐音为"福";纹饰蟢子,蟢谐音为"喜";纹饰鹿,谐音为"禄";等等。

图 8-05 吉语钱　正面纹饰分别:蝙蝠、梅花鹿、寿桃(树)、蟢子、假山石等。背面文字楷书旋读为"金玉满堂长命富贵",吉祥八宝分别为如意、宝珠、元宝、方胜、珊瑚、犀角、笔锭、太极。

正面纹饰寓意为"福禄寿喜"。蝙蝠之蝠谐音寓意为"福",梅花鹿之鹿谐音寓意为"禄",寿桃直接表意为"寿",嬉子之嬉谐音寓意为"喜";假山石等体现了整幅图为庭院(园林)风光,亦如年画。在背面的吉祥八宝中,笔锭谐音寓意为"必定",如意直接表意为"如意",两纹饰一起寓意"必定如意"。

福禄寿喜,是吉语钱中最常见的题材之一。福禄寿喜,字字祥瑞;通常是指对人的祝福,代表健康、长命、幸福、快活、吉庆、如意等意思。福的本义为福气、福运,古称富贵寿考等齐备为福。禄的本义为古代官吏的俸给、即俸禄,亦有禄位、财禄等义,古义为福。寿代表长寿。喜的本义为快乐、高兴,表示可庆贺的、特指结婚方面的喜事,喜兆等义。

那么,在常见花钱中,是如何寓意"福禄寿喜"的?图1-11的正面纹饰、图3-20的背面纹饰、图8-05的正面纹饰,都是寓意"福禄寿喜"。

图8-06 吉语钱 福禄寿(壽)喜/纹饰。蝙蝠之蝠,谐音寓意"福";左向进鹿之鹿,谐音寓意"禄";仙鹤,俗成会意"寿";两只喜鹊之喜,直接表意"喜";故纹饰寓意:福禄寿喜。还寓有"福从天降""仙鹤长寿""进禄""双喜临门"等吉意。

福，一是直接用文字表示。二是用蝙蝠纹饰隐寓（蝠谐音寓意福）。另外还有用佛手纹饰隐寓福，用蝴蝶纹饰隐寓福（蝴谐音寓意福）。

禄，多用梅花鹿表示，鹿谐音寓意"禄"。具体表示方式有不同，卧鹿与灵芝，还隐寓健康长寿；昂首前进鹿，生动活泼，还隐寓加官进禄。另外还有用葫芦纹饰隐寓福禄。

寿，一是用寿星老（南极仙翁）的形象表示。寿星老俗成会意为寿，隐寓长寿。《史记索隐·封禅书》司马贞说："寿星，盖南极老人星也，见则天下现安，故祠之以祈福寿。"寿星，即"老人星"，古人用此星象征长寿。民间画像中的寿星为白须老翁，手持龙头拐杖，头部长而隆起，常衬以鹿鹤、仙桃，象征长寿，尊称其为寿星老。二是用寿桃寓意长寿。另外还有用松树、仙鹤纹饰隐寓长寿（松鹤延年），用猴捧寿桃隐寓寿（瑞猴献寿）。

喜，一是用蟢子隐寓喜。蟢子是蜘蛛的一种，别称喜子、喜蛛、壁蟢、壁钱，古名蟏蛸。是一种身体细长的暗褐色、八条腿晶莹剔透的长腿小蜘蛛，多在室内墙壁间结网，其网被认为像八卦，以为是喜事的预兆，故亦称"喜子""喜蛛"。北齐刘昼《新论·鄙名》："今野人昼见蟢子者，以为有喜乐之瑞。对于蟢子由门框等处悬吊下来，民间称之为喜兆，有'早吊喜，晚吊财'之说。"蟢子纹饰隐寓"喜"，既是谐音寓意，又是俗成会意。二是用喜鹊纹饰寓意喜。三是用双钱灯笼（张灯结彩）隐寓喜；四是直接用"喜"字表示喜，等等。

四、俗成会意

俗成就是约定俗成,对于纹饰的名称及其意义大家都这样理解,习惯上一直沿用,共同领会其吉祥之意。此即俗成会意。如珊瑚、犀角纹饰,因其稀有、物以稀为贵,故可会意为贵:尊贵、富贵。因其珍贵(价格昂贵)难得,故可会意为财:财富、财宝。如图8-05所示,宝珠、元宝、珊瑚、犀角等既可会意为金玉满堂,又可会意为富贵;方胜、太极则会意为幸福长久、长命;与文字金玉满堂长命富贵相呼应。

花钱中的纹饰,多与民俗相关联,因此民俗中用纹饰寓意吉祥的方式,在花钱亦会体现。如民间将桃子作为祝寿的礼品、寿星的供品,因此就将其俗成会意为寿桃,寿桃又直接表意为寿。又如纹饰梅花,民间视梅花为"梅开五福",因此梅花俗成会意为"五福""福"。再如将纹饰三朵桃花俗成会意为"桃园三结义"。

图8-07 镂空钱 纹饰为一根桃枝上三朵桃花及桃叶等,称之为一本三花,三花基本相同,呈倒三角形排列在U形花枝上。以主根为主轴,两侧枝叶基本对称,又有变化。

一本三花,用一根枝上三朵相同的桃花,表明同枝相连、花叶相依、同生共死,隐寓桃园三结义。桃园三结义,最初是小说《三国演义》里记载的故事。东汉末年(中平元年即184年春始),朝政衰败,天下大乱,民不聊生,农民起义蜂起。生逢乱世,刘备、关羽和张飞情趣相投、意气相合、志在报国、意欲从军,为了共同干一番大事业的目标,恰逢桃花盛开的季节,他们在涿郡张飞庄后桃花绚烂的园林里,备下乌牛白马,祭告天地,举酒结义:有难同当,有福同享;同心协力,救困扶危,不求同年同月同日生,但求同年同月同日死。刘关张桃园三结义,结为生死与共的兄弟,是流传久远、脍炙人口的佳话,后人崇拜之、继而仿效之,演变成我国民间社会一种极具人文色彩的礼仪习俗。我们再欣赏两枚关于"桃园结义"的花钱。

图8-08 无文钱 一面表现的结拜时祭告天地的场景:穿上为香炉,香烟缭绕,上达云天;穿两侧上半部分为烛台,烛光闪烁,照遍大地;穿下方为供品,乌牛白马,显示三人的诚心诚意。另一面表现的是三人结拜的场景:穿上纹饰为桃树及桃子,点明结拜的地方为桃园;穿下及左右为三件兵器,隐寓刘关张三人。刘备的兵器为雌雄双剑(双股剑),位于穿下居中为兄长;关羽的兵器为青龙偃月刀,位于穿右;张飞的兵器为丈八蛇矛,位于穿左。用刘关张使用的兵器隐寓刘关张三人,是民俗钱中常用的俗成会意。

图 8-09 吉语钱,手雕 长(長)命富贵(貴)/纹饰,隐寓桃园三结义,穿上为雌雄双剑、隐寓刘备,穿左为青龙偃月刀、隐寓关羽,穿下为长矛、隐寓张飞,穿右为桃树、隐寓桃园结义等。正面夹凸缘、背面刻花缘(如意波浪纹),芝麻底纹,双郭、四决。手雕,即手工雕刻,凭借榔头、凿子和刀子等工具,完全用手工直接在铜坯(亦有银质、钢质、木质、象牙、玉石等坯)上雕刻图纹模具的技艺。如祖钱(雕母)即为手工雕刻。从某种意义上来说,手雕制品具有唯一性,可以量身定做。

桃有避邪祛病、延年益寿之说。在民俗文化中,桃(桃花)是福寿的象征,是喜庆的象征,是仁义的象征,是美好的象征,是春天的象征,是驱邪的法物,等等。桃者,五木之精也,故压伏邪气者也(李时珍《本草纲目》:"桃味辛气恶,故能厌邪气。")。《齐民要术·种桃篇》说:"东方神桃九根,宜子孙,除凶祸。"可见,桃园三结义,不但是肝胆相照、忠义两全,而且是除凶避祸、福寿双全。故为人们津津乐道,代代传颂;贴画护院,铸币护身。

穿上下如意直接表意为如意,笔锭谐音寓意为必定,则组成吉语为"必定如意"。穿右左,蝠谐音寓意为"福",蝙蝠乘着祥云而来,俗成会意为"福从天降";仙鹤,松鹤延年,俗成会意为"长寿";古钱币雅称泉也是俗成会意,故双钱可称之为"双泉",谐音寓意为"双

图 8-10　吉语钱　元亨利贞（贞）/纹饰。纹饰分别为如意、蝙蝠伴着的祥云、笔锭、仙鹤以及两枚古钱币等。

全",因此穿右左又组成吉语"福寿双全"。

元亨利贞,含义丰富。可以解释为:四德(仁礼义智)、四时(春夏秋冬)、四方(东南西北)、四常(君臣父子)、四象(太阳、太阴、少阳、少阴)等。元者,始也,首也,天也,君也,道也,大也。亨者,通也,达也,盛也,献也,祀也,像盛祭品之器形。利者,宜也,象以刀断禾也。贞者,占也,卜也,正也,定也,坚也,诚也,守也。

元、亨、利、贞为《易经》中的四德,取自于自然界植物的生长过程。元:象征一个事物的初始,对应春天,植物的发芽。亨:象征一个事物的成长,对应夏天,植物的生长。利:象征一个事物的收获,对应秋天,植物的开花结果。贞:象征一个事物的收藏,对应冬天,植物的落叶过冬。古人认为,梅有四德:初生蕊为元,开花为亨,结子为利,成熟为贞。这是对元亨利贞最为形象的解释。

元,万物之始,缘起;亨,万物之长,亨通;利,万物之遂,义和;贞,万物之成,正果。元亨利贞,就有祝福万事顺利、万事亨通、万事成功，硕果累累之祥意。

五、随景定意

八宝纹饰的吉祥寓意并不是一成不变的，而是在不同的场景、不同的组合中，可能表达不同的寓意，显示了八宝吉祥之意的灵活多变。典型的如古钱纹饰，既可以直接表意为金钱，又可以俗成会意为财富，还可以雅称为"泉"，两枚古钱纹饰"双泉"谐音寓意为"双全"。至于究竟表达什么意思，要看与其搭配的纹饰而定，此即随景定意。

如道家八宝之葫芦，为八仙中的铁拐李、寿星南极仙翁、济公和尚等的法器，里面是灵丹妙药，解救平民百姓的疾病痛苦；神仙收鬼怪的法器都是葫芦，因此葫芦具有祛病辟邪镇恶化煞之功能，这些都是宗教命意。葫芦还有谐音寓意，葫芦谐音福禄，拥有葫芦，即意味着拥有福禄；赠送他人葫芦，即表示为他人祈祝福禄。葫芦还可随景定意，如葫芦的枝"蔓"与万谐音，成熟的葫芦里葫芦籽众多（籽谐音子，寓意多子），带有蔓枝的葫芦寓意"多子多孙、子孙万代、繁茂吉祥"。葫芦还能俗成会意，认定其是吉器（吉祥物），"合卺（jǐn），夫妇之始也"。将一只葫芦剖作一对瓢，以线相连用以饮酒合婚，古代称为"合卺"，象征新婚夫妻连为一体；亚腰葫芦在外形上看是由两个球体组成，象征和谐美满，寓意夫妻和睦恩爱、婚姻幸福美满；等等。

图 8-11　无文钱　一面纹饰为波浪翻滚，显示为茫茫人海；一棵大树，立于浪峰旁，于树前端悬挂一葫芦（药葫芦）；树根下，壶中仙端坐，手握葫芦（是降妖葫芦，还是酒葫芦、药葫芦，或是宝葫芦，也许都是），作沉思悟道状。一面纹饰为石榴树花果并茂；石榴树花开红红火火，寓意喜庆美满；石榴树果实累累，寓意多子多福；石榴寓意吉祥平安、事业兴旺，家族繁荣、儿孙满堂等，这正是悬壶济世的期望。葫芦、石榴（花、果）皆可随景定意。

在图 8-12 背面纹饰中，蝙蝠之蝠谐音寓意为"福"；五只蝙蝠向中心（穿、钱眼）飞去，形象地表现了"五福骈臻"的场景，展现了"五福临门"的吉象，还寓意"福到眼前"，这就体现了随景定意。不论定哪一种意，都是吉祥之意。

图 8-12　吉语钱　五福骈（駢）臻／纹饰。纹饰为五只简画的蝙蝠。

骈，本义指两马并驾一车；意即两物并列，成双的、对偶的等。臻，有"达到""到""来到"等义。骈臻，并至，一并到来。五福骈臻，指五种福气一并到来，亦即五福齐全。

六、宗教命意

花钱中的纹饰，多为民间民俗纹饰，亦有道家、佛家的纹饰。佛家吉祥纹饰主要是佛家八宝、佛教七珍，道家吉祥纹饰为道家八宝、道家拜斗法器（斗镜、剑、尺、秤、剪刀）等。佛家八宝（含七珍）、道家八宝（含道家法器）的寓意都是由其宗教意义而确定的，故定义为宗教命意。

佛家八宝、道家八宝（含道家法器）即使运用到民俗上，其意义主要由宗教命意，亦可随景定意。

佛家八宝，直接代表着佛陀身体的不同部位。又称八瑞相、八吉祥，为藏传佛教中八种表示吉庆祥瑞之物。八宝在藏传佛教中备受尊崇，并各具象征意义。佛家八宝含有佛法无边、神通广大、普度众生、吉祥如意、幸福圆满等寓意。

佛教七珍，亦称七宝，指七种珍宝。七宝珍表七菩提分（七觉分，是修行佛道必不可少的七种善法）。不同的经书所译的七宝各不完全相同，鸠摩罗什译的《阿弥陀经》所说七宝为金、银、琉璃、珊瑚、砗磲、赤珠、玛瑙；《无量寿经》以金、银、琉璃、珊瑚、琥珀、砗磲、玛瑙为七宝；《般若经》所说的七宝是金、银、琉璃、珊瑚、琥珀、砗磲、玛瑙；《法华经》所说的七宝是金、银、琉璃、砗磲、玛瑙、珍珠、玫瑰。

图 8-13　吉语钱　掌福消灾（灾）/ 纹饰。纹饰为四宝，穿上为火珠，下为铤（金、银），左为珊瑚一支，右为笏板一对。

掌福消灾。掌，本义为手掌、手心，引申之义有把握、主持、主管、负责等，如掌管。掌福，意为把握福气，即将福气把握、掌管在自己的手中；我福我掌管，因为福气是自己创造的。消灾，意为消除灾害、灾难。掌福消灾的意思就是把握、掌管好自己的福气，消除那些灾害、灾难；亦为只有主动积极地创造福气，广种福田，才能消灾；故有集福（积福）消灾之说。这正是反映了宋金时期（此钱币大致铸造时期）人们反对战乱、祈求平安的基本诉求。

对于背面四宝，我们可以从民俗、佛教两个角度去理解其寓意，既有随景定意，又有宗教命意。

火珠，即火齐珠，宝珠的一种，是琉璃的别名。

金铤、银铤，作为古代的流通货币，形状类似猪的肾脏的金、银制品（俗称"猪腰银"）。古代银铤主要出现在唐、宋、金时期，除了国家储备、民间窖藏以外，还作为上贡、进奉的礼品。到了宋代渐次演变为国家和地方税收的特种货币。南宋黄金货币因为价值高，所以并不直接参与日常的商业流通。

珊瑚，与珍珠、琥珀并列为三大有机宝石。其是由珊瑚虫分泌出的石灰质骨骼聚结而成，以微晶方解石集合体形式存在，均为海产。珊瑚形似树枝，颜色鲜艳美丽，可作装饰品。

笏板，又称手板、玉板或朝板。是古代臣下上殿面君时的工具。《礼记·玉藻》："凡有指画于君前，用笏；造受命于君前，则书于笏。"朝笏兴于周而废于清，在中国古代也是地位的象征。如执笏，即是指在朝为官。

简而言之，火珠、铤、珊瑚寓意财富（金银珠宝），笏板寓意尊贵，四种纹饰寓意的核心为富贵，也表明人们在平安的基础上，对福又有新的追求。

其中，火珠即琉璃，铤即金银。琉璃、金银、珊瑚为佛教七宝的组成部分，寓意更为祥瑞广泛。体现了"掌福消灾"的佛教内涵。

金银，金代表健康平安，"金身护体，百病不侵"，寓健康长寿之意，金还有旺财的意思；银也代表健康长寿，还是避邪之物，代表着"佛祖"的光芒。铤既可为金，又可为银，因而具有金银的所有寓意。

火珠即琉璃。火珠本身有红红火火、兴旺发达之意；琉璃为"天生神物，非是人世炼石造作，焰火所成琉璃也"。人石通灵，洁净心身，旺体护身，开启脉轮（脉轮是人体的生命之钥，沟通着物质和灵性，是生命力的核心）。

珊瑚，佛教中普遍用红珊瑚（视作如来的化身）。珊瑚具有防灾祸、增智慧、结佛缘之功能，被视为富贵祥瑞消灾之物。

得七宝而民安。该吉语钱背面纹饰取七宝之三,佛缘深厚,寓意丰富。既引人积极向善,广种福田;又佑人平安长寿,辟邪消灾;更促人身心健康,兴旺发达。

道教之拜斗中有斗镜、剑、尺、秤、剪刀等五种法器,也象征五方五行之数。剪刀:代表朱雀(属火,位南方,有剪除凶神恶煞作祟之意)。木尺:代表青龙(属木,位东方,有立正气之意,衡量人生功过,秤度量衡器,祈祷延寿)。宝剑:代表白虎(属金,位西方,有镇压邪魔之意)。秤:代表勾陈(属土,位中方,有人之本命之意,称量核算人间善恶功过之寓意)。镜子:代表玄武(属水,位北方,有照光明团圆之意)。一般道坛常使用木尺、剪刀、镜三种,有代表剪邪立正照光明之意。锁片中常见木尺、剪刀、宝剑(辟邪剑)三种纹饰,其代表立正剪邪镇魔之意。

道家八宝,是八仙的法器;亦称暗八仙(以法器暗指仙人)。

铁拐李在民间传说中为八仙之首,又称李铁拐。《历代神仙通鉴》载:李凝阳从老子和宛丘生魂游华山,嘱弟子曰:"倘游魂七日不返,

图8-14 宗教钱 无文钱。两面均为人物,一面为铁拐李、张果老、吕洞宾、蓝采和四仙,另一面为汉钟离、何仙姑、曹国舅、韩湘子四仙。

方化我尸魄。"不料弟子因母病危，六日提前将其尸体焚化，游魂无依，附于林中一饿死的乞丐身上，变得形极丑恶，跛右脚。老子舍以真道不可着相，只须功行充满，便是异相真仙。铁拐李的形象通常是挂铁拐，背酒葫芦，游历人间，解人危难。葫芦、铁拐为其宝物。

张果老是八仙中年迈的仙翁，名张果，因在八仙中年事最高，尊称其为张果老。新、旧《唐书》有传，武则天时，隐居中条山，时人皆称其有长生秘术，他自称年龄有数百岁，武则天曾派使者前去召见，张果老佯死不赴。唐玄宗开元二十一年，玄宗诏赐张果老为银青光禄大夫，并赐号通玄先生。《续神仙传》称：果"常乘一白驴，日行数万里。休则重叠之，其厚如纸，置于巾箱中，乘则以噀之，还成驴矣"。当系后来张果老倒骑毛驴形象的雏形。渔鼓、纸驴为其宝物。

吕洞宾，五代宋初著名道士吕岩，号纯阳子。八仙中流传故事最多的当数吕洞宾。有说他是九江人，原为唐宗室，因避武后之祸，易姓为吕。他始名绍光，二十余年科场不第，遂罢举而纵游天下，后被钟离权点化成道。得道后曾云游江淮斩蛟除害。元明以来文艺作品及民间传说的八仙故事中，多以他为中心，并将其塑造为手持宝剑，能解救人间苦难的游侠形象。他是八仙中人情味最浓的一个，潇洒、风趣，为民除暴安良，斩妖除怪。宝剑为其宝物。

蓝采和是八仙中玩世不恭、似狂非狂的行乞道仙。其为唐末至五代时人，行为怪僻，贪杯喜唱，平时穿一身破蓝衫，一只脚穿只靴子，另一只脚则光着。平时他手持三尺有余的大拍板，一边打着竹板，一边踏歌而行，沿街行乞，行为癫狂，又好周济穷人，他唱的歌很多，大都是触景而生，不仅令世人觉得其高深莫测，而且颇具仙意。花篮、大拍板为其宝物。

汉钟离，钟离权，复姓钟离，字寂道，号云房子，又号正阳子，道号和谷子。东汉咸阳人，其父钟离章为东汉大将，其兄钟离简为中郎将，后也得道成仙。入山修炼得道，下山后飞剑斩虎，点金济众后升天成仙。钟离权自称"天下都散汉"，艺术形象为手拿扇子，袒露大肚，乐呵呵的胖子，以突出其散仙的风度。扇子、鼓为其宝物。

何仙姑是八仙中唯一的女性。一说她是宋朝人。宋代的一些文人笔记多称她为北宋永州（零陵）人，有称她幼遇异人，得食仙桃成仙。有称她放牧于郊野，遇异人送仙枣，食后而成仙。宋人笔记中还记载了何仙姑一些为人占卜休咎，预测祸福的事迹。荷花为其宝物。

曹国舅排名八仙之末，其身世和宋仁宗的曹皇后有关，《宋史》有传其为曹皇后的弟弟。他性情和易，通晓音律，喜爱作诗，封济阳郡王，身历数朝而一帆风顺，年七十二而寿终。《神仙通鉴》云：曹国舅天性纯善，不喜富贵，却慕恋于仙道，其弟则骄纵不法，恃势妄为，曹国舅对其恶行深以为耻，遂入山修炼，遇钟离权、吕洞宾而收他为徒，很快曹国舅修成仙道。玉板为其宝物。

韩湘子，字清夫，据说是唐吏部侍郎、著名文学家韩愈之侄，或外甥、侄孙，历史上韩愈确有一个叫韩湘的侄孙曾官大理丞。神话小说《八仙过海》中有民间大旱，韩湘子为民众吹箫降雨一节。笛子（箫）为其宝物。

八仙过海各显神通、八仙庆寿等神话传说，表明人们十分喜爱八仙,是期盼八仙驱邪降魔、祈福颂安的美好愿望,是歌颂八仙惩恶扬善、神通广大的真诚体现。

图8-15 吉语钱 华(華)封三祝 纹饰/同庆(慶)千秋 纹饰。两面的纹饰为暗八仙:正面分别为渔鼓(穿左上角)、铁拐葫芦(穿右上角)、横笛(穿右下角)、阴阳板(穿左下角);背面分别为荷花(穿左上角)、宝剑(穿右上角)、花篮(穿右下角)、道扇(穿左下角)。暗八仙纹饰不仅丰富了钱币面背的空间,还烘托了祝寿的喜庆氛围。

暗八仙,指的是八仙(铁拐李、汉钟离、张果老、蓝采和、何仙姑、吕洞宾、韩湘子、曹国舅)所持的法器,以法器暗指对应的仙人,故称为暗八仙。

暗八仙,意即八仙在暗处、其法器在明处,照样发挥八仙的法力。八件法器又称之为道家八宝。在花钱、建筑装饰、家居装饰等工艺纹饰上,雕刻八仙所使用的法器(没有雕刻八仙本身的形象),犹如八仙亲历,具有八仙同样的法力。

有的八宝花钱中,有葫芦、道扇等,更容易使人误认为是"暗八仙"。对此,我们将暗八仙(道家八宝)与八宝(吉祥八宝)做一个比较分析。

暗八仙组合固定；吉祥八宝可以随意组合（因情因景），比较灵活。暗八仙是专指，即道家八宝；吉祥八宝是多指，杂宝中选取八件即为八宝。暗八仙的寓意主要是健康长寿、万事顺遂；吉祥八宝的寓意主要是珍宝丰盛（富贵）、吉祥如意等。两者都祈福颂祥，角度有所侧重，寓意有所不同。

暗八仙，是道家八宝，可简称之为八宝，但八宝有民间吉祥八宝、道家八宝、佛家八宝，尤其是常见的吉祥八宝，不能称之为暗八仙。通常所谓八宝，如无特别说明，均是指吉祥八宝。因此，莫将"八宝"当"暗八仙"，只有道家八宝才能称之为"暗八仙"。

图8-16 钱文刻画钱。 咸丰（豐）重宝（寶）/当（當）五十宝泉（满文）。夹花缘，阳刻回纹。阳刻地章暗八仙，道扇 莲花 葫芦 横笛／阴阳板 渔鼓 花篮 宝剑。

花钱中纹饰，本章主要赏析的是吉祥八宝等，还有其他类型的纹饰未及详细赏析。就广义而言，无文钱就是纹饰钱，绝大部分镂空钱也是纹饰钱，纹饰是花钱中的重要组成部分。纹饰，品种繁杂，花样百出，寓意多多，吉意满满，这正是花钱的魅力之所在。

| 第九章 |

钱文续祈福

花钱的起源之一，就是从人们将行用钱作饰物佩戴（西汉时期就有了佩钱的习惯）开始的。民间认为，钱本身就具有神力，能通神，亦能辟邪压祟；旧时压岁钱即含此意。同时，古钱币其形制、其钱文，无不祈吉，因此人们将其当作饰品佩戴，可随身祈福护佑。为了与行用钱有所区别，在其上面铸刻吉祥符号、吉语等，渐发展成为吉语钱；或者在上面铸刻压胜符号，渐发展成为压胜钱。发展以后，还继续保留原行用钱钱文的，我们称之为钱文钱。简而言之，钱文钱就是有钱文（与行用钱相同的钱文）的花钱，钱文钱是花钱早期的主要品种。

在过去封建社会时期，改朝换代，都要新立国号、年号。尤其是年号，历代帝王遇到"天降祥瑞"或内忧外患等大事、要事，一般都要更改年号（改元）；大多还要开铸新年号的行用钱。年号用词，极为讲究，寓意吉祥，亦成吉语。故用行用钱之钱文铸的民俗钱，称为钱文钱，实际上亦是吉语钱。在古钱币上铸刻吉祥纹饰、用古钱币钱文铸造花钱，既传承原钱文的吉意，又包含新的吉意，吉上加吉，上上吉，成为花钱中的佼佼者。

钱文钱，既有官铸，亦有民铸。部分铸有钱文的开炉钱、赏赐钱等，就是官铸的钱文钱。后来，宫廷为了特殊用途而铸造的面文为钱文的花钱，称为宫钱，亦是官铸的钱文钱，是钱文钱中重要的一部分。宫钱源于唐代，盛于清代。宫钱官炉铸造，选材精良，形制精致，图文精美，工艺精湛，是花钱中的精品。如清代的宫钱，大多正面为年号钱文，背面为"天下太平"等其他吉语或八卦卦符等其他纹饰。

钱文钱，有的是与相同钱文的行用钱同时期铸造的，有的是后期使用前期的钱文铸造的,也有的是后期托前期的年号铸造的(如正德通宝钱文钱)。

一、龟蛇星剑

在钱文钱中,有一系列背面所铸的纹饰为龟蛇七星剑,通常由龟、蛇(或者龟蛇合体)、七星、剑(或为双剑)组成。龟蛇纹饰隐寓玄武大帝;七星,从纹饰构图来看,应该是北斗星,七星(北斗)纹饰的寓意即为消灾解厄;剑为玄武大帝的法器。

图 9-01 钱文钱 大泉五十/龟蛇星剑纹饰。背面纹饰,穿上下为蛇、龟,穿左右为七星、剑,暗喻为玄武大帝。

称钱为泉,先秦已有之;铸钱称泉,汉莽首为之,大泉五十为始。说到大泉五十,就必须谈谈王莽的货币改革。

王莽(前 45—23 年),新朝的建立者。公元 8—23 年在位。《汉书·传·王莽传》(东汉班固著):"今百姓咸言皇天格汉而立新,废刘而兴王。夫'刘(劉)'之为字'卯、金、刀'也。正月刚卯,金、刀之得皆不得行。"王莽感到五铢钱"铢（銖）"字的"金"旁，有繁体"劉"姓"金"的标记；称货币为"刀"，亦有繁体"劉"姓"刂"之立刀的标记。为避免讳忌，尽废五铢钱，并将其于居摄二年所铸契刀五百、一刀平五千等币，都在公元9年（始建国元年）一律罢废；将"钱"一律改为"泉"，先后铸有"大泉五十""小泉直一""幺泉一十""幼泉二十""中泉三十""壮泉四十"（六泉，值一、一十、二十、三十、四十、五十为纪值，表明货币本身的价值及相互之间的换算关系）以及"货泉""布泉"等。这是王莽在货币铸造、钱文上的一次革命（后人有时将王莽时期所铸钱币称为莽钱），为货币发展改革增添了丰富的一页。

图9-02　行用钱　大泉五十/合背。

莽钱之"泉"篆书，独具个性，称之为悬针篆（是小篆的一种。悬针是指竖画收笔出锋，像钢针一样悬起）。莽钱之"泉"，其字本身具有"源泉"的条形，阳文悬针篆书"直竖中断"之泉。寓意他实行的币制改革，如潺潺泉水，取之不尽、用之不竭。王莽的币制改革，将"泉"真正作为货币的代名词运用到前所未有的地步,使"泉"的意义真正丰满起来!

大泉五十,大是指钱面值较大(为六泉中最大面值),泉是钱的代称,五十是面值,大泉五十意为此枚大钱当(值)五十枚五铢钱或"小泉直一"钱,即大钱当五十。

道教信奉的真武大帝,源于古代宗教中的玄武崇拜,玄武随着"四象"崇拜进入道教神系,充任四方守护神中的北方之神。北周有文献记录玄武受到官方祭祀,唐代已有玄武专祠。到宋代,真武神(宋真宗时,改玄武为真武)成为官方及民间极为尊崇的道教大神。到了明代,上自天子,下及庶人,对真武莫不顶礼膜拜,真武信仰迅速遍及全国,香火极盛。玄武成为人们崇拜的北方之神、水神(明代宫内多建真武庙就为祈免水火之灾)、阴阳交感演化万物的象征、戈之事的主持者、司命之神等。入清以后,真武在官方祀典中的地位大为衰减。但在民众精神生活中真武信仰影响犹在,民间尊称其为荡魔天尊、报恩祖师、披发祖师,成为众多民间行业的守护神。

由此可见,此类钱文钱背龟蛇七星剑纹饰的铸造,始于唐宋,盛于明清。寓意为玄武大帝护佑:福德衍庆,仁慈正烈;风调雨顺,国泰民安。

五行大布,是北周(557—581年)发行的。北周武帝宇文邕建德三年(574年)六月铸,铜质,圆形方孔,篆书(玉箸篆)"五行大布"四字。《周书·武帝纪上》:"壬子,更铸五行大布钱,以一当十,与布泉钱并行。"钱文及制作均极为精美。玉箸篆又作"玉筯篆",小篆的

图9-03 钱文钱 五行大布／龟蛇星剑纹饰。

一种。顾名思义,字体笔画粗壮,犹如玉箸(箸,俗名筷子)一般线条。玉箸篆在字形上呈长方形,结构往往有左右对称的现象,给人挺拔秀丽的感觉。

五行:金、木、水、火、土,古人认为这五种物质构成世界万物,五者相生相克(相生,谓一物对另一物起促进作用;相克,谓一物对另一物起抑制作用),使宇宙万物运行变化,形成各种现象,这五种物质称之为五行。《孔子家语·五帝》:"天有五行,水、火、金、木、土,分时化育,以成万物。"清·厉鹗《东城杂记·备万斋》:"且人也,同得阴阳五行之气以成形也。"

钱文五行大布的意思,就是取五行"相生相克、繁衍不息"之意,取大"规模广、程度深"之意,取布"分散到各处"之意(布本身亦是古代钱币的名称之一);祈国运昌盛,福运如五行繁衍不息而广为分散到天下各地。随着五行大布钱币的流通,阴阳五行学说也随之流传,正所谓:五行大布布五行。五行大布,不但字体秀丽,而且有着美好的寓意,所以受到人们的喜爱。人们都真诚地祈望福运繁衍不息、广

第九章 钱文续祈福

图 9-04 钱文钱 此枚钱文钱与上图基本类似，但文字、纹饰还是有明显区别的。尤其是"行"字，别具一格。

图 9-05 钱文钱 永通万国（萬國）/龟蛇星剑纹饰。

为散布。

永通万国，为北周静帝宇文阐，大象元年（579年）始铸。面文"永通万国"，玉箸篆，笔法华美，字口深峻，布局和谐，制作精美，形体厚重，堪称"北周三品"之首。此币币值虚高（一说一枚当折一钱五万枚、一说一枚当五行大布钱十枚），民不乐用，流通时间不长。

"永通"意为永远通行，"万国"意为天下万国可用。表明了该钱铸行意在流通时间久远、流通区域广泛，加上面值较大，堪为贵重；亦寓意人长命百岁、畅游万国。惜生于北周末期，未能永通，更未能万国可用，然铸造精美，寓意优美，使其新泉（后世用其名铸造钱文钱）频出，得即珍藏，以致永远流传、通至万国。正所谓，制作精美寓意深，永通万国泉成真。

在钱文钱的背面铸上玄武大帝的形象或者龟蛇七星剑等，是人们对玄武大帝膜拜、祈求玄武大帝护佑的表现。特别是龟蛇七星剑纹饰，既有玄武、又有北斗，还有玄武的法器，加上钱文本身的吉语内涵，玄武护佑、消灾解厄、斩妖除魔、祈福辟邪的意味就更加浓厚了。常见的铸龟蛇七星剑的钱文钱还有"太货六铢""常平五铢""周元通宝""唐国通宝""大观通宝"等。

二、景和四铢

在钱文钱中，有一独特的系列，即钱文钱马钱：一面为钱文，一面为马图，姑且简称之为钱文马钱。

自宋代始铸马钱以后，偶有将钱文与马图合铸一体；明崇祯时期独具一格，在行用钱的背面铸马图，称之为"跑马崇祯"，后世仿铸之，形成钱文马钱；其后的清朝亦有不同的钱文马钱出现。目前已见到的钱文马钱有：乾封元宝、大定通宝、元丰通宝、崇宁通宝、太平元宝、至正通宝、崇祯通宝、乾隆通宝、道光通宝等。另外还有贞观十骥、大宋金钱、崇宁将马、大观将马、景和四铢等与国号、年号等钱文相关的马钱，亦可视为钱文马钱。

图9-06 马钱 景和四铢（铢）/马图。马图为左向昂首回眸立马。

景和，为南朝宋前废帝刘子业（449—466年）景和元年铸行。该钱为二铢小钱，当年由官府颁布标准样式，交民间依样鼓铸，再交由官府验收合格后通行，严禁盗铸剪边，故该钱文字轮廓精整。废帝改元后三月因残暴遭弑，故景和存世极稀罕。

四铢，铸于南朝宋文帝刘义隆（407—453年）元嘉七年（430年），重如其文，解钱币短缺、国用不足之局面。

因此，该钱文马钱的钱文为年号（景和，亦有相应的行用钱）与行用钱钱文（四铢）组合而成。

四铢、景和，均为南朝宋（亦称刘宋）所铸。四铢为南朝第一种铸币。铸"四铢"的宋文帝刘义隆为铸"景和"的宋前废帝刘子业的祖父，两人的结局均为被弑杀。不同的是，宋文帝刘义隆是开创元嘉之治的有为之君，却被自己的亲生儿子所杀；年少无道的暴君宋前废帝刘子业，被叔叔湘东王刘彧等人所杀。

宋文帝刘义隆从其兄（宋少帝刘义符，因游戏无度被废）手上获得皇位，在位三十年。在位期间宋国境内政治、经济、文化均得到较大的发展，尤其是"元嘉文学"（代表人物有谢灵运、颜延之、谢惠连、谢瞻、王微、鲍照、裴松之等）在中国文学史上留下浓墨重彩的一笔。惜其好猜忌，视兄弟如豺狼，视大臣如仇敌，大失人心。元嘉三十年（453年）二月，被太子刘劭弑杀。其首铸"四铢"，却被"弑主"，令人惋惜。

武陵王刘骏（刘义隆第三子）随即起兵讨伐刘劭，并于当年五月即皇帝位，攻下京城，诛杀刘劭及刘浚。铸"孝建四铢"。大明八年（464年）二月十六日病逝，传位于不孝之子刘子业（对其年号"孝建"是个莫大的讽刺）。

刘子业，即位时其年16岁。其少时偏激暴戾，常被其父孝武帝训斥。登基后，日益凶残暴虐，不断杀人，荒淫无度，狂悖无道。其先后铸币"永光""景和"。刘子业在位一年多，滥施淫威，文武百官惶惶不可终日，宫廷内外怨声载道，没有一天的光景是和谐的；正是"景和"无和，天怒人怨，终遭弑杀。

由此可见，景和四铢，"四铢"之主遭弑、"景和"之年无和，寓意不佳。其钱文是否是影射明末的乱象，还是谴责刘宋手足相残的怪象，不得而知；背铸回眸立马，是不堪回首，还是与往昔告别，耐人寻味。

赏币读史，不由令人感慨万分：

代晋立宋武文昌，元嘉之治谱华章。
弑父杀兄断宁日，家风不正掌朝纲。

孝建未成出逆子，荒淫无度民遭殃。

铸币留得骂名在，感恩当下颂吉祥。

三、太平通宝

太平是指社会安定，泛指平靖无事，为极盛之世。出自《吕氏春秋·大乐》："天下太平，万物安宁。"《史记·秦始皇本纪》："黔首修絜，人乐同则，嘉保太平。"自古以来，上至文武百官，下至平民百姓，无不期望太平盛世。

太平盛世，是社会秩序平定、国家兴旺发达的时期。古代民间有言：宁做太平犬，莫做乱世民。历代帝王将相无不祈求天下太平。行用钱有太平钱文，花钱也有不少太平钱文。

太平通宝，为宋太宗（太祖赵匡胤之弟赵匡义，939—997年）始铸。宋太宗登基后，定年号为"太平兴国"（976—984年），铸钱为"太

图9-07 钱文钱 太平通宝/龙凤图。文字并足（每个字的足部位于穿上、首部位于缘下，呈四字立于穿上之势，谓之并足）于穿；"宝"字为简体字，在古钱币及花钱上极少使用；双点通。背面为龙凤纹饰，寓意太平盛世、龙凤呈祥。

平通宝"，为宋代第一种年号钱。宋太宗开中国御书钱之先河，亲笔题写了太平、淳化、至道等钱文。太平兴国元年（976年）铸造的"太平通宝"，既是年号钱，又是御书钱，在中国货币史上的地位无可替代，开创了一个崭新的钱币发展时代。自此以后，铸行年号钱，成为宋朝的制度和传统。年号钱成为中国古代流通货币的主流品种，尤其是明代、清代钱币，更是如此。

最早立年号太平的，是乱世南朝梁敬帝萧方智（543—558年），年号太平（556—557年）仅存一年，可惜自身难保，天下大乱。

太平，表达福禄贞喜之吉意，富有瑞气盈门之祥兆，更是万福存在之洪基，历来为世人所祈求。因此，太平通宝，在宋代就被民间用来作压岁钱。人们多在新年伊始悬挂或佩戴此钱，祈求家人出入平安、前途平坦、遇事公平、平步青云；祈求天下太平、四海升平。后来在此基础上，发展成多种版式的吉语钱文钱。

"太平通宝"，寓意吉祥，后世亦有仿铸。南宋高宗朝前后、南宋高宗建炎年间李婆备起义军、辽圣宗太平年间、明孝宗弘治年间大理

图 9-08　行用钱　太平通宝（寶）/光背。

国等均铸造过太平通宝；清末上海小刀会起义军（1853—1855年）年间铸造有"太平通宝"钱。清末太平天国（1851—1864年）亦铸有含太平钱文的货币。境外也有仿铸，安南（今越南）、日本等国历史上也铸有太平通宝，安南顺化太祖阮璜1627年铸太平通宝，日本镰仓时代（1185—1333年）民间亦私铸有太平通宝。

太平通宝钱文钱，明清时代铸造较多，体现了人们期盼太平吉祥的愿望。常见的版式不少，背纹饰有福鹿、宝泉龙凤、单龙戏珠、龙凤、龙虎、炼丹人物（民国）、花卉、人物典故等；背吉语有百福百寿、福寿康宁、今科状元、今科解元、一本万利、招财利市、景星庆云、千福百寿等。另见有邻国铸造的太平通宝花钱。

图9-09 钱文钱 太平通宝（寳）/掌福消灾（灾）·纹饰。纹饰为七星、宝剑。

吉语掌福消灾，意为掌控福运、把握福气，消除灾害、免除灾祸。纹饰七星、宝剑，七星即为北斗、宝剑即为将军剑（翌盛将军的佩剑），七星、宝剑暗喻北方真神玄武大帝，寓意玄武大帝为众生延年益寿、掌福消灾。北宋开宝年间（宋朝初年，968—976年），玄武神降于终南山。太平兴国六年（981年）封为翌盛将军。这也是玄武大帝与太平通宝结缘的来由。

太平盛世的景象：国家政治清明；人民安居乐业；官尽其职，民尽其力，物尽其用；周边无弱国，周边无敌国，周边无有敌意的强国；朋友越来越多，反对者越来越少；风调雨顺，无灾无难；青山绿水，环境优美；家庭和睦，邻里和谐。一派欢乐祥和、和平安康的景象。

祈中华民族伟大复兴，中华儿女共享太平盛世。

四、洪武通宝

牛得自由骑，春风细雨飞。

青山青草里，一笛一蓑衣。

日出唱歌去，月明抚掌归。

何人得似尔，无是亦无非。

——唐·栖蟾《牧童》

牧童，一直是喜爱原野、农耕的文人墨客吟唱和描绘的主题之一。表达了人们对远离喧嚣、融入自然、安然自乐、悠闲自得的生活状态的向往。

在农耕社会，放牛成为许多农家孩子的必修课，一般家庭自家有牛的为自家放牛，贫困家庭的孩子为地主家放牛。明朝开国皇帝朱元璋就是从放牛娃起步的，他放牛的故事，成为人们津津乐道的话题。

明朝开国皇帝朱元璋，登基前铸"大中通宝"（1361年始铸），登

图 9-10　钱文钱　洪武通宝（寶）/ 牧牛图。纹饰为牧童放牛：放牛娃（似一小和尚）骑在牛背上，神态自若，牛悠然地拖着尾巴，边回首凝望、边慢慢前行，栩栩如生，和谐自然，充满了浓郁的乡村气息。

基后铸"洪武通宝"（1368 年始铸）。《明史·食货志》曰："(戊申、太祖）即位，颁洪武通宝钱，其制五等：当十、当五、当三、当二、当一。当十钱重一两，余递降至一钱止。"工部宝源局及各省宝泉局铸行"洪武通宝"，钱文真书，竖读。为避讳皇帝朱元璋之"元"字，明代所有钱币统称通宝，不称元宝。

洪武，含义是洪大的武功。喻在政治上、军事上有雄才大略，立下了盖世奇功，开创了新的王朝。读来有张显武事雄威之意，不失淮右豪杰之气。一般来说，封建王朝在年号制定的程序上，通常是由翰林儒臣预先拟定几个备选方案，而后呈奏新君，从中选择其一作为正式的年号。唯独"洪武"是个例外，它是由朱元璋本人亲自创制的。其表明了开国兵事最盛，展现了建国武力之威，朱元璋亲力亲为，率领众将建立了不朽的洪大武功。

朱元璋（1328—1398 年），濠州钟离（今安徽凤阳东北）人，幼名重八,参加农民起义军后改名元璋,字国瑞,元末农民起义军首领。明朝开国皇帝(1368—1398年在位),史称明太祖,卓越的军事家、战略家、统帅。朱元璋幼时贫穷,曾为地主放牛。元至正四年(1344年),入皇觉寺,后四处讨饭;25岁时参加郭子兴领导的红巾军反抗元朝,至正十六年(1356年)被部下诸将奉为吴国公。同年,攻占集庆路,将其改为应天府。至正二十八年(1368年)在应天府称帝,国号大明,年号洪武。后结束了蒙元在中原的统治,平定四川、广西、甘肃、云南等地,最终统一中国,成功地建立了一个强大统一的明帝国。

钱文钱"洪武通宝"版别不少,常以帽、笛(箫)、牛尾等不同作为区分版别的主要依据。

钱文钱"洪武通宝"铸于何时?

首先其不可能是明代铸造的。洪武通宝钱文钱既表明朱元璋是放牛娃出身,还表明朱元璋做过和尚(牧童无帽,和尚头、穿和尚服即隐含此意),这在明朝是万万不可能铸造的。因为如此做,犯讳直接揭露皇帝身世并铸于钱上者,在当时可是灭九族之罪;而后承的明代历朝皇帝都对祖宗奉若神明,更不可能允许这欺祖辱祖之罪行发生。

也不可能是清代官方铸造的。虽然清代许多方面承袭明制,但对于"反清复明"是时刻提防的,尤其是清早中期,不可能铸造明代行用钱钱文的钱币;更不可能铸造明代开国皇帝身世内容的钱币,引起人们对明代的怀念;也不可能允许民间公开铸造此钱币。

由此可见,洪武通宝钱文钱是清代中后期民间私下铸造的可能性最大。一般认为，制作较为精良的高浮雕洪武通宝钱文钱，为清代铸造，甚为少见。常见的多为民国仿铸、后铸的，也有是邻国铸造的。

图9-11　钱文钱　洪武通宝（寳）/牧牛图。牧童骑于左向行牛背上，双手持箫待吹，悠然自得。

为什么要铸造洪武通宝钱文钱呢？

怀念说。朱元璋少年贫穷，为地主家放牛；后入皇觉寺不久，讨饭为生。这些经历为其后来吃苦耐劳、坚定起义、勇往直前、体恤民情、勤政廉政奠定了坚实的基础。民间敬佩、官方敬仰。至清末，民间通过铸造洪武通宝钱文钱来表达对其的怀念。也期望为君者如洪武帝那样体察民情、轻徭薄赋、励精图治。

明志说。也不排除民间人士通过铸造此钱，表示对清朝统治的不满、表明"反清复明"的志向。

励志说。牧童骑牛纹饰，形象地刻画了朱元璋少年时期牧牛、为行脚僧的经历，展现了一代开国皇帝少年的艰辛生活。铸造此钱，激励人们奋发图强，抱有"天将降大任于斯人也"的心志去面对苦难、去争取成功。

祈吉说。洪武放牛时，机智灵活，时得天佑，有不少佳话流传。人们认为，有洪武的威望在，可保牛、牛主人、放牛娃平平安安。故有此洪武通宝钱文钱，可祈吉祥平安。

压胜说。钱文钱洪武通宝背佛像祥云、牛马羊纹饰等，可能是民国时期铸行的，一般挂于牲口棚处作压胜用，在东北地区常见。

图9-12　钱文钱　洪武通宝（寳）/ 四福。背面文字聚首（每个字首部朝向穿，足部立于缘，呈文字向中心集聚之态，谓之聚首），寓意四方福来、福泽四方等。

无论是哪一说，都是从不同的方面体现了花钱的功能。每一枚洪武通宝钱文钱，可解释的角度很多，只是各有所侧重而已。这也是洪武通宝钱文钱版别多样的主要原因之一。

五、正德通宝

正德，为明武宗朱厚照（燳）（1491—1521年）的年号（1506—1521年）。朱厚照为大明王朝第十位皇帝，史称正德皇帝。1505年登基，在位仅16年即驾崩，葬于北京十三陵之康陵。明朝使用正德这个年号一共 16 年。正德十六年四月明世宗即位沿用。

对武宗朱厚照，历史评价褒贬不一，或贬多于褒。

其从小机智聪颖，喜欢骑射。即位后沉溺于女色，宠"八虎"，修豹房，曾因玩火使乾清宫失火，置国政于不顾。武宗虽是荒唐，为政期间荒淫无道，但大事不糊涂，仍时常上朝听政、批复奏章，决定国家重大事件。处事刚毅果断，弹指之间诛刘瑾，平安化王、宁王之叛，大败蒙古王子，且多次赈灾免赋。

正德年间国力衰微，其虽嬉游玩乐，却也有抵御边寇之功，不至于朝廷亡乱，如果有孝宗（明孝宗朱祐樘，朱厚照之父）的制节谨度，则为明君。在位时臣下仍有不少贤才，也从侧面反映出其治下总体上仍有可称道之处。

图 9-13 钱文钱　正德通宝（寳）/龙凤图。纹饰为龙凤，寓意游龙戏凤、龙凤呈祥。

武宗朱厚照在位期间并未铸钱，因此行用钱并无正德通宝。存世的正德通宝，虽有嘉靖六年的补铸，其存世量极少；早先是明末清初铸造的压胜品，存世量不多；清代中后期、民国时期，民间铸造的比较多。其工艺和材质各不相同，多以黄铜为主。背面多龙纹、龙凤纹、牡丹、吉语等。

正德一词，不是明朝首创，而是早就有之。

正德语出《尚书·大禹谟》："禹曰：於！帝念哉！德惟善政，政在养民。火、水、金、木、土、谷，惟修；正德、利用、厚生，惟和；九功惟叙，九叙惟歌。戒之用休，董之用威，劝之以九歌，俾勿坏。"《左传·文公七年》："六府、三事，谓之九功。水、火、金、木、土、谷，谓之六府。正德、利用、厚生，谓之三事。"《左传·襄公二十八年》："夫民生厚而用利，于是乎正德以幅之。"《孔安国传》云："正德以率下，利用以阜财，厚生以养民。"

可见，正德即端正德行、正身之德，尽人之性、以正人德，尽物之性、以正物德；在位者要自正其德，正己方可治民，方可利用而厚生。后人以正德、利用、厚生为三德。三德表明只有既正人德，又正物德，方能取自然资源之利而用之，可达使人们物品厚实、生活富足、社会和谐太平之目的。

明正德年间未铸钱币，故无正德年号的行用钱。那为什么后人要借正德之名，铸正德通宝花钱（压胜钱）呢？

按说明武宗既不是开国皇帝，又不是中兴之主，更不是盛世之君，并无丰功伟绩，亦未威震天下，还不福寿延年，后世是不会因崇拜敬仰而托其年号铸造压胜钱的。

补铸说。据《明史·食货志》，嘉靖六年（1527年）补铸累朝未铸铜钱（明建文、正统、景泰、天顺、成化、正德年间均未正式铸过

第九章 钱文续祈福

图9-14 钱文钱 正德通宝（寶）/太平。

年号钱）。补铸的行用钱，但未见流通，亦未见行用钱实物资料；有可能补铸的就是钱文钱，但存世量不多。

游龙说。明武宗生性好游，《明史》谓其"耽乐嬉游"，皇帝贵为真龙天子，故民间称其为游龙。到了明末，世人称正德皇帝为游龙，传言佩带此钱（正德通宝）可镇风涛、渡江可保平安。因此民间以高价求购正德钱，一二文可值银一两，抬高了正德通宝的身价。明末时铸的正德钱多数为小平光背，偶有单龙戏珠及阴刻花纹，铜色青白，"通宝"二字类万历钱，存世较少。正因为如此，明末清初，正德通宝压胜钱大行其道。清吴文炳《泉币图说》、戴熙《古泉丛话》、清代俞曲园《茶香室四钞》卷廿七均有记载：清康熙年，民间盛传"国朝焦循《忆言》云，泰州宫紫悬太史言：十年前后以重价购求正德钱，一二文可值一金，云正德为游龙，佩之渡江河，无波涛之厄"。

压胜说。民间对正德通宝还有如下传说：赌钱会赢，传说赌钱时身边有正德钱就会赢；孕妇生产时手握正德钱可保母子平安；吉祥，

"人下正德钱只两个丫,真者鸡见之不啼";"家有正德钱,富贵万万年";等等。

图 9-15 钱文钱,材质为白铜 正德通宝(寶)/龙凤图。

开炉说。清朝的一些造币厂,每当帝号改元、铸造新年号钱币时,常先铸造"正德通宝"背"龙凤纹"压胜钱,谓之"开炉钱"。"开炉钱"仅具纪念意义,铸造的数量也不多,其目的是祈新皇帝具有正德而利用、厚生,龙凤呈祥,天下太平。

教化说。正德的寓意极富儒家色彩,亦具个人修为的励志意义。因此,"正德通宝"这个名称常出现于明末及以后的压胜钱币上,不一定是使用正德这个年号,而是崇尚正德的内涵,以此达传授、教化之功效,更有期盼统治者具有正德之品质。此当为正解。钱币背面的图案,龙、双龙、龙凤等代表着威严、尊贵和吉祥。

六、钱局诗文

钱文钱,历朝历代多有铸造(含官铸、民铸),因此品种较多,流传较广。尤其到了清代,铸局亦多,各具特色。康熙年间各地铸局在铸造行用钱钱币时,都是按照部颁的样式,正面为康熙通宝,背面都为双文字记地,一满文、一汉文。人们将钱局名组成一首诗,朗朗上口,便于记忆,即"同福临东江,宣原苏蓟昌;南河宁广浙,台桂陕云漳。"

图9-16　圆形挂牌钱文钱　挂首为三孔冠式挂钮;主体为圜钱。挂首内文字楷书横读合成为"富贵(貴)双全";圜钱外圈文字楷书聚首,两面旋读合成为"同福临(臨)东(東)江 宣原苏(蘇)蓟昌 南河宁(寧)广(廣)浙 台(臺)桂陕云(雲)漳";圜钱内圈正面文字楷书竖读为"光绪通宝(寶)",背面为工字回纹(夹凹郭、外郭)。

该枚钱文钱钱体的主体是康熙二十钱局名诗文。清代康熙年间,除了中央宝泉、宝源两钱局外,地方上有20个主要钱局,他们分别是:同(山西大同)、福(福建福州)、临(山东临清)、东(山东东昌)、江(江苏江宁)、宣(河北宣化)、原(山西太原)、苏(江苏苏州)、蓟(河北蓟州)、昌(江西南昌)、南(湖南长沙)、河(河南开封)、宁(甘肃宁夏)、广(广东广州)、浙(浙江杭州)、台(福建台湾)、桂(广西桂林)、陕(陕西西安)、云(云南昆明)、漳(福建漳州)。

此枚挂牌钱文钱在"康熙二十钱局名诗"花钱中独树一帜。其一，挂冠部分为吉语：富贵双全。形状还有一品桂冠的寓意，充分体现了祈福的功能。其二，既是挂牌钱，又是钱文钱。其正面穿周是行用钱钱文：光绪通宝。表明这枚挂牌钱的制作时间应该是清光绪年间或者是清末。其三，工字回纹。亦为民间的吉祥纹饰，寓意富贵不断头，与挂首的"富贵双全"遥相呼应；工字回纹除有象形文字的效果外，其内涵有精巧、美丽、规矩等美好的寓意与象征。人们认为工字的横平竖直象征着人做事是按照正统的规矩而行，象征人的正直品行。俗说一正避三邪，此回纹的辟邪作用就体现于此。一枚花钱，寓意多多，正是花钱魅力之所在。

为什么要在一枚花钱上铸二十钱局名呢？

在清代乾隆时期，民间有传说，如能把铸有20个局名的钱币凑齐

图9-17 钱文钱 金钱穿外并有线条向四周辐射，将局名一一隔开。文字楷书并足、旋读合成为"同福临(臨)东(東)江 宣原苏(蘇)蓟昌 河南宁(寧)广(廣)浙台(臺)贵(貴)陕云(雲)漳(章)"。

一套（称之为康熙套子钱）并佩戴在身上，就能吉祥如意、驱恶避邪。特别是外出经商的人，如果佩戴这组套子钱出门去做生意，可以"走夜路不招鬼"。因为这套钱是由分散在全国各地的20个地方钱局分别铸造的，当时的流通区域是比较狭小的，所以很难凑齐，特别是"台"字钱甚为难觅；又因人们长期携带20枚铜钱不大方便，于是民间匠人就把这20个字押韵成诗，集中刻铸在一枚钱币上，这就是"康熙二十钱局名诗"花钱。这样既方便了人们的携带，又满足了人们驱恶避邪的愿望。

康熙二十局名诗文花钱将20枚不同炉别的康熙通宝集于一身，其表面上体现原有的吉祥如意、驱恶避邪作用，满足人们祈福辟邪的愿望，实际上对促进康熙二十局名钱币的收藏也有积极作用，使人们对康熙二十局名诗文花钱的雅玩也有了需求。正因为如此，不同版别的二十局名花钱应运而生。

"康熙二十钱局名诗"花钱种类不少，形制不一，是花钱收藏中既普及又热门的品种之一。我们以"同福臨東江 宣原蘇薊昌 南河寧廣浙 臺桂陝雲漳"为基准，对其版别予以分析。二十局名花钱以湖南炉一套四枚（一面为诗文之一句，一面为花鸟）为佳。就目前看到的来说，从内容上可以分为四类：一是吉语类，二是花鸟类，三是宗教类（仙官、八卦、山鬼等），四是纯诗文类。从形制上可以分为三类：一是圜钱类（圆穿），二是古钱类（方穿），三是挂钱类。从文字排版可以分为四类：竖读、旋读（顺旋、逆旋）、反字（较少见）、满文。另外，就文字而言，也有一些不同：宁、临位置互换，宁、南位置互换，南、

图9-18 吉语钱 同福临（臨）东（東）江 宣原苏（蘇）蓟昌 南河宁（寧）广（廣）浙 台贵（貴）陕云（雲）章／福禄寿喜·纹饰。纹饰为古钱纹，亦寓意福禄寿喜四全。

河位置互换；河、何文字互用，浙、折文字互用，桂、贵文字互用，陕、峡文字互用，漳、章、彰文字互用，台、臺文字互用，雲、云文字互用，等等。

吉语类康熙二十局名诗花钱，体现了花钱的祈吉功能。常见的吉语有：福禄寿喜、五福并臻、千祥云集、富贵双全、年升三吉、陆位高升（六位高升，陆、六均代表"禄"意）、堆金积玉、吉祥如意、五子登科、禄位高升、金玉满堂等，充分体现了人们的祈福愿望。

六位高升，即为禄位高升。禄位高升，俸禄提高、职位提升。是祝福吉语，用来祝福（恭贺）对方禄星高照、升官加爵、福禄广进。用"六"代替"禄"，究其原因有，一是禄星为文昌宫第六星，顺序为六。二是谐音寓意，禄、六古音同音，均读作 lù。在一些民俗活动中，有按序排比的吉祥祝福语、祈福语、民谣、顺口溜，其中排序第六的吉语多为"禄位高升"。三是数字六与官场制式相联系，成为自古以来

图9-19 宗教钱 同福临(臨)东(東)江 宣原苏(蘇)蓟昌 南河宁(寧)广(廣)浙台(臺)贵(貴)陕云(雲)章 申记(記)/八卦文字与相应的卦符。申记,为湖南湘西浦市的炉记。

图9-20 吉语钱 同福临(臨)东(東)江 宣原苏(蘇)蓟昌 南河宁(寧)广(廣)浙(折)台(臺)桂陕(峡)云(雲)章/吉祥如意·五子登科·六位高升(陞)·金玉满堂。背面四字吉语竖读并足于穿四方。

每个王朝必遵的制式之数。六是天数,皇帝是天子,所以他用的每种东西都必遵以六。四是取六六大顺之意,"禄位高升"等祈福会顺利实现。

"康熙二十钱局名诗"花钱,始铸的出发点是为了祈福辟邪。实际上对于"康熙通宝"二十钱局铸币的收藏也起到了推动促进作用,使收藏者知道了具体钱局的数目与名称,有的放矢地予以收藏。清朝后期,该花钱大量铸造,品种繁多,还体现了人们在面临大清日益衰败之时,不由产生了对康熙强盛时期的怀念,表达了民间期盼民富国强的祈吉心愿。

| 第十章 |

泉知天下时

花钱的出现,是因祈福辟邪;花钱的发展,却涉各个方面。花钱与时俱进,顺势而为,在传授知识、普及常识等方面也发挥了积极的作用。就时刻伴随着我们的时间而言,花钱将我国古代对时间的认识基本都铸之于上。无论是一年四季的"春夏秋冬",还是精准计时的"天干地支";无论是时令、时辰,还是节日、节气;天文地理、日月星辰,花钱里面都有涉及。正可谓花钱在手中,泉(全)知天下时。

时间,是事件过程长短和发生顺序的度量。时间泛指时刻的长短。时间如流水匆匆而过,如何计量,人们采用了许多方式,如沙漏、水漏之类的漏刻等;在古代好的计时工具就是日晷、圭表。人们通过所观察到的日月星辰周期性运动,按其运动规律作为制定时间的依据;白昼黑夜(地球自转一周)是一日(一天),一日又均分成十二时辰,月亮盈亏一次(月亮绕地球一周)为一月,春夏秋冬(地球绕太阳公转一周)是一年,日、月、年等都是时间的单位。

尤其是我国独有的干支纪时,使人们对时间有了较为准确的记载。干支是天干、地支的合称。天干十个为"甲、乙、丙、丁、戊、己、庚、辛、壬、癸";地支十二个为"子、丑、寅、卯、辰、巳、午、未、申、酉、戌、亥"。将十天干和十二地支顺序搭配,就构成了60个干支,为一个周期,俗称"六十花甲子";用来纪年、纪月、纪日、纪时,而且还赋予阴阳五行分析,构成了完整的计时体系。

一、十二生肖

用干支纪年,十二年一个循环(由地支确定),六十年一个周期

(由干支共同确定)。人们将这十二年配以不同的动物(源于人们对动物的崇拜),就构成了十二生肖、十二属相。十二生肖是十二地支的形象化代表。

用十二地支来纪时。将每日均分为十二个时辰,汉代命名为夜半、鸡鸣、平旦、日出、食时、隅中、日中、日昳、晡时、日入、黄昏、人定。分别对应为子时(夜半23点至1点)、丑时(鸡鸣1点至3点)、寅时(平旦3点至5点),以此类推,亥时(人定21点至23点)。十二时辰相当于24小时,每个时辰等于2小时;以子时的中点,即现今零点(24点),为一日之始。十二时辰是十二地支的时间线表征。

图 10-01　圆形挂牌　挂首,是龙的形状,称之为龙挂首。正面为十二生肖的文字与图案,中心是太极两仪;文字从 6∶00 位置开始顺时针旋读为:子丑寅卯辰巳午未申酉戌亥,图案对应的是鼠牛虎兔龙蛇马羊猴鸡狗猪。背面为后天八卦的文字与图案,中心是太极两仪;文字从 6∶00 位置开始顺时针依次为:乾坎艮震巽离坤兑,外围的图案为对应的卦符。

十二生肖也被称为十二年兽，在中国的历法上有十二只年兽依次轮流当值，因此中国年就有以鼠、牛、虎、兔、龙、蛇、马、羊、猴、鸡、狗、猪为十二年兽应用在历法上，与十二地支一一对应。也就是常说的：子鼠、丑牛、寅虎、卯兔、辰龙、巳蛇、午马、未羊、申猴、酉鸡、戌狗、亥猪。即含有子的干支年为鼠年，出生的人属相为鼠；含有丑的干支年为牛年，出生的人属相为牛；余按此类推。

这种对应的原因，说法较多。一说是根据动物每天的活动时间确定的。夜晚23∶00到凌晨1∶00是子时，此时老鼠最为活跃。凌晨1∶00到3∶00，是丑时，牛正在反刍。据说也是牛开始耕田的时刻。3∶00到5∶00，是寅时，此时老虎到处游荡觅食，最为凶猛。5∶00到7∶00，为卯时，这时太阳尚未升起，月亮还挂在天上，此时玉兔捣药正忙，人间的兔子也开始出来觅食。上午7∶00到9∶00，为辰时，这正是神龙行雨的好时光。9∶00到11∶00，为巳时，蛇开始活跃起来。上午11∶00到下午1∶00，阳气正盛，为午时，正是天马行空的时候。下午1∶00到3∶00，是未时，羊在这时吃草，会长得更壮。下午3∶00到5∶00，为申时，这时猴子活跃起来。下午5∶00到7∶00，为酉时，夜幕降临，鸡开始归窝。晚上7∶00到9∶00，为戌时，狗开始守夜。晚上9∶00到11∶00，为亥时，此时万籁俱寂，猪正在鼾睡。十二地支的顺序也蕴含着事物发展变化的过程。

还有星宿说、岁星说、图腾说、轩辕故事说、阴阳五行说以及宗教说等。其实，无论哪一种说法，都有牵强附会之处，难以自圆其说。实际上十二属相是综合多种因素形成的，源于人们对动物的崇拜、对时辰的敬重、对生命的珍视；借属相寄托人们对美好未来的向往，因此，每个属相都赋予具有个性特征的祥瑞吉意。

《易经》："易有太极，是生两仪，两仪生四象，四象生八卦。"孔颖达（574—648年，孔子的第三十一世孙。唐朝经学家）疏："太极谓天地未分之前，元气混而为一，即是太初、太一也。""两仪"指"阴阳"，可在不同时候引申为天地、昼夜、男女等。"四象"，即少阴、少阳、太阴、太阳；在不同时候，可分别对应四方、四季、四象；四方指"东方之神青龙、西方之神白虎、南方之神朱雀、北方之神玄武（龟蛇合体）"。在花钱里铸有太极图，寓意借助太极，祈福辟邪。

八卦源于中国古代基本生成的宇宙观、相应日月的地球自转（阴阳）关系、农业社会和人生哲学互相结合的观念之综合。八卦是中国古代的一套有象征意义的符号，由三条长画或断画组成的八种图式。用"—"代表阳，用"--"代表阴，用三个这样的符号，组成八种卦形，叫作八卦。每一卦形代表一定的事物。乾代表天，坤代表地，坎代表水，离代表火，震代表雷，艮代表山，巽代表风，兑代表沼泽。八卦互相搭配又得到六十四卦，用来象征各种自然现象和人事现象。

该挂牌的挂首独特，利用龙的腾挪造型形成挂首，将中华民族的图腾作为挂牌之首，确实在挂牌花钱中别具一格，体现龙的传人对龙的热爱。还寓意龙不但为所有人（十二生肖）呈祥送福，而且还辟邪驱魔（太极八卦）、护佑众生。龙挂首两面造型略有不同，可能是一面为雄龙、一面为雌龙，阴阳合一、和美呈祥。常见的龙挂首圆形挂牌有四枚，另外三枚为："平安吉庆/聚宝盆纹饰""招财进宝/聚宝盆纹饰"（这两枚为对钱）、"麒麟送子纹饰／一品当朝纹饰"。

在花钱分类中，将含有生肖文字、纹饰的花钱，称之为生肖钱。通常，一面是十二生肖图纹、名称或十二地支文字，另一面有八卦、吉语、星官等图文。其常见组成有：一枚将十二生肖合铸的；一枚为一种生肖，12枚为一套；一枚为两种生肖，6枚为一套；一枚有4种生肖，3枚为一套；等等。另有"本命星官""福德长寿""香花供养""五行大布"等系列生肖钱。

生肖钱为压胜钱，多为道教祈禳用钱。始铸于唐代，兴起于宋元，盛行于清代。内容多有吉语、驱魔、符咒、纳库、延年、星相、神话等，用于祈福辟邪、延年益寿。

图 10-02　生肖钱　正面穿上文字为地支"午"，穿下纹饰为生肖马，左向卧马；背面纹饰为八卦卦符。

第十章 泉知天下时

图 10-03 生肖钱 申酉戌亥 / 猴鸡狗猪纹饰。套子钱之一，三枚为一套，另两枚分别为：子丑寅卯、辰巳午未。

图 10-04 生肖钱 正面为天师驱鬼图，穿左为张天师，足踏祥云，一手前举符水，一手持"三五斩邪雌雄剑"，穿右有小鬼及符箓飘然而降。背面内圈文字顺时针旋读为十二地支；外圈分十二界格、内有与地支对应的十二生肖图形。由于被长期佩戴，圆穿成水滴形。

图 10-05　生肖钱　正面为真武大帝授经图，穿右为真武（玄武）大帝，端坐青石之上，手持如意，面向左前方授经；穿上为所授之经，北斗七星；穿左为童子，手持龙头杖、上栓葫芦，身后为老虎；穿下为龟蛇合体（暗喻玄武），仙鹤。背面文字为十二地支及对应的生肖，外圈近缘八个生肖"子丑寅卯辰巳午未"顺时针旋读；内圈四个生肖"申酉戌亥"顺时针旋读；生肖图形外环以圆圈。

二、四时八节

中国是礼仪之邦，五千年的文明，形成了高尚的道德准则、完整的礼仪规范和优秀的传统美德。《礼记》："凡人之所以为人者，礼义也。"所谓"礼仪之邦"，就是指讲究礼节和仪式的国家（礼，国家的制度；仪，国家的法制）；也表明古代中国具有先进的制度和完善的法制。

尊老敬贤、仪尚适宜、礼貌待人、容仪有整等，是传统文明礼仪的重要内容。仪尚适宜，说明中华民族素来注重通过恰当的形式、来表达内心丰富的情感。几千年的文明积淀，形成了许多节庆及礼仪形式；遇到重大节日和发生重要事件，多有约定俗成的仪矩。这些，在花钱中亦有表现。

第十章 泉知天下时

图 10-06　吉语钱　四时（時）吉庆（慶）／八节（節）平安。

何谓"四时"？有多种解释。一是指春夏秋冬四季；二是指一年四季的农时；三是指一日的朝、昼、夕、夜（《左传·昭公元年》：君子有四时，朝以听政，昼以访问，夕以修令，夜以安身。）；四是指乐舞名，为汉文帝作。

吉庆，意即吉祥喜庆之事；亦有吉福、福禄之意。为祝颂语，谓康健多福、吉庆有余。

钱文"四时吉庆"之四时，则是指春、夏、秋、冬四季（包含一年四季的农时）。四时吉庆，意即一年四季都吉祥喜庆、幸福安康。

何谓八节？有两种说法。

从季节的角度来说，八节是指立春、春分、立夏、夏至、立秋、秋分、立冬、冬至。泛指一年四季中各节气。《周髀算经》卷下："凡为八节二十四气。"赵爽注："二至者，寒暑之极；二分者，阴阳之和；四立者，生长收藏之始。是为八节。"由此可见，这里所述的八节，是一年中季节变换的节点，也是农时的节点。

从中国传统的节日文化的角度来说，八节按时间依次是上元、清明、立夏、端午、中元、中秋、冬至和除夕。上元节是农历正月十五，为元宵节，亦称灯节。端午节是农历五月初五。中元节是农历七月十五。中秋节是农历八月十五。除夕是农历腊月的最后一天。部分地区民俗盛行的八节是指上元节、花朝节、清明节、立夏节、端午节、中元节、中秋节、重阳节。花朝节是农历二月初二。重阳节是农历九月初九。

两者稍有不同，因地而异。这里所述的八节，均为具有传统文化意义、纪念祭奠意义、欢乐喜庆意义等的节日，各具特色。

平安，指环境平稳而没有危险（安全）；指心境平静安定；指国家平定安靖。

八节平安，就是指每一个节日都平和安宁，每一次季节转换都平平安安。

图 10-07　吉语钱　平安吉庆（慶）/福寿（壽）双（雙）全。

四时八节,平安吉庆。

在过去,于四时八节有祭祀蒸尝、祭神宴客、互赠吃食、馈送礼物、游玩胜景、会会亲族、请请乡党、弟兄团聚、画舫灯船、龙舟赛会等乡风民俗。这里所说的四时八节,大多是指民俗盛行的四时八节:上元节、花朝节、清明节、立夏节、端午节、中元节、中秋节、重阳节。就吃的方面而言,各具特色、各有风俗:元宵节吃汤圆,花朝节吃百花糕,清明节吃青团子,立夏节吃蛋(黄烧饼),端午节吃粽子,中元节吃鸭,中秋节吃月饼,重阳节吃重阳糕,等等。

四时有不谢之花,八节有长青之草(《镜花缘·第一回》)。人们对四时八节比较注重,期盼四时吉庆、八节平安。

图 10-08 吉语钱 时和岁有 / 财阜民康。皆为称颂太平盛世之词,意即四时和顺、社会安定,五谷丰收、岁岁大有;财物丰富、人民安康。

除了上述八节之外,春节亦是一个非常重要的节日(过去视立春为春节)。

春节、清明、端午、中秋,是中国四大传统节日。就全年而言,不少地方比较重视的为春节、端午、中秋等欢庆团圆驱邪的节日,在这三个节日前，晚辈要给长辈送礼，亲朋好友之间也有礼尚往来，体现喜庆的氛围。还有清明、中元、除夕等祭奠祖先的节日；特别是清明前，不少地方还将家庭、家族组织起来祭祖，共同祭奠。

三、新春祝福

纪年，首先要确定一年的起点，即岁首。朱熹《四书章句集注·论语·卫灵公第十五》："天开于子，地辟于丑，人生于寅，故斗柄建此三辰之月，皆可以为岁首。而三代迭用之，夏以寅为人正，商以丑为地正，周以子为天正也。"过去人们用干支纪月，冬至所在的月为子月（相当于现在的农历十一月，即冬月），腊月为丑月，正月为寅月，以此类推。这三个月均可以作岁首，夏朝即夏历是以寅月的第一天为岁首，第一天是立春。后来人们将夏历与月历（阴历）结合起来，形成了现在的农历。农历的正月初一为岁首，称之为新春、新年、新岁、新禧、大年，古时还称之为元日、元辰、元正、元朔、元旦等。到了民国，改用公历，将公历的1月1日称为元旦，1月还可称之为元月；将农历的一月一日称之为春节，一月一般称为正月，一月一日还可称之为正月初一、大年初一、初一等，余按此类推。

春节是农历的岁首，亦叫过年，是中华民族阖家团圆、欢度新年最隆重、最盛大、最热闹、最重要的古老传统节日，起源于殷商时期年头岁尾的祭神祭祖活动，这些活动均以祭祀祖神、祭奠祖先、除旧布新、迎禧接福、祈求丰年等为主要内容。传统意义上的春节期间是指从腊月初八（吃腊八粥）的腊祭或腊月二十三或二十四的祭灶、腊月二十四掸尘(扫尘)及在除夕前贴春联、贴窗花和贴福字等习俗,一直到正月十五(元宵节);其中以除夕(守岁,长辈还要给未成年的晚辈压岁钱)和正月初一(拜年)为高潮。春节期间人们相见互致祝福(送春联、拜年)、互赠礼品、互相宴请等。铸含有"新春""新年"等祝福语的花钱亦是赠送(或者春节期间雅玩)的礼品之一。

图 10-09 吉语钱 新春大喜/纹饰。纹饰为花团锦簇、龙凤呈祥,烘托新春的喜庆氛围。

新春,就是指农历新年,亦指初春、早春。尤指春节过后的一二十天,俗称新春头上。大喜,形容非常高兴、充满喜悦,亦为祝贺别人喜事之词。新春大喜,春节期间的祝福用语,意即春节过得非常高兴,新年喜气洋洋等。《红楼梦》第五十三回《宁国府除夕祭宗祠 荣国府元宵开夜宴》红禀帖上写着:"门下庄头乌进孝叩请爷、奶奶万福金安,并公子小姐金安。新春大喜大福,荣贵平安,加官进禄,万事如意。"

欢庆新春、新年的吉语钱常见的还有"新年如意/合家平安""年年如意/岁岁平安""年年吉庆/岁岁平安""年年太平/福寿康宁""新春大吉/人口太平",等等。

图 10-10　吉语钱　新春大喜 / 福寿 风调雨顺 天下太平。面四出，面背阴刻网纹底。背团福团寿，寓意阖家团圆、福寿圆满。

在古时候，平民百姓对福的期望很现实：平安是福。何谓平安，指心境平静安定；指身家没有事故，没有危险，平稳安全。这源于人们对兵荒马乱、疾病瘟疫、自然灾害等苦难的抵触，祈望消除这些灾难，平平安安便是幸福。因此，在吉语钱中，常见"平安""太平"等吉语。

图 10-11　吉语钱　阳（陽）春烟景 / 大块（塊）文章。

过去，农历三月被称为阳春。清明风至之时正值阳春三月，故"清明节"也有"三月节"之称。阳春三月，草长莺飞，鸟语花香，古人在这个时候，喜欢穿青色的衣服，连出游乘的车亦刷成青色。

"阳春烟景，大块文章。"出自李白《春夜宴从弟桃李园序》："况阳春召我以烟景，大块假我以文章。"意即那阳春是有情的，她用美丽的烟景召唤我；那天地大自然也是有情的，她把绚烂的文章呈现给我。我们岂能辜负这美好时光！

阳春烟景，意即阳春三月，云霭、烟雾缭绕、烟水苍茫的美丽景色。春天的阳光、春天的美景，是多么妩媚、多么秀气、多么令人陶醉，只可意会，不可言传。

大块文章。何谓大块？惟天地、大自然可谓之。何谓文章？刘勰《文心雕龙·原道》谓之：天上日月，地上山川，以及动物、植物等，均有文采，"形立则章成矣，声发则文生矣"。大块文章，意即天地、大自然给我们展现的锦绣风光，是多么文采炳然、多么赏心悦目！

该枚花钱，摘李白文章之精华，铸诗酒情怀之经典。让人们在把玩欣赏之余，情不自禁地吟诵李白的诗句，情不自禁地向往春天的烟景，情不自禁地去饱览大自然的锦绣文章；更加珍惜天地大自然的赏赐，更加积极地创造自己的阳春烟景，书写自己的大块文章！

四、端午驱毒

农历五月初五，为端午节，又有端阳节、龙舟节、重午节、天中节等 20 多种叫法。按照干支纪月，农历五月为午月。"端"字有开头、初始的意思,"五"与"午"同音,故"端午"即为"初五",五月初五为"重午"。

端午节源于人们对自然天象的崇拜,是由上古时代祭龙演变而来的。午月为仲夏,初五日,苍龙七宿飞升于正南中央,处在全年最"中正"之位,正如《易经·乾卦》第五爻"飞龙在天"之卦象。因此端午是"飞龙在天"的吉祥日,龙及龙舟文化始终贯穿在端午节的传承历史中。

端午节,具有丰富的文化内涵。传说战国时期的楚国诗人屈原在五月五日跳汨罗江自尽,后人亦将端午节作为纪念屈原的节日,称之为屈原节;也有纪念伍子胥(五月初五为春秋时期伍子胥的忌辰)、曹娥(东汉孝女曹娥救父投江而死)等说法。体现了忠孝传承的文化内涵。

端午节,是集拜神祭祖、文化传承、祈福辟邪和特色饮食为一体的民俗大节。每到这一天,都有家中悬钟馗像或天师驱毒图、挂艾叶菖蒲蒜头、扎艾虎、赛龙舟、吃粽子、饮雄黄酒、佩香囊、备牲醴等习俗。各地各有侧重,习俗不完全相同。

古代民间之所以重视端午节,还因为五月是"五毒"出没的时间,初五则更是一个黑色的日子,民谣"端午节,天气热,五毒醒,不安宁"指的就是这。于是,端午这天,民间要想尽各种办法驱除毒虫入侵,此即端午驱毒辟邪。驱毒的方式常有在室内悬挂钟馗画像等、佩戴"驱五毒"花钱;门上悬挂艾草菖蒲蒜头("端午三友")驱鬼,以菖蒲作宝剑,以艾作鞭子,以蒜头作锤子,合为"三种武器",可以退蛇、虫等"五毒",斩除妖魔);还有薰苍术、白芷和喝雄黄酒以避疫;在儿童额上点雄黄酒,写一个"王"字(似虎头),这样可使百鬼畏惧,保命长生。

图 7-12 表现的是张天师虎驱五毒,图 7-14 表现的是钟馗虎驱五毒。均为人们常戴的驱五毒花钱。

图 10-12 吉语钱　五日午时(時)/虎驱五毒纹饰,动物依次为蜈蚣、蝎子、艾虎、蟾蜍、蛇。

五毒,顾名思义是五种毒物,通常指蝎子、蛇、蜈蚣、蟾蜍、壁虎,皆是中国民间盛传的一些有毒动物。亦说是蜈蚣、壁虎、蝎子、蜘蛛和蛇;亦见将蜘蛛与蟾蜍同列为五毒的。两说的不同之处是蟾蜍与蜘蛛,其原因在于蜘蛛与蟢子难以区别,人们将蟢子看成是喜的象征。

从农耕社会的角度看,一是谷雨以后气温升高,病虫害进入高繁衍期,为了减轻虫害对作物及人的伤害,农家一边进田灭虫,一边张贴谷雨贴,进行驱凶纳吉的祈祷。二是旧时缺医少药,毒物伤害孩童而难以治疗,故要驱除毒物,确保孩童不受侵害。从民俗的角度看,民间认为五月是五毒（蝎、蛇、蜈蚣、壁虎、蟾蜍）出没之时，端午节驱五毒用意是提醒人们要防毒防害防病。

钱文"五日午时"，就是指端午节午时（中午）。类似的钱文还有"五月五日午时""五月初五""午日午时"等。在花钱中，钱文具体到月日时的独此一类。

为驱五毒，除了佩戴驱五毒花钱外，人们一般还在屋中贴五毒图，以红纸印画五种毒物，再用五根针刺于五毒之上，即认为毒物被刺死而不能横行。还有在衣饰上绣制五毒，在饼上缀五毒图案，均含驱除之意。

图10-13 吉语钱 富贵（貴）昌乐（樂）/虎驱五毒纹饰。动物依次为艾虎、蜈蚣、蜘蛛、蛇、蟾蜍。

富贵，富裕而又有显贵的地位。昌乐，兴盛康乐。富贵昌乐，意即财富丰裕、地位显贵、事业昌盛、健康快乐。

虎驱五毒图中没有蝎子，意即去掉蝎子，谐音寓意为"祛邪"。

自清代起，佩戴五毒花钱已成为端午节的重要民俗，因而各式各样的五毒花钱层出不穷。正因为常见的五毒花钱，大多数纹饰是虎与四毒，再加上人们常说虎毒（虎毒不食子），因此就有人认为，虎亦为五毒之一。这实在是对虎的误解。

其实，民间对虎崇敬有加，总是借虎威驱邪毒。为孩子戴上虎头帽、穿上虎头鞋，就是祈福辟邪用的。虎谐音福，虎头帽、虎头鞋，意味从头到脚都有福。虎是百兽之王，其驱邪的能力也是巨大的，虎头帽、虎头鞋，从头到脚都驱邪。

五毒花钱里面有虎的形象，其一是源自"艾虎"，就是一种用艾草编成的老虎；旧时习俗端午节将艾虎给儿童戴在头上，认为可以驱邪，这是端午节用艾草等驱邪的方式之一。宋代陈元靓《岁时广记·掺艾虎》："《岁时杂记》：'端五以艾为虎形，至有如黑豆大者，或剪彩为小虎，粘艾叶以戴之。'王沂公《端五帖子》云：'钗头艾虎辟群邪，晓驾祥云七宝车。'"表明用艾虎驱邪早已有之。

其二则借助虎威，虎是百兽之王，一切毒物皆畏之，故可驱五毒；借助虎毒（凶狠之意）来压邪、镇毒，即"以毒攻毒"。从而使花钱驱邪的作用更增强。民间剪贴虎窗花，亦是驱邪之用。

从上面的初步讨论可知，虎不是五毒，而是虎驱五毒。虎之所以出现在五毒花钱里面，除了民俗的因素之外，还有神话传说的因素在里面。

钟馗是驱邪镇恶降福的神。在端午时节，钟馗就是斩五毒的天师，许多人家悬挂、供奉钟馗的画像，目的就是驱邪降福。在钟馗画像里，钟馗与虎、钟馗骑虎是常见的。其表意一是钟馗驯虎打鬼，二是钟馗骑虎打鬼，三是钟馗、虎皆驱邪，合二为一作用更强等。表明虎与钟

图10-14 钱文钱 五铢/虎驱五毒纹饰，动物依次为艾虎、壁虎、蛇、蜈蚣、蜘蛛。

馗一样驱五毒。

在花钱里面，有虎的五毒，实际上表现的是虎驱五毒。有的虎威风凛凛、虎视眈眈，那是真虎驱五毒；有的虎如猫，那是艾虎驱五毒。江浙一带有民谚"五月五日午，天师骑艾虎，赤口上青天，百虫归地府"正说明此意。在虎驱五毒图中，有虎抓住了蛇，即虎镇蛇，表现了虎驱五毒的生动场面；有纹饰虎与五毒同在，虎驱五毒的场面表现得非常壮观，猛虎扑食，食尽五毒，为民除害。

五、中秋灯谜

猜谜语（亦称射虎），是儿童乃至于老中青都喜欢的益智娱乐活动之一。中秋灯谜、元宵灯谜是民间喜闻乐见的活动。谜语主要是指暗射事物或文字等供人猜测（让人根据字面说出答案）的隐语。谜语源自中国古代民间，历经数千年的演变和发展，是一代代劳动人民集体智慧创造的文化产物,现已列入第二批国家级非物质文化遗产名录。谜语往往以打油诗(一种富于趣味性的俚俗诗体,相传由中国唐代作者张打油而得名)的形式出现,朗朗上口,通俗易懂,亦谐亦谑,使人饶有兴趣。

过去的人们将其与花钱相结合,制成谜语钱(灯谜钱,实际上还是吉语钱),使谜语固化得以流传。将谜语的诗句谜面与祈福图纹融为一体,让人在把玩中益智、在把玩中娱乐、在把玩中祈福,真是亦诗亦谜亦祈福。

图 10-15 正面谜面竖读为:一母所生六個(个)人,両(两)个旗下四个民,方园(圆)不敷一寸地,走尽天下不攘(让,攘:古通讓、譲)人。谜面的意思是:一位母亲生了六个人,喻义六位合一;六个人中两个是旗下之人(意即满人)、四个是民(意即汉人),表明是清朝,满人(八旗)是统治者、汉人是平民;这六个人共同处于方圆不足(敷的意思是足、够)一寸的地方里;而且他们可以走遍天下不让人。这是什么?

谜底:清代行用钱。如图 10-16 所示。

解析如下:正面四个汉字"康熙通宝",即"四个民"的含义。背面两个满文"宝泉",即"两个旗下"的含义。正面与背面合计六个字,在同一枚钱(一母)上,即"一母所生六个人"的含义。小平钱的直径在 23~27 毫米之间,面积不超过 573 平方毫米,一寸地即 1 平方寸约 1 109 平方毫米,这就是"方圆不敷一寸地"的含义,亦指明是小平钱,不是大钱意思。该钱币是流通钱币,可以流通到各个地方去,

图 10-15 谜语钱 正面是谜面。背面为吉语图文,文字竖读分别为"天子万年""如日之升";穿上图案为太阳,穿下图案为大地,寓意阳光普照大地。

图 10-16 清代行用钱 康熙通宝/宝泉(满文)。

即"走尽天下不让人"的含义,意指钱虽小可行天下。

天子万年、如日之升,是祝颂朝廷的吉语,是为朝廷祈福的。

天子万年意为祝颂皇帝(天子)万寿无疆。天子万年语出自《诗经·江汉》:厘尔圭瓒,秬鬯一卣。告于文人,锡山土田。于周受命,自召祖命,虎拜稽首:天子万年!

如日之升意为好像太阳刚刚升起来一样,比喻正处在兴盛时期或有强大的生命力。如日之升语出自《诗经·小雅·天保》:如月之恒,如日之升，如南山之寿。

图 10-17 正面谜面竖读为：内方外又园（圆），君王在上边，無（无）手又无脚，未（为）何天下傳（传）。

图 10-17 谜语钱　正面是谜面，背面是杂宝图纹。杂宝图纹用彩带系着的四件宝物，自上右旋分别是：如意、红叶、吉祥结、方胜，寓意吉祥如意。祈福之意十分明显。

谜底：皇帝年号方孔行用钱（如图 10-16 所示，可以是光背的）。

解析：内方外又圆，是指方孔古钱币的形状，外圆内方；君王在上边，是指钱币上铸有皇帝的年号，如顺治、康熙、雍正、乾隆等；无手又无脚、为（"未"为"为"的谐音，未何即为何；未何亦可理解成"是什么原因"）何天下传，是指钱币的流通；钱币自身无手无脚，为什么还能传遍天下呢？是通过人的手脚而行通天下。

图 10-18 正面的谜面竖读左旋为：一母所生六個（个）人，二个旗下四个民，方园（圆）不敷一寸地，走徧（遍）天下不讓（让）人。

谜底：清朝流通钱币。解析同上。

其背面的谜面竖读左旋为：有眼无（无）珠却是空，夫妻情同意

图 10-18　谜语钱　正面金钱穿。双谜语。文字的排列方式独特：并足竖读左旋。

不同，秋前使待奴撤去，荷花出水再相逢。

谜底：竹夫人。

何谓竹夫人？唐时称竹夹膝，宋时才始称竹夫人，又名青奴，亦有别称为竹姬、百花娘子、抱节君、竹女、竹膝、竹几，江浙民间常见。用竹篾编成（亦有用整竹制成），中空透风，暑天（荷花出水）睡觉时，可拥抱，可搁脚，犹如现在的抱枕。其四周有空隙，可吸收汗水，抱于手脚之间，丝毫不碍凉风直入胸腹，透气取凉。因其与睡者同床而眠，所以戏称其为竹夫人。如此，可释谜面。

《红楼梦》中有类似的谜语："有眼无珠腹内空，荷花出水喜相逢，梧桐叶落分离别，恩爱夫妻不到冬。"谜底亦为竹夫人。荷花出水夏至前，梧桐叶落秋雨时，表明了竹夫人的使用时段。

这枚谜语钱的穿很有特色：谜底是古钱的穿为金钱穿，谜底是竹夫人的穿为方孔穿；实际上是暗示了谜底。

另见一枚谜语钱谜面为"天下我爲頭（为头），無（无）我不風

（风）流，倘若少了我，衣食也难求"，谜底为"流通钱币"。

诗谜合一，吉语相随；寓教于乐，其乐融融。这是祖先的智慧结晶，是宝贵的文化遗产。谜语钱，既有诗情画意、朗朗上口，又有浓情"谜"意、猜猜益智，更有吉语祥纹、枚枚祈福。备受花钱爱好者的喜爱。

六、天行有常

世界是物质的，物质是运动的，运动是有规律的，规律是可以探索研究的。这就是天行有常（天行有常，不为尧存，不为桀亡。出自《荀子·天论》）。从不同的角度探索研究不同方面的规律，就形成了不同的学科。

古时的人们，在观察天体运动时，都是以地球为中心（地心说），设想出一个与地球同球心，并有相同的自转轴，半径无限大的球，称之为天球。天空中所有的物体都可以当成投影在天球上的物件。并以此来说明日月星辰的运动与地球春夏秋冬的关系。

从地球上来看太阳一年"走"过的路线，是由于地球绕太阳公转而产生的。古人将太阳周年的运行线路（即地球公转轨道在天球上的反映）称为黄道，即地球轨道在天球上的投影。它和赤道面相交于春分点和秋分点。根据太阳在黄道上的位置，将全年均分为二十四个时段，这就形成了描述大自然气候变化的二十四节气。

图10-19这枚花钱严格意义上来说，不是宗教钱，而是天文钱，一枚集我国古代天文历法知识大全的花钱，人们又称其为二十四节气

花钱。此枚花钱在花钱系列里有两个特征：字数较多（一面55字、一面88字和字符，计143字和字符），内容最丰（二十四节气、二十八星宿、天干地支、时辰、八卦、河图、五行等）。下面予以赏析，由于信息量比较丰富，采取正背面分层阅读解析的方式进行。

图10-19 宗教钱，天文钱 三重缘，面夹花缘，背夹字缘。正面文字旋读分别为十二地支、二十四节气；背面文字旋读分别为天干地支、八卦等，夹字缘内文字为二十八星宿，纹饰分别为河图、八卦卦符。

正面的近郭文字顺时针旋读为"子，丑，寅，卯，辰，巳，午，未，申，酉，戌，亥"，是十二地支，也是十二时辰。正面的近缘文字逆时针旋读为"立春，雨水，京至，春分，青明，谷雨，立下，小满，芒重，下至，小暑，大暑，立秋，處暑，白路，（秋）分，寒路，霜降，立冬，小雪，大雪，（冬至，小寒），大寒"，是二十四节气。其中："京至"应为"惊蛰"、"青"应为"清"、"下"应为"夏"、"重"应为"种"、"處"应为"处"（简化字）、"路"应为"露"，是用同音字代替的；另外还漏一字和两节气，见括号内注明。

二十四节气，起源于黄河流域，是中华民族古代科学家和人民大众长期经验的积累和智慧的结晶。远在春秋时代，就定出仲春、仲夏、仲秋和仲冬四个节气。之后不断地改进与完善，到秦汉年间，二十四节气已完全确立。公元前104年，由邓平等制定的《太初历》正式把二十四节气订于历法，明确了二十四节气的天文位置。是中国古代订立的一种用来指导农事的补充历法。

根据太阳的位置，在一年的时间中定出二十四个点，每一点叫一个节气。通常也指每一点所在的那一天代表地球在公转轨道上运行的位置。每十五度设一个，共有二十四个节气，两个节气间平均差约十五天，但因地球绕日速度随距日远近而变，所以节气间距略有不同。以二十四节气分配十二月，在（夏历）月首的称为节气，如立春、清明，在月中的称为中气，二者又统称为节气。所谓"气"就是气象、气候的意思。二十四节气指出气候变化、雨水多寡和霜期长短，对农事耕作具有相当重要的影响，一般更适用于黄河流域一带的农事活动。

二十四节气歌：

> 春雨惊春清谷天，夏满芒夏暑相连。
> 秋处露秋寒霜降，冬雪雪冬小大寒。
> 每月两节不变更，最多相差一两天。
> 上半年逢六廿一，下半年逢八廿三。

正面夹花缘中的花缘是由八幅半朵花卉纹饰、斜划线组成的三角形间隔如回纹连续构成，既有花团锦簇、节气喜庆的含义，又有连绵不断、周而复始的寓意。

背面郭外侧的图纹，为河图（亦有人认为图纹为星象图）。分别为："一""二""三""四""五"。图纹逆时针旋阅。表示五行，金木水火土。在河图里，"一"为一白点，五行为水；"二"为二黑点，五行为火；"三"为三白点，五行为木；"四"为四黑点，五行为金；"五"为五白点，五行为土。就是水一，火二，木三，金四，土五，也叫小衍之数。河图洛书和二十八星宿有密切联系，钱币中的文字、字符摆布亦表现了其密切联系。

背面近郭的文字顺时针旋读为"子、癸、丑、艮、寅、甲、卯、乙、辰、巽、巳、丙、午、未、坤、申、庚、酉、辛、戌、乾、亥、壬"，在十二地支里夹了七个天干（癸、甲、乙、丙、庚、辛、壬）和四个八卦（艮、巽、坤、乾）。尚有丁、戊、己三个天干以及离、兑、坎、震四个八卦未夹入。

十二地支、十二时辰与方位一一对应：子（北）、丑（北偏东）、寅（东偏北）、卯（东）、辰（东偏南）、巳（南偏东）、午（南）、未（南偏西）、申（西偏南）、酉（西）、戌（西偏北）、亥（北偏西）。

八卦艮、巽、坤、乾分居方穿的四角，既是表示季节变换，又是表示方位。就季节变换而言：艮是立春、冬春间，巽是立夏、春夏间，坤是立秋、夏秋间，乾是立冬，秋冬间。表明穿上方为春，穿右方为夏，穿下方为秋，穿左方为冬。就方位而言：艮是东北，巽是东南，坤是西南，乾是西北。表明穿上方是东，穿右方是南，穿下方是西，穿左方是北。该方位与二十八星宿的方位一一对应。

天干与季节、方位、五行的关系："春季甲乙东方木，夏季丙丁南方火；秋季庚辛西方金，冬季壬癸北方水；戊己中央四季土（这也是钱币中没有出现戊己的原因）。"

背面缘、郭中间的文字顺时针旋读为"子、丑、寅、卯、辰、巳、午、未、申、酉、戌、亥"，是十二地支、十二时辰。与八卦、方位未一一对应。

背面近缘的文字和符号为八卦卦符与卦名，文字顺时针旋读为"离、坤、兑、艮、乾、坎、震、巽"。与方位未一一对应。

背面夹字缘内的文字，逆时针旋读为"角、亢、氐、酉、房、心、尾、箕、斗、牛、女、子、虚、危、室、壁；奎、娄、胃、卯、昴、毕、觜、参；井、鬼、柳、午、星、張、翼、軫"，是二十八星宿（毕、張、軫是毕、张、轸的繁体字）和四个时辰（卯、午、酉、子）。

二十八星宿的名称，自东向西排列为：

东方苍龙七宿（角、亢、氐、房、心、尾、箕），位于穿上方；

北方玄武七宿（斗、牛、女、虚、危、室、壁），位于穿左方；

西方白虎七宿（奎、娄、胃、昴、毕、觜、参），位于穿下方；

南方朱雀七宿（井、鬼、柳、星、张、翼、轸），位于穿右方。

四个时辰：卯、午、酉、子，表示一日四时，即早晨（平旦）、中午、晚上（夕）、夜半。与二十八星宿相对应的方位为：西、南、东、北。（此处卯、酉对应的方位与十二时辰卯、酉对应的方位相反）

二十八星宿将南中天的恒星——沿黄道或天球赤道（地球赤道延伸到天上）所分布的一圈星宿，分为二十八群，再根据方位分为四组（东青龙、西白虎、南朱雀、北玄武），又称为四象、四兽、四维、四方神，每组各有七个星宿。二十八星宿是我国古代天文学家为观测日、月、五星（金、木、水、火、土）运行而划分的二十八个星区，用来说明日、月、五星运行所到的位置。

图10-20　宗教钱　正面文字两侧为符文，文字为咒语竖读为"雷霆雷霆 杀鬼降精 斩妖辟邪 永保神清 吾奉太上老君急急如律令敕"；夹字缘内文字为天干地支，逆时针旋读为"甲乙丙丁戊己庚辛壬癸子丑寅卯辰巳午未申酉戌亥"。背面图文为八卦卦符与卦名，顺时针旋读为"离坤兑乾坎艮震巽"；夹字缘内文字为二十八星宿，顺时针旋读为"角亢氐房心尾箕 斗牛女虚危室壁 奎娄胃昴毕觜参 井鬼柳星张翼轸"。

古代是由春分时节观察而确定东青龙、西白虎、南朱雀、北玄武二十八星宿的方位，再由它们的变化来表明季节的变化。如《冠子·环流篇》中有："斗柄东指，天下皆春；斗柄南指，天下皆夏；斗柄西指，天下皆秋；斗柄北指，天下皆冬。"表明通过观察北斗星的斗柄指向，即可确定所处季节。

可以想象，在那个年代某个清朗的夜晚，一位具有丰富天文知识的长者，带领一群孩子，把玩着这几枚包含天文知识的花钱，遥望星空，认识一颗颗星星，认识一群群星宿，对应所处的季节和节气，讲述每个星宿的神话传说……这是多么美的一幅画卷啊！

后　记

识　泉

　　还是孩提时代（20世纪50—60年代），没有什么玩具，除了打弹子、滚铁环外，就用铜钱、铜板当玩具取乐。铜钱主要用来做毽子。铜板主要用来游戏——一人将铜板置于圆圈的中央，另一人则用铜板将其打（铲）出圆圈外，看需要多少次来决定胜负；还有砸钱摞子，在圆圈中心将铜板（铜钱）摞起来，然后用一铜板对准其砸，看能砸多少枚出圈子，出圈多为赢（现在知道滚子钱的玩法之一就是用来砸钱摞子的）；还有其他玩法就记不清了。由此，就开始聚集铜钱、铜板，以便玩兴。在游戏的过程中，慢慢地对其文字、年代有了了解的欲望，铜钱基本都是康熙、乾隆、嘉庆、道光、咸丰、光绪通宝，铜板则是大清、光绪十文比较多。进而对铜钱、铜板发生了兴趣，把玩之、品味之、收集之（遗憾的是被动收集，也许是没有钱的缘故，或者是兴趣未浓，没有主动收集）……

　　随着年龄的增长，学习就紧张起来了，玩的时间减少了、玩的项目改变了，铜钱、铜板就被放到不显眼的地方了——真的是收而藏之了。

后来响应号召，我到农村务农了。在垄上、在田里，偶尔捡到一些铜钱、铜板，就收着吧。有件事至今不能忘怀：那是读高中时的暑假，我被安排在生产队谷场劳动，脱粒、晒稻子（翻场）、晒稻草等等，尤其在雷阵雨来之前的抢场（抢在雨落之前将稻谷等收进仓库），更是刻不容缓。那一天中午，我刚刚午睡，忽听一声"抢场了！"，一个鱼跃起身冲向谷场，当我们将稻谷抢进仓、稻草堆成堆时，大雨骤然而至。十余分钟以后日出雨止，我等便各自回家，在田垄上我脚一滑差点摔一跤，低头一看，一枚铜钱在我脚滑的印子里出现，我将其捡起洗一洗，与我已有的铜钱不同，只有两个字：五铢。回家查阅有关资料，便有了"秦半两汉五铢"的认识，将我对铜钱的认识又提升了。

后来，考上大学、分配工作、恋爱成家、抚育爱女，走青年向中年迈进的人生。繁忙的工作与生活，使自己基本遗忘了对铜钱、铜板的兴趣。

爱　泉

盛世兴收藏。20世纪末,一个偶然的机会欣赏了中国人民银行发行的流通纪念币,勾起了我的记忆。于是,翻箱倒柜,就将存放了许久的古钱币又一一请了出来,到书店将古钱币方面的书籍一本一本请回来做老师,开始到泉海中寻找乐趣了……请注意,这仅仅是乐趣,是业余爱好的培养,而不是收藏(实事求是地讲,没有精力,更没有财力),自此业余时间就充实了。

到了新世纪,就开始留意这方面的信息,了解这方面的行情,结识这方面的玩家,学习这方面的文章(报纸杂志、网络等),购买这方面的书刊……像模像样地感起兴趣来了。还自题一首:

幼识泉于乏,长知趣于垄;

得儿时伙伴之助,取天地劳作之偶。

渐有兴,遂成趣;

把玩以求知,欣赏以固志。

人到中年,工作、生活的压力不小,偷闲半刻,把玩一泉或数泉,增长了知识、愉悦了身心、舒缓了压力、调整了节奏,也打发了我的业余时间(看到有人苦恼闲得无聊,我就有点自鸣得意),还结识了玩泉的一些泉友,一举数得,何乐而不为?

当时兴趣甚浓,古代的、现代的,中国的、外国的,只要是硬币,都收集;网络上关于钱币收藏的文章一一下载,装订成册;亲戚朋友也非常支持，父母亲、岳父母将家里的所有硬币都找出来让我挑选，已经成家的兄弟姐妹们也积极支持，出国的朋友捎来了外国硬币，数量越来越多，有点眼花缭乱、应接不暇了。如何整理已经收集到的钱币，如何清洗收集到带有泥土锈斑的钱币，成了我除了工作之外考虑的重点问题；业余时间不是清洗钱币，就是将钱币对号入座装到钱币收藏册中，爱人称其为我的情人，可见我对其入迷的程度。

如果双休日与钱币集市正好相逢，我是必定要去钱币集市的。朋友中有收藏钱币的，我是必定要登门拜访的。一次，几枚大尺寸钱币映入我眼帘："顺风大吉 / 一本万利""正大光明 一路福星 / 百事顺遂万事如意"等。眼睛一亮，世间还有如此钱币，不识那真是太可惜了。也许是机缘巧合，网上又发现了几个网站，是专门介绍、交易这种钱币的；书店里又看到郭若愚先生著的《智龛品钱录》一书，立即购买、立即阅读；如此一发不可收拾，将大部分业余时间投入到花钱（压胜钱、祈钱、吉祥钱）的收藏研究中去了。

研 泉

花钱里面学问多。关于花钱的知识四散在钱币研究的相关文章里，系统介绍研究花钱的书籍不多（当时花钱图集陆续出版）。通过对花钱图集的阅读，发现其文字、图饰、造型、年代、炉别等，无一不充满着诱人深入思考的空间；发现其典故、渊源、寓意、民俗、功能等，无一不充满着诱人深入研究的空间。花钱可以看成是一切非行用钱之集大成，既有行用钱所具有的学问，又有行用钱所没有的学问；其背后所涉及的政治、经济等问题与行用钱是基本一样的，其所表现的文化、民俗、民风、宗教等学问则是行用钱无法体现的。

一旦你接触了花钱，你就会爱上花钱；一旦你爱上了花钱，就会使你为之付出。这个付出，既是经济的付出，更是精力的付出。洋洋大观的花钱，内涵丰富的花钱，让你目不暇接，使你识之恨晚，促你继续学习。《山鬼雷公花钱欣赏》《祈福辟邪总相宜》《诸神回避保儿安》《花钱的起源粗析》《仗剑蹈海斩妖魔》《坚持不懈终成功》《求鲤奉母显孝心》《孝感天地冬笋生》《祈雨祈年舞龙乐》《镂空赞赏五孝子》

《泉海寻趣记》等花钱学习研究的文章一一写出,发表在有关的报纸杂志和微信公众号、博客等平台。

欣赏花钱、学习花钱、研究花钱,使自己的业余生活充满了乐趣。花钱的品赏、学习、研究将是我退休后主要的日常活动。微信公众号"童心驰骋品泉"的文章撰写、更新成了我退休后的新工作。

花钱使我不断地从中汲取养素,不断地增添活力,老骥伏枥,志在千里,在泉海里纵横驰骋,在新的自由时空里寻找一个又一个乐趣。

品赏镂空花钱鱼化龙,一股坚持不懈终成功的自信油然而生,激励自己对花钱的学习研究要锲而不舍,要百折不回,向着既定的目标前进!

后 记

成　稿

自壬寅年正月初一开始正式动笔（敲键盘）写这本书，实际上是将近十几年零零散散撰写的花钱方面的文章，作一次系统的整理。这要感谢上海科学技术出版社励真责任编辑的多次鼓励和支持，才使我鼓起勇气来进行整理；感谢我爱人全心全意的支持，让我全身心地投入到整理文稿中去。终于于壬寅年二月末完成书稿的初步整理工作，接下来就是不断地打磨修改，将书中所涉及花钱拍摄照片、整理照片。防疫需要，宅家赏泉、品泉，忙得不亦乐乎。

完成初稿，颇感遗憾。本人藏品不多，故书中所录花钱图片，珍品没有，精品欠缺，普品居多，弱品亦有；本书重在赏析其文化内涵，花钱本身的铸造之美未能欣赏到至精至美，引以为憾。囿于藏品的限制，花钱的许多精彩之处，本书未能涉及，引以为憾。由于笔者认知水平的局限，花钱本身的许多绝妙之处，未能予以全面赏析，甚至还有解析不对的地方，引以为憾。旧有抛砖引玉一说，还有班门弄斧一谈；本稿即为抛砖之砖、弄斧之作。抛砖不伤他人，弄斧不伤自己，祈各抒己见，盼共探共讨。

不忘初心，方得始终。完成初稿，感谢良多。回顾赏析花钱的过程，我要感谢的人和组织太多了！

是您，将我引进花钱圈；是您，帮助我认识花钱；是您，鼓励我赏析花钱；是您，支持我写下赏析花钱的文字；是您，与我切磋交流、为我指点迷津；是您，在我的赏析文章下面留言鼓励支持；就是您！

永远感谢您！

个人我就在此一并谢过！对组织（难免挂一漏万，请海涵）更应表示由衷的谢意！

感谢中国钱币学会、北京市钱币学会、中国钱币博物馆、北京市古代钱币展览馆、中国民俗钱币学会及币章专业委员会、上海科学技术出版社等，对我的支持和帮助！

感谢华夏古泉网、赏泉（原大中华收藏网）、首席收藏网、汉典、360搜索、360百科、百度百科、乐艺会、浙江泉友会、古物缘、古泉书馆等网站和公众号对我的支持和帮助！感谢《中国收藏》《艺术市场》《中国钱币界》《中国商报》《广东钱币》《集邮报·钱币》《淄博钱币》《探极》《盐渎》等报纸杂志社对我的支持和帮助！

感谢《中国珍稀钱币图典·花钱卷》《中国钱币大辞典·压胜钱

后 记

编》《中国古钱谱》《中国古钱币》《古钱小辞典》《中国花钱图典》及续集、《中国民俗钱币研讨会文集》《智匋品钱录》《戴门弟子藏泉与文选》《越王泉斋拓集》《卧冰轩湘炉厌胜钱拓集》等我所阅读过的花钱著作与文集的作者、出版者！学习、启迪、感悟、联想，铭记在心。

花泉涌菁，菁菁芳华；
赏品其美，美美与共。

始整理于壬寅年春节，终定稿于壬寅年端午。

童 骋

2022 年 6 月

修订版后记

"学,然后知不足;教,然后知困。知不足,然后能自反也;知困,然后能自强也。(读自《礼记·学记》)"《花泉涌菁》(第一版)出版以后,得到不少读者的指点和帮助、收到了不少有益的建议,首先对诸位读者表示衷心的感谢!再回头看看自己的出版物,使我顿生不少遗憾。

生有涯而识无涯。人们对事物的认识,总是一个由浅入深、由易到难、由表及里、由点到面、由粗到精、去伪存真的不断发展的过程。我对花钱的认识过程,正处于这个发展过程的粗浅阶段,还存在许多不足和困惑,这正是遗憾之因。幸运的是,出版社给了我修订的机会,力图使这本书的质量再提升一点,以弥补不足、少些遗憾。

得益于《中国珍稀钱币图典·花钱》(上海科学技术出版社,2014年10月第1版)和"飞龙进宝·历代钱币名珍大观"展(2024年9月11日,全联民俗钱币文化中心&中贸圣佳联合举办)两编委会的全力支持,为我提供了宝贵的花钱图片,让我无偿使用,使修订得以顺利进行。在此,我向两编委会的诸位花钱大家、藏家致以衷心的感谢!

  囿于自身的认知水平不高,修订版依然会存在许多不足,期待诸位予以指正。让我们共同为传承弘扬中华民族钱币文化携手前行。

童 骋

2024 年冬